재미있는
축구사전

재미있는 축구사전
FUNNY FOOTBALL DICTIONARY

강준막 편저

개정
증보판

북 카라반
CARAVAN

머리말

이 책의 초판을 내놓은 지 수년 만에 개정판을 출간하게 되었다. 축구라는 스포츠는 가장 원시적인 구기 종목이면서도 인간의 원초적인 본능을 깨우는 다이내믹한 스포츠임이 틀림없다. 독자들도 초등학교나 중학교 시절에 동네에서 혹은 학교 운동장에서 볼을 차던 기억이 있을 것이다. "공과 하나가 되어 자유를 만끽하던 절정의 순간"을 잊지 못할 것이다. 그 시간에 영어 단어 하나 더 외우라는 기성세대의 충고를 무시하고 공을 차러 운동장에 몰려나간 우리는 자기 발에 물컹한 느낌으로 공이 와닿을 때의 느낌과 현란한(?) 기술로 상대를 제치고 골문으로 질주해 슛을 성공시켰을 때의 기분은 호날두나 메시가 부럽지 않았던 쾌감을 느꼈을 것이다.

축구는 특히 야구나 기타 구기 종목에 비해 볼과 적당한 인원만 있으면 가방이 골대 역할을 하는 경기다. 누구나 골이니 아니니 서로 우기면서 늦은 저녁까지 시간을 보낸 기억이 있을 것이다. 축구는 어릴 때 추억의 스포츠이며 공부에 찌든 우리를 그나마 해방시켜주던 그 무엇이었다. 오늘날 축구가 차지하고 있는 위상은 엄청나서 FIFA는 IOC보다도 규모가 훨씬 클 뿐만 아니라 재정도 막강해 모든 스포츠의 왕이라 할 수 있다. FIFA 보고서(빅카운트)에 따르면 2000년 남녀 축구 선수는 약 2억 4,200만 명이다. 약 2,000만 명의 여자 선수가 클럽에 소속되어 뛰고 있으며 세계에서 가장 인기 있는 여자 스포츠이기도 하다.

2005년 FIFA는 206번째와 207번째 축구협회를 거느리며 UN보다 많은 회원국을 가지게 되었다. 2014년 리우월드컵의 관중 수는 340만 명이고, 전 경기를 통틀어 400억 명이 월드컵을 텔레비전으로 시청하고 그중 16억 명이 한날한시에 결승전을 시청했다. 이 지구상에서 살고 있는 사람들의 4분의 1이 90분 동안 같은 일(축구 경기 시청)을 했다. 이와 같이 축구는 본고장 유럽은 물론이고 축구의 오지 네팔, 부탄, 아프리카에서도 가장 인기 있는 스포츠다. 그러나 유독 한국에서는 프로야구에 인기가 밀려 K리그 경기가 열리는 스타디움에는 텅 빈 좌석이 축구의 불안한 미래를 보여주고 있다. 특히 A매치 경기는 관중들이 꽉 들어차나 기타 다른 경기는 썰렁한 느낌을 금할 수가 없다.

그러나 냉정하게 따져본다면 축구협회가 흥행을 위해 얼마만큼 노력했는지 묻고 싶다. 프로야구는 여성 팬들을 끌어모으기 위해 기발한 마케팅을 펼치면서 여성 팬 확보에 성공했다. 제발 프로야구의 상술이라도 벤치마킹을 하기 바란다. 나에겐 '축구' 하면 물방개아저씨의 기억이 가장 먼저 떠오른다. 1969년 10월 20일, 당시 서울운동장에서는 이듬해에 치러질 멕시코월드컵의 아시아지역 예선전 한국과 호주의 2차전이 열렸다. 한국은 1차전에서 호주에 1:2로 패한 탓에 반드시 이겨야만 한 번 더 재경기를 할 수 있는 불리한 상황이었다.

초등학생이었던 나는 그 경기가 너무 보고 싶어 친구들과 함께 서울운동장으로 달려갔다. 하지만 이미 입장권은 매진된 상태였다. 그때 친구 중 한 명이 우리를 운동장 뒤쪽으로 데려갔다. 거기에는 놀랍게도 20대 청년(양아치 혹은 건달?)들이 마닐라로프에 매듭을 만들어 그 매듭을 발판 삼아 위에서 돈을 받고 당겨주고 있었다. 위에서 로프를 놓치면 중경상을 입을 수도 있는 매우 위험한 일이었지만, 이미 축구 경기에 반쯤 넋이 나간 우리는 5원을 주고 그 로프에 매달려 경기장 안으로 들어갔다. 그러나 이러한 난관을 뚫고 들어간 보람도 없이 한국의 월드컵 진출은 좌절되고 말았다. 1:1 무승부 상황에서 임국찬 선수의 뼈아픈 페널티킥 실축으로 비기는 바람에 탈락하고 만 것이다.

나중에 알게 된 사실이지만, 월드컵 본선 진출 티켓만 따내면 선수단 전원에게 집 한 채씩을 사주겠다는 고위층의 약속도 있었다는데, 선수들의 실망도 엄청 컸으리라. 물론 선수들만큼은 아니라도 나와 친구들도 적잖게 실망한 것은 당연한 일이었다. 우리는 축구가 열리는 날이면 어김없이 경기장 밖 한편에 자리했던 물방개아저씨에게 발길을 돌렸다. 어린 소년들의 사행심(?)을 자극하기에 충분했던 물방개 게임은 비교적 룰이 간단했다. 일단 5원을 내고 받고자 하는 상품을 원하는 번호에 걸면, 가운데 구멍을 통해 풀려난 물방개가 상품이 걸린 번호를 찾아오기만 하면 되는 것이었다. 하지만 간단한 룰에 비해 상품 얻기는 말 그대로 '하늘의 별 따기'였다. 그런데 그날만은 예외였다. 나는 라면을 원하는 번호에 걸었는데, 이게 웬일! 물방개가 내가 건 번호를 향해갔고 나는 라면을 얻을 수 있었다.

이를 지켜보던 친구는 자신도 하겠다며 나처럼 라면을 걸었는데 이번에도 물방개는 친구가 선택한 (라면이 걸린) 번호를 찾아가는 것 아닌가! 그때였다. 갑자기 물방개아저씨가 그 물방개를 꺼내어 발로 밟아버리는 것이었다. 집으로 돌아온 나는 그 귀한 라면을 먹을 수가 없었다. 아! 불쌍한 물방개여!

글만 잘 쓴다면 그런 추억과 아쉬움을 동력 삼아 멋진 책을 써보련만, 사정이 영 그렇질 못해 사전 형식으로나마 나의 축구 사랑을 풀고 싶어 이 책을 낸다. 모쪼록 이 책이 축구팬들께 유익한 참고 도서가 되기를 바란다.

2017년 3월

강준막

차례

머리말 • 4

가린샤 클럽 • 15 간접프리킥 • 16 갑판축구 • 16 강등제 • 17 개화기 축구 • 17 게임메이커 • 18 경기 조작 • 18 경기시간 5분 늘리기 • 19 '경장히' 사건 • 19 경평축구대항전 • 20 골 • 21 골 스위퍼 • 21 골 커버 • 22 골게터 • 22 골네트 • 22 골든골 • 23 골라인 • 23 골에어리어 • 24 골키퍼 • 24 골킥 • 25 골포스트 • 26 교체의 전설 • 27 국가대표팀 마케팅 • 28 국제축구연맹 • 28 군대스리가 • 30 그라운드 패스 • 31 길거리 축구 • 32

남북청소년 단일팀 • 35 노숙자 축구대회 • 36 논스톱 패스 • 37

다이나마이트 형제 • 39 다이렉트 킥 • 40 다징 • 40 대한축구협회 • 40 댈러스의 드라마 • 41 더블유엠 시스템 • 41 더비의 역사 • 42 도쿄의 치욕 • 45 도하의 기적 • 45 도하의 참변 • 47

독이 든 성배 • 47　두뇌축구론 • 48　두단 • 49　드롭볼 • 49　드롭킥 • 50　드리블 • 50　디디에 드로그바 • 50

라보나 킥 • 53　런던의 치욕 • 53　레드카드 • 54　레퍼리 • 55　레퍼리 볼 • 55　로봇 축구 • 55　로스트 타임 • 56　롤리건 • 57　리베로 • 57

마그누스 효과 • 59　마라도나 • 59　마크 • 59　매스 드리블 • 60　맨유 경제학 • 60　맨유 팬덤 • 61　맨투맨 디펜스 • 62　멀티 킬러 • 62　메리 마라도나 • 62　모레노 화장실 • 62　몬테비데오의 난투극 • 64　무솔리니 월드컵 • 64　무회전 킥 • 65　미네이랑의 비극 • 66　미드필더 • 68　미드필드 • 70　밀란드루 • 70

바나나킥 • 72　바르사 • 73　바르사 트레블 • 74　바르작스 • 75　박스컵 • 75　박싱 데이 • 79　반사된 영광 누리기 • 81　발롱도르 • 82　발리킥 • 84　'발의 민족'·'손의 민족'론 • 84　배신자의 최후 • 85　백 • 86　베른의 기적 • 86　베른의 난투극 • 87　베를루스코니 신드롬 • 88　보스만 판결 • 89　볼 리프팅 • 90　볼란치 • 90　부정선수 • 90　북한 축구 • 91　북한의 월드컵 8강 • 93　붉은악마 • 94　붉은악마 여성회원 • 95　브라질 신드롬 • 96　비델라 월드컵 • 96　비디오 판독 • 97　비운의 축구스타들 • 98　빨간 유니폼 사건 • 100

사이드 킥 • 103 4-3-3 시스템 • 103 4-2-4 시스템 • 104 사커 • 104 산업혁명과 축구관중 수의 폭발 • 106 삼각 패스 • 107 상암경기장 신축 논란 • 107 섀도 스트라이커 • 108 세 마리 사자 • 109 세계 축구를 뒤흔든 10대 이변 • 109 세계청소년축구대회 4강 • 111 세리에A • 112 세이빙 • 113 세트피스 • 113 센추리 클럽 • 114 센터링 • 114 센터백 • 114 수탉 살해 • 115 수퍼리그 • 116 수페르가의 비극 • 116 슈팅 레인지 • 117 스로인 • 117 스리백 시스템 • 118 3B축구 • 118 3S축구 • 118 스왑딜 • 118 스위스 볼트 • 119 스위칭 플레이 • 119 스위퍼 • 119 스트라이커 • 120 스페인 축구의 태동 • 121 슬라이딩 태클 • 121 승강제도 • 122 승부차기 • 123 시저스 킥 • 124 6+5 규정 • 124 신의 손 사건 • 124 실버골 • 125 실수하는 인간 • 126

아르헨티나 축구 범죄 • 128 아르헨티나 축구의 역설 • 129 아시아축구연맹 • 130 아웃사이드 킥 • 131 아주리 군단 • 131 아프리카 축구 • 132 아프리카 축구의 월드컵 예선 에피소드 • 132 알렉스 퍼거슨 • 133 앰부시 마케팅 • 135 야신 • 136 양지팀 • 137 어깨패스 • 138 어드밴티지 룰 • 139 어소시에이션 풋볼 • 139 A매치 • 139 AC밀란 • 139 에이 보드 • 139 AFC 챔피언스리그 • 140 FDAS • 141 FC 바르셀로나 • 141 에프에프피 • 142 엘살바도르-온두라스 전쟁 • 142 여자축구 • 143 여자축구 한국 • 144 열정의 사유화 • 145 열하나회 사건 • 145 옐로카드 • 146 오대영 • 146 오렌지 군단 • 147 오프사이드 • 147 오프사이드 트랩 • 148 오픈 스페이스 • 149 온사이드 • 149 왕실의 은총 • 149 외팔이 영웅 • 150 울트라 닛폰 • 150 울트라 운동 • 150 울트라스 • 150 워킹 풋볼 • 151 원 사이드 컷 • 151 월 • 151 월드컵 규정의 변화 • 151 월드컵 베이비 • 152 월드컵 신드롬 • 153 월드컵 연속 진출 • 155 월드컵 한·일 공동 개최 • 155 윙 • 156 윙백 • 156 유벤투스 토리노 • 157 이회택 • 157 인사이드 킥 • 157 임시 축구리그 • 157 잉글랜드 축구 정체성 논란 • 158 잉글랜드 프로축구의 태동 • 160 잉빠 • 161

장덕진•163 장면 총리와 김용식 감독•163 전숲조선도시대항축구대회•164 전숲조선축구대회•165 J리그•165 조기축구회•166 좌익 축구 우익 축구•167 줄리메컵•168 중국 축구 굴기•169 지단의 박치기•171 직접프리킥•171

차범근 대통령론•173 차붐•174 챔피언십리그•177 척구•177 초창기 축구와 저널리스트•177 초창기 프로축구 선수연봉•178 축구공의 변천사•179 축구구국론•181 축구 금지령•182 축구섹스론•182 축구 용어 콩글리시•183 축구영웅•184 축구와 섹스•184 축구의 노래•185 축구의 여성화•186 축구의 위엄•186 축구의 포르노그래피•187 축구장의 상점화•187 축구종교전쟁론•187 축국 1•188 축국 2•189 취리히의 치욕•190 침대축구•191

카나리아 군단•193 카르톨라스•194 카테나치오•194 K리그•195 K리그 위기론•196 쿠퍼테스트•198 크로스바•198 크리스마스 축구•199 크로스 패스•200 크리스티아누 호날두•200 킥 앤드 러시•202 킥오프•202 킥오프 마크•202

타깃맨•204 태권 축구•204 태권도 골•205 테헤란의 치욕•206 토털 축구•206 투 스코어 클럽•207 트래킹 시스템•207 티키타카•208

ㅍ

파넨카 킥 • 210 파벨라 축구 • 211 파울러 사건 • 212 Pass-Pass Relay • 213 페널티 에어리어 • 213 페널티킥 • 213 페인트 • 214 펠레 • 214 펠레 스코어 • 216 펠레의 저주 • 216 포백 시스템 • 217 포스트플레이 • 218 포워드 • 219 포지션 • 219 포지션 파괴 • 219 풀백 • 220 풋살 • 221 프라이라우펜 • 222 프리메라리가 • 222 프리미어리그 • 223 프리스타일 • 225 프리킥 • 226 플레이 메이커 • 228 플립플랩 • 228 피벗 킥 • 229 피스킹 • 229 피파 • 229 피파 월드랭킹 • 229 피파 월드랭킹 꼴찌 결승전 • 232 피파 컨페데레이션스컵 • 232 피파 푸슈카시상 • 234

ㅎ

학벌축구 • 236 한·일 정기전 • 237 해킹 • 237 해트트릭 • 238 헤이젤 참사 • 238 현해탄 사건 • 239 홈그라운드 이점 • 239 효창구장 사건 • 240 훌리건 • 241 훌리건 문학 • 242 훌리건 사회학 • 242 훌리건 컨설턴트 • 243 훌리건 한국 • 243 훌리밴 • 244 히딩크 대통령론 • 245 히혼의 불가침 조약 • 245 힐스보로 참사 • 246 힐킥 • 247

주 • 248
참고문헌 • 261

축구는 스타가 아닌 팀이 하는 것이다.
- 펠레 Pelé

나에게 축구는 인생의 모든 것이다.
- 지네딘 지단 Zinedine Zidane

FUNNY FOOTBALL
DICTIONARY

가린샤 클럽garrincha club 월드컵축구대회에서 득점을 기록한 선수가 퇴장을 당하는 것을 말한다. 1962년 칠레월드컵대회 준결승전(브라질 대 칠레, 4:2 브라질 승리)에서 브라질의 가린샤 선수가 득점을 하고 퇴장당해 붙여진 이름이며 정식 명칭은 아니다. 한국에서는 1998년 프랑스월드컵 때 하석주 선수가 골을 기록하고 퇴장당한 전례가 있다. 월드컵은 아니지만, 2009년 포항 스틸러스 공격수 스테보가 K리그 사상 처음으로 개막전에서 골을 넣고 퇴장당하는 선수가 되었다. 스테보는 3월 7일 수원 월드컵경기장에서 벌어진 2009 K리그 개막전에서 양팀이 1:1로 팽팽한 균형을 이루고 있던 전반 37분 포항의 두 번째 골을 성공시켰다. 스테보는 골을 넣은 후 골대 뒤편에 자리한 수원 서포터스 앞으로 달려가 활시위를 당기는 제스처를 취하며 상대를 자극하는 세리머니를 펼쳤는데, 이를 본 고금복 주심은 스테보를 향해 옐로카드를 꺼내 들었다. 이미 한 차례 경고를 받은 스테보는 경고 누적으로 퇴장 조치를 받았다. 2009시즌 심판 판정 가이드라인에 따르면 상대 진영을 자극하는 행위에 대해서는 심판의 견해에 따라 경고를 줄 수 있다. 프로축구 35년 역사상 개막전에서 골을 넣고 퇴장을 당한 선수는 스테보가 처음이다. K리그 통산 기록으로 골을 넣고 나서 퇴장을 당한 것은 51번째였다.[1]

간접프리킥 indirect free kick ○ 프리킥

갑판축구　　영국을 모태로 하는 근대 축구가 한국에 전파된 것은 1882년(고종 19년) 6월 인천항에 상륙한 영국 군함 플라잉피시 Flying Fish호의 승무원들을 통해서였다. 당시 영국 군함이 인천항에 입항한 것은 1883년에 맺어진 수교를 위해서였던 것으로 추정되는데, 해군 승무원들은 선상생활의 지루함을 덜기 위해 연안 부두에서 공을 찼고, 호기심이 가득한 눈으로 지켜보는 주민들에게도 축구를 가르쳤다. 이후 주민들이 선원들이 두고 간 공을 차면서 근대 축구는 시작되었다. 한국 축구의 시작을 1882년으로 보는 근거다. 2004년 6월 22일 인천항에 정박한 영국 군함 엑시터 Exeter호 함상에 대한축구협회 전시관에 보관 중인 1920년대의 축구공과 저고리와 대님 차림의 사람들이 등장했는데, 이는 한국 축구의 효시가 된 갑판축구를 재현한 무대였다.[2] 당시 흰색 바지저고리에 대님을 매고 머리에 상투까지 튼 조선 축구팀이 영국 해군과 축구하는 모습을 재현한 것이다. 이 행사는 2003년 9월 대한축구협회가 창립 70주년을 맞아 주한 영국 대사관에 공로패를 전달하는 과정에서 아이디어가 나왔고, 영국 군함이 국내에 입항하면서 이루어지게 되었다. 행사에는 양팀 선수단 각 15명, 응원단 500여 명이 참가해 한국 선수들은 구한말 전통 평민 복장인 흰색 바지와 저고리,

대님, 흰색 머릿수건을 두르고 2명은 별도로 도포를 입고 갓까지 썼다. 영국 해군도 전통 평민 복장을 갖춰 입었다.³

강등제　　○ K리그 위기론

개화기 축구　　1900년경에 외국어학교를 졸업한 김종상의 증언에 의하면, 궁내부 참리를 비롯해 어전 통역관 등 외국어학교 출신자들 또는 축구 동호인들이 휴일을 이용하여 훈련원(서울 동대문운동장 터) 등지에서 영국인 교사의 지도로 축구를 배우며 공차기를 즐겼다고 한다.⁴ 1902년 배재학당에 축구반이 처음으로 생겼고, 1904년 황성기독청년회에서 운동부를 조직해 축구를 했으며, 이해年에 외국어학교는 축구를 체육 과목의 하나로 채택했다.⁵ 한국 최초의 정식 골대가 세워진 건 1905년 배재고보 운동장이었다. 소나무 기둥을 깎아 적당한 너비로 세우고 양쪽 기둥 위에 각목 두 가닥을 못질한 것에 지나지 않았지만, "이 골대에서 경기를 해보는 것이 모든 축구 선수의 소망이었고, 심지어는 이 신기한 물건을 구경하러 일부러 배재고보에 내방하는 관광객까지 있었다 한다".⁶ 한국 최초의 공개 축구 경기는 1905년 6월 10일 서울 훈련원에서 열린 대한체육구락부(1905년 3월 조직된 체육단체)와 황성기독청년회 간의 시합이었는데, "관중들은 구름처럼 몰려들었고, 양팀 응원단의 열띤 응원도 상상을 초월했다".⁷ 1906년엔 프랑스인 마르텔의 지도로 프랑스어학교 학생들이 경기를 갖기도 했다. 바로 이해부터 '축구'라는 명칭으로 불리기 시작했다. 1908년 4월 보성소학교가 창립 4주년 기념 축구대회를 열었고, 10월에는 다동의 공성학교가 경기를 벌이는 등 축구 붐은 연소층까지 미쳤다.⁸ ○ 축국, 척구

게임메이커 game maker   경기의 실마리를 풀어가는 중심선수다. 현대 축구는 특정한 개인의 능력에 의해 경기력이 좌우되던 과거의 축구에 비해, 팀플레이에 의한 부분에 주안을 두게 되었다. 따라서 이런 현대 축구에서 말하는 게임메이커란 자기 팀의 경기 전반을 조율하고 팀플레이를 균형감 있게 리드하는 선수를 지칭하는 의미로 사용된다. 그래서 일반적으로는 공수의 연결고리 역할과 플레이의 완급 조절, 효율적인 볼 배급이 가능한 중앙의 미드필더들에게 이런 호칭을 부여하는 것을 쉽게 찾아볼 수 있다. 대표적인 선수들로는 미셸 플라티니, 디에고 마라도나, 소크라테스, 지네딘 지단, 후안 로만 리켈메 등이 있다. 현재 한국 대표팀에서는 기성용 선수가 해당되며 '플레이 메이커'보다는 넓은 개념이지만, 사실상 같다고 보아도 무방하다. ● 메이커

경기 조작   축구팀들끼리의 사전 담합이나 외부 도박단과의 연계에 의해 승부를 조작하는 것을 말한다. 국내에서도 가끔 경기 조작 의혹이 제기되지만, 유럽에 비하면 '새 발의 피'다. 1993년 프랑스 정부는 마르세유클럽이 프랑스선수권과 유럽컵에서 우승하는 동안 많은 경기가 조작되었다는 사실을 밝혀냄으로써 충격을 안겨준 바 있다. 유럽에서 승부조작 스캔들의 메카는 단연 이탈리아다. 거의 연례행사처럼 스캔들이 벌어진다. 2006년 세리에A 승부조작 사건(칼치오폴리)으로 세리에A의 명문구단들이 징계의 대상이 되었다. 유벤투스, 피오렌티나, 리치오는 강등을 당했고 AC밀란은 승점 감점을 당했고 유벤투스는 두 차례 리그 우승도 박탈당했다. 물론 중남미도 만만치 않다. 중남미에서는 심판 협박이 자주 사용되는데, 조작을 거부한 심판이 총격을 받은 사건도 있었다. 브라질 등 일부 나라들에서는 심판이 월급을 받는 게 아니라 관객 수에 따른 수당을 받기 때문에

유력 구단의 압력을 뿌리칠 수 없는 게 문제로 지적된다.[9] 또한 국내 리그에서도 승부조작은 끊임없이 저질러졌으며, 2016년 전북 현대 스카우트가 2013년 K리그 심판들에게 금품을 준 사실에 대해 전북 구단에 벌과금 1억 원을 부과하고 2016시즌 승점 9점을 감점했다.

경기시간actual playing time **5분 늘리기**   박진감 넘치는 경기를 유도하기 위해 포항 스틸러스가 시도하고 있는 프로젝트다. 포항은 2009시즌 구단이 나서서 선수들에게 스로인·프리킥·코너킥·골킥 등을 신속하게 하고 부상을 핑계로 의도적인 시간 끌기를 하지 않도록 하고 있다. 'K리그는 느슨하고 재미없다'는 팬들의 시각을 바꾸기 위해서다. 포항 구단 관계자는 "K리그 콘텐츠의 질적 향상이 중요한데 당장 경기력을 끌어올릴 수 없어 고민 끝에 생각해낸 것"이라고 말했다. 그는 "이기고 있는 상황에서도 빠르게 경기를 진행시키는 게 쉽지는 않았다. 승리 수당 대신 '재밌는 경기' 수당을 만들었고 2개월 정도 지나면서 정착됐다"고 소개했다.[10]
K리그 위기론

'경장히' 사건   김영삼 전 대통령은 중고교 시절 축구 선수였다. 그는 측근들과 술자리라도 갖게 되면 "내가 치고 나가몬(나가면) 부산고 쪽에서 '아무개 쥑이라(죽여라)' 하는 아우성이 터지곤 했다"며 경남고 때 라이벌 부산고와의 경기를 들어 축구 실력을 은근히 뽐냈다. 그의 학창 시절 포지션은 센터포워드였다.[11] 김영삼은 야당 정치인 시절 서울 상도동 조기축구회 멤버로 활약하기도 했는데, 그의 지극한 축구 사랑이 낳은 한 가지 해프닝이 있다. 그것은 그의 대통령 재임 시절에 일어난 "'경장히' 길었던 한밤의 6분 코미디" 사건이다. 제15대 총선을 보름 앞둔 1996년 3월 28일 새벽

말레이시아 쿠알라룸푸르에서 애틀랜타올림픽 예선 축구 한일전이 열렸다. 이 한일전이 한국의 압승으로 끝난 직후 김영삼 대통령의 축하 전화 사진이 TV 화면에 등장, 시상식 장면을 6분간이나 거의 가려버린 데 대한 비판 여론이 적지 않았기 때문이다. 여당(신한국당) 민원실과 당직자 방에는 29일까지도 항의 전화가 계속 이어졌으며, 신문사에도 독자들의 항의가 빗발쳤다. 『미디어오늘』은 이 해프닝을 보도하면서 선수들에게 "경장히(?) 잘 싸웠다"는 김 대통령의 말을 빗대어 "'경장히' 길었던 한밤의 6분 코미디"라는 제목을 달았다.[12]

경평축구대항전   1929년 10월 8일 조선일보사는 경성팀과 평양팀의 경평축구대항전을 주최했다. 당시 경성팀은 경신중학 중심으로, 평양팀은 숭실학교 중심으로 구성되었다. 10월 8일 서울 원서동 휘문고에서 7,000여 관중이 열광하는 가운데 치러진 1차전은 1:1로 비기고 2차전은 4:3으로 평양팀 승리, 3차전은 4:2로 평양팀이 이겨 2승 1무로 결국 평양이 우승했다. 평양팀은 평양으로 돌아가 대대적인 환영을 받았다. 제2회 대회는 1930년 11월 28일부터 3일간 경성운동장(지금은 철거되어 사라진 서울 동대문운동장)에서 열렸다. 제2회 대회 때는 경성팀이 2승 1패로 우승을 차지했다. 당시 경성팀은 한국 축구의 대부 김용식 등이 기술의 축구를 구사했고 평양팀은 체력을 앞세운 육탄전이 트레이드 마크였다. 당시 경기가 있는 날이면 시내는 거의 철시를 하고 경성운동장에는 2만여 관중이 몰려 입추의 여지가 없었다. 제3회 대회는 경성의 배재중학교에서 열렸는데 관중석이 없는데도 7,000여 명의 관중이 몰리자 주최 측은 새끼줄로는 밀려드는 관중을 막을 수 없어 인분을 끼얹기도 했다. 결과는 1승 1무 1패를 기록했다. 그 뒤 제4회 대회는 평양에서, 제5회 대회는 배재운동장, 제6회 대회는 경성운동장에서 열렸다. 경평전의 관심은 애향심을 넘어 지역감정까지 유발해 많은 사람의 우려를 자아냈다. 경평전의 인기는 하늘을 찔렀으며 선수 또한 사생결단으로 경기에 임했다. 3일간 연속 경기 방식도 문제지만 경쟁이 지나쳐 난투장으로 변하는 등 3경기를 치르고 나면 몸이 성한 선수가 하나도 없었다. 하지만 그 와중에도 스타플레이어는 여인들의 가슴을 설레게 했는데, 훤칠한 키에 미남인 김영근은 뛰어난 기술로 인하여 인기를 한 몸에 받았다. 평양에서는 특히 기생들의 축구 열기가 높았다. 경평전의 총 전적은 11승 7무 7패로 평양팀이 우세했다.[13]

골goal 골라인의 중앙에 세운 폭 7.32미터, 높이 2.44미터의 문을 말하며 공이 골라인을 완전히 통과되었을 때를 골이라 말한다. 클라우스 피셔 Klaus Fischer는 축구에서 가장 중요한 것은 골이며 "골은 수프의 소금이다"라고 했다. 국가대표 경기에서 공식 세계기록은 2001년 4월 11일 2002년 한일월드컵 예선에서 호주가 미국령 사모아를 31:0으로 이긴 승리이고 분데스리가 바이에른 뮌헨 소속의 게르트 뮐러는 365골(경기당 0.84골)을 넣었다. 1971~1972년 시즌에는 34경기 40골을 넣었다. 국가대표로 62경기에 출전해 68골을 넣었다. 그는 진정한 골 공장이었다. 또한 쾰른의 토마스 알로프는 1984년 10경기 연속골(14골)을 넣었다. 1977년 FC쾰른의 디터 뮐러는 베르더 브레멘을 상대로 전반에 해트트릭 후반에 해트트릭으로 6골을 넣었다. 지금까지 전후반 해트트릭을 기록한 선수는 디터 뮐러 외에는 없었다.

골 스위퍼goal sweeper 현대 축구에서 요구하는 최종 스위퍼 역할까지 해내는 골키퍼를 말하며, 한국에서는 김병지 선수가 대표적인 사례라 하겠다. 2001년 1월 27일 칼스버그컵의 파라과이전에서 무리하게 공을 몰고 나가다 상대 선수에게 빼앗겨 실점 위기를 초래하여 교체당한 후 거스 히딩크 감독의 눈 밖에 나서 2002년 한일월드컵에서는 주전으로 뛰지 못했다. 또한 파라과이의 세계적인 스타 호세 루이스 칠라베르트는 킥력이 좋아 프리킥과 페널티킥을 곧잘 찼으며 그는 자주 공을 몰고 나갔으며 때론 하프라인 근처까지 공을 드리블하기도 했다.

골 커버goal cover   골키퍼가 골문을 떠나 있을 때 자기편 선수가 대신 골문 수비를 해주는 것으로 전 국가대표였던 이영표 선수가 독보적인 존재라 할 수 있겠다.

골게터goal getter   골을 많이 넣는 선수로, 역대 각국을 대표하는 골게터는 다음과 같다. 펠레, 네이마르(브라질), 요한 크루이프, 빈센트 얀센(네덜란드), 에우제비우, 크리스티아누 호날두(포르투갈), 마라도나, 리오넬 메시(아르헨티나), 웨인 루니(잉글랜드), 게르트 뮐러, 마리오 고메즈(독일), 조지 베스트(북아일랜드), 바지오 주세페 로시(이탈리아), 조지 웨아(라이베리아), 미셸 플라티니, 카림 벤제마(프랑스), 알리 다에이, 사르다르 아즈문(이란), 가마모토 구니시게, 가가와 신지(일본), 차범근, 손흥민(한국) 등이 있다.

골네트goal net   골포스트에 친 그물, 그전에는 골네트가 정사각형이었으나 1990년대 이후에 정육각형으로 변했다. 같은 양의 재료를 사용하여 그물을 짠다고 했을 때 정육각형 모양이 가장 넓은 면적의 그물을 만들 수 있어서 가장 경제적이라고 할 수 있고, 상하좌우로 흔들리기 쉬운 정사각형에 비해 안정적이고 튼튼하면서도 재료가 적게 든다는 장점이 있다.[14]

골든골golden goal   예선전이 아닌 16강전부터 전·후반 90분간의 경기가 비겼을 때 연장전으로 돌입하는데, 연장 전·후반 중 먼저 골을 기록하면 남은 시간에 관계없이 경기가 끝나는 것을 말한다. 일명 서든데스sudden death로 불리다가 어감이 좋지 않아 골든골로 바뀌었다. 골든골의 탄생 배경은 연장전에서 승부차기로 가려고 소극적인 플레이로 일관하여 비기는 경우가 허다하자, 국제축구연맹FIFA이 1993년 호주세계청소년선수권대회에서 처음으로 도입했으며, 월드컵에서 채택된 것은 1998년 프랑스월드컵 때다. 2002년 한일월드컵 16강전에서 안정환의 골든골로 이탈리아를 꺾고 8강에 올랐던 일은 아직도 기억에 생생하다. 그러나 한순간에 경기가 끝나버려 승부차기보다도 잔인하다는 비판이 일자, 2005년부터 골든골을 폐지해 연장 전·후반 15분씩을 다 채우고도 승부가 나지 않을 경우 승부차기를 하는 옛날 방식을 부활시켰다.[15] ○ 골키퍼, 승부차기, 야신, 페널티킥

골라인goal line   직사각형의 경기장에서 골대와 나란히 그어진 경계선을 말한다. 길이는 최소 45미터에서 최대 90미터까지 허용되지만, 국제경기에서는 최소 64미터에서 75미터 이내여야 한다. 유소년 경기는 최소 35미터에서 54미터까지 허용된다. 골라인을 표시하는 선의 폭은 골포스트goal post나 크로스바crossbar의 지름과 같고 12센티미터를 넘지 말아야 한다. 골라인은 지면뿐만 아니라 지상까지 적용된다. 경기에서 공이 골라인을 100퍼센트 넘어야 골로 인정되고, 골키퍼가 공을 잡았는데 공은 골라인 밖에 있고 발은 골라인 안으로 들어갔을 때에는 골로 인정이 안 된다. 실제 경기에서 공이 골라인을 넘었느니 안 넘었느니 하는 논란이 자주 일어난다. 예컨대, 2009년 4월 1일 한국에 0:1로 패배한 북한 김정훈 감독은 경기 후 공식 기자회견에서 "(후반 2분 정대세의 헤딩슛은) 공이 골라인을 넘

은 것 같은데 이를 무시했다. 경기를 하면서 이런 경우는 처음"이라고 심판 판정에 불만을 토로했다.[16]

골에어리어goal area   두 골포스트의 안쪽에서 코너 쪽으로 5.5미터 되는 지점에 골라인과 직각이 되도록 경기장 안쪽을 향해 5.5미터의 선을 그은 다음, 그 끝을 골라인과 평행되게 직선으로 연결한 직사각형의 지역을 말한다. 이 직사각형의 가로 길이는 두 골포스트 사이의 거리(7.32미터)를 합해 18.32미터가 된다. 이 지역 안에서 공격팀이 간접프리킥을 얻게 되면, 위반이 일어난 지점에서 가장 가까운 골라인을 마주 보는 골에어리어 선상에서 킥을 해야 한다. 상대 선수와 골키퍼 사이에 신체적인 접촉이 일어났을 때 골키퍼에게 상당한 어드밴티지를 주는 구역이기도 하다.[17]

골키퍼goal keeper   골을 수비할 때 페널티에어리어 안에서 손을 사용할 수 있는 유일한 선수다. 따라서 골키퍼는 심판과 다른 아웃필드 선수들과의 구별을 위해 다른 유니폼을 착용한다. 골키퍼가 퇴장당하거나 부상으로 경기를 수행할 수 없을 때에는 교체로 쓸 다른 골키퍼를 기용하는데, 골키퍼 교체선수가 없거나 더는 선수 교체를 할 수 없을 경우 아웃필드 선수가 골키퍼 자리를 메워야 한다. 골키퍼의 기본적인 역할이 이렇게 제한되어 있었기 때문에, 사실상 프로축구에서 골키퍼가 다른 포지션을 맡을 수 있었던 경우는 전무했다. 멕시코의 호르헤 캄포스가 유일한 예외로, 그는 필요한 경우 스트라이커로도 무난하게 활약할 수 있었다. 기술이 좋은 골키퍼는 페널티킥 또는 프리킥 상황에서 직접 차기도 하는데, 의외로 킥 직후 상대편에게 볼을 빼앗겨 골키퍼가 포지션을 되찾지 못하는 경우는 거의 없다. 파라과이의 호세 루이스 칠라베르트(현재 은퇴), 브라질의 로제리오 세니 등은 소속팀과 국가대표팀 등에서 페널티킥과 프리킥 등으로 60골 이상을 득점한 프리킥·페널티킥 스페셜리스트 골키퍼로 유명하다. 골키퍼는 상대편의 슛을 직접 막아야 하기 때문에 육체적 힘, 신장身長, 점프력, 판단력, 민첩성, 공중볼 처리 능력, 방어 위치 선정 능력 등이 골키퍼를 평가하는 기준이 된다. 골키퍼에게는 축구의 기본기인 볼 컨트롤, 태클, 패스, 드리블, 헤딩 등을 특별히 요구하지는 않지만, 1990년대 초에 생긴 백패스 규정에 따라 골키퍼도 어느 정도의 기본기는 필요하게 되었다. 국제축구역사통계연맹FFHS은 2016년 기준으로 세계 베스트5 골키퍼로 1위 마누엘 노이어(바이에른 뮌헨, 독일) 2위 다비드 데헤아(맨유, 스페인) 3위 잔루이지 부폰(유벤투스, 이탈리아), 4위 마티아 페린(제노아, 이탈리아), 5위 피터 체흐(아스날, 체코)를 선정했다. 페터 한트케는 『페널티킥 앞에 선 골키퍼의 불안』이라는 소설을 썼으며, 에두아르도 갈레아노는 골키퍼를 "세 개의 통나무 사이에 홀로 서서 자신에 대한 총살이 집행되기만을 기다리는 순교자"라고 했다.[18] ○ 골든골, 승부차기, 야신, 페널티킥

골킥goal kick   공격팀 선수에 의해 마지막으로 터치된 볼이 골라인 밖으로 나갔을 때 수비팀에 주어지는 골에어리어 안에서의 간접프리킥을 말한다. 수비팀 선수가 골에어리어 안 어느 지점에서나 킥을 할 수 있는데, 킥한 볼이 직접 페널티에어리어penalty area를 벗어나 인플레이in play가 선언될 때까지 상대팀 선수는 페널티에어리어 밖에 있어야 한다. 골킥을 해서 직접 얻은 득점은 인정된다. 골키퍼 이외의 선수가 킥을 했을 경우 ① 볼이 인플레이된 후 다른 선수가 터치하기 전에 그 볼을 다시 키커가 터치했을 때는 위반이 일어난 지점에서 상대팀의 간접프리킥으로 판정한다. ② 볼이 인플레이된 후 다른 선수가 터치하기 전에 키커가 핸드볼handball을 범

했을 때는 위반이 일어난 지점에서 상대팀의 직접프리킥으로 판정한다(페널티에어리어 안에서 키커가 핸드볼을 범했을 때는 상대팀의 페널티킥으로 판정한다). 골키퍼가 킥을 했을 경우 ① 볼이 인플레이된 후 다른 선수가 터치하기 전에 골키퍼가 다시 그 볼을 터치했다면 위반이 일어난 지점에서 상대팀의 간접프리킥으로 판정한다. ② 볼이 인플레이된 후 다른 선수가 터치하기 전에 골키퍼가 페널티에어리어 밖에서 그 볼을 손으로 터치했을 때는 위반이 일어난 지점에서 상대팀의 직접프리킥으로 판정한다(페널티에어리어 안에서 골키퍼가 볼을 손으로 터치했을 때는 위반이 일어난 지점에서 상대팀의 간접프리킥으로 판정한다). 골킥이 곧장 골인으로 연결되는 건 드문데, 최근의 사례는 2006년 5월 폴란드 호주프에서 열린 독일월드컵 평가전 폴란드-콜롬비아전에서 일어났다. 콜롬비아가 1:0으로 앞선 가운데 후반 18분 루이스 마르티네스 콜롬비아 골키퍼가 손에 들고 있던 공을 페널티지역에서 차올렸다. 쭉쭉 뻗어간 골킥은 중앙선을 넘어 폴란드 문전에서 한 번 튀더니 그대로 골문으로 돌진했다. 화들짝 놀란 골키퍼 토마시 쿠슈차크가 두 손을 뻗으며 뛰어올랐지만, 공은 그대로 쿠슈차크와 크로스바 사이로 빨려 들어갔다. 이 골에 힘입어 콜롬비아는 2:1로 승리했다.[19]

골포스트goal post 축구 등 구기에서 골키퍼가 지키고 서 있는 골문을 표시해 세운 2개의 막대로 보통은 목재나 철재로 되어 있다. 모가 지거나 둥그런 막대 모양의 재료를 사용하여 양쪽에 골대를 세우고 그 두 막대 위에 길게 바를 걸쳐 만든다. 이때 2개의 포스트와 크로스바의 너비는 최대한 12센티미터로 제한하고, 눈에 잘 띄게 흰색을 칠하도록 규정하고 있다. 두 팀이 경기를 벌여서 상대편 선수가 이 골문 안으로 공을 넣으면 그편에서 득점한다. 현재 국제경기의 규칙에는 축구장에서 골의 너비는 두 골대 안쪽 너비가 보통 7.32미터, 지면에서 크로스바까지의 높이는 2.44미터다. 핸드볼에서는 7인제와 11인제가 있어서 서로 다른데 전자는 너비 3미터, 높이 2미터의 네모난 목재에 2가지 색깔을 칠하고, 후자는 너비 7.32미터, 높이 2.44미터로 네모난 목재에 단색을 쓰게 되어 있다. 수구에서는 너비 7.5미터의 모난 목재나 철재를 사용하여 만들며 양쪽 골대 안쪽 거리는 3미터, 수면에서 크로스바 안쪽까지의 높이는 보통 90센티미터다. 하키는 골대 안쪽의 너비가 3.7미터, 높이 2.13미터이고, 아이스하키는 각각 3.6미터에 1.2미터다.[20]

교체의 전설 올레 군나르 솔샤르는 노르웨이의 전 축구 선수이자, 몰데 FK의 감독이다. 그는 지금까지도 교체의 전설로 불리고 있다. 그는 선수 생활의 대부분을 맨체스터 유나이티드에서 보냈다. 그는 맨유의 전성기를 이끌었던 선수 중 한 명이다. 그의 뛰어난 골 결정력과 나이에 비에 어려 보이는 외모로 인해 '동안의 암살자'라는 별명을 갖고 있었다. 또한 주로 교체 멤버로 뛰었지만 조커로서 아주 탁월한 기량을 보여주었기에 '슈퍼 서브'라고도 불렸다. 솔샤르는 공격수로서 천부적인 득점력을 가진 선수로 어느 위치에서도 골을 넣을 수 있는 것이 강점이었다. 1996년에 맨유에 입단한 그는 첫 시즌 19골을 넣는 활약으로 출발했지만 그다음 시즌 부상, 1998시즌에는 드와이트 요크가 영입됨에 따라 벤치로 밀려났다. 하지만 노팅엄 포레스트 경기에서 교체로 들어온 지 11분 만에 4골을 몰아넣으며 건재함을 알렸고 1999년 맨유가 트레블을 달성할 때 챔피언스리그 결승전 바이에른 뮌헨과의 92분 극적인 결승골을 넣어 트레블의 주인공으로 등극했다.[21]

국가대표팀 마케팅   국제축구연맹이 만들어놓은 거대한 세계 축구시장을 발판으로 각국 축구대표팀은 최고의 상품으로 군림하고 있다. 한국의 축구대표팀 역시 국내 스포츠 마케팅 시장에서 독보적인 지위를 유지하고 있다. 『중앙일보』 2009년 5월 15일자는 "대한축구협회는 다른 체육단체는 상상도 할 수 없는 1년 예산 700억원대 거대 조직으로 성장했다. 축구대표팀이란 히트상품이 있기 때문이다. 하지만 시장은 언제 한국 축구를 외면할지 모른다. 이를 위해 축구협회는 '히트 상품'의 품질 관리에 모든 것을 쏟아붓고 있다"며 다음과 같이 말한다. "대표팀은 700억 원의 축구협회 1년 살림살이 중 절반을 책임진다. 축구협회 최고의 캐시카우인 것이다. 축구협회는 올해 대표팀 마케팅을 통해 340억 원 정도의 수입을 기대하고 있다. 그중 80퍼센트에 해당하는 270억 원 정도가 13개 스폰서 업체가 후원하는 돈이며 나머지 70억 원 가량은 국내 A매치(대표팀 경기) 중계권 및 입장권 판매 수익이다. 축구협회가 거대 조직으로 성장할 수 있었던 배경은 기하급수적으로 늘어난 후원금이다. 2002년 월드컵을 통해 축구대표팀의 시장성이 확인되면서 한국을 대표하는 기업체들의 후원 참여가 대폭 늘었다. 참여 업체들의 높은 재계약률은 후원의 효과를 충분히 짐작하게 한다. 재계약 때마다 금액도 부쩍 올랐다. 축구협회의 가장 큰 후원 업체인 나이키는 2007년 10월 현금과 물품 지원을 포함해 4년간 490억 원에 재계약했다. 250억 원에 이르는 현금 지원 규모는 2002년 재계약 때보다 110퍼센트나 늘어난 수치다."[22]

국제축구연맹Federation Internationale de Football Association, FIFA
1904년 5월 21일 프랑스 주도하에 프랑스, 벨기에, 덴마크, 네덜란드, 스페인, 스웨덴, 스위스 등 7개국 대표자들이 모여 창설된 조직이다. 이에 무관심했던 잉글랜드는 초청에 응하지 않다가 1905년에서야 참가에 동의했지만 제1차 세계대전이 끝난 후 패전국들과의 스포츠 교류에 반대해 FIFA에서 탈퇴했다. 1924년 재가입했으나 엄격한 아마추어제를 고수하는 고집을 피우다 다시 탈퇴, 그리고 50년 이후에 복귀하는 오락가락 행보를 계속했다. 이런 이유 때문에 축구 종주국은 영국임에도 축구 행정의 종주국은 프랑스인 셈이다. FIFA가 영어가 아닌 프랑스어의 약어인 것도 바로 그런 이유 때문이다. FIFA엔 한 나라를 대표하는 단일 축구협회만 가맹할 수 있으나 영국만은 잉글랜드 · 스코틀랜드 · 웨일스 · 북아일랜드의 4개 협회가 각각 회원국으로 승인되었다. 회원국은 2002년 1월 현재 204개국이다. 목적은 경기 추진, 각국 협회 간 우호 증진, 경기 규칙의 준수 등이다. 4년마다 열리는 세계선수권대회(월드컵축구대회)를 주관한다. 조직으로는 최고 의사 결정 기구인 총회와 집행위원회, 집행위원회를 자문하는 18개의 상설위원회가 있다. 총회는 2년에 1번씩 개최되며 FIFA 정관 개정, 재정 · 회계 승인, 회원국 승인 등 FIFA의 주요 사항을 결정한다. 집행위원회는 회장과 7명의 부회장, 16명의 위원으로 구성되며 FIFA 사무의 대부분을 처리한다. 상설위원회는 분야별로 집행위원회를 보좌한다. FIFA의 상설위원회로는 재정위원회 · FIFA 월드컵 조직위원회 · FIFA 대륙간컵 및 세계클럽선수권대회 조직위원회 · 올림픽 축구 토너먼트 조직위원회 · FIFA 청소년축구위원회 · 실내축구위원회 · 여자축구위원회 · 심판위원회 · 기술위원회 · 스포츠의학위원회 · 선수지위위원회 · 안전 및 페어플레이 위원회 · 미디어위원회 · 규정위원회 · 국제연맹위원회 · 축구위원회 · 전략연구위원회 · 법률위원회 등 18개가 있다. FIFA 이외에 국제 축구조직으로 각 대륙별 축구연맹이 있다. 대륙별 축구연맹은 FIFA의 업무 범위가 늘어남에 따라 FIFA를 보좌하고 있다. 대륙별 연맹은 아시아축구연맹AFC · 아프리카축구연맹CAF · 북중미축구연맹CONCACAF · 남미축구연맹CONMEBOL · 오세아니아축구연맹OFC · 유럽축구연맹UEFA 등 6개가 있다. 역대 FIFA 회장으로는 초대 로베르 구에린(1904~1906, 프랑스), 제2대 대니얼 벌리 울폴(1906~1918, 영국), 제3대 쥘 리메(1921~1954, 프랑스), 제4대 로돌프 실드레이어스(1954~1955), 제5대 아서 드루리(1955~1961, 영국), 제6대 스탠리 라우스(1961~1974, 영국), 제7대 주앙 아벨란제(1974~1998, 브라질)가 있었고, 제8대 회장으로 조제프 블라터(1998~2016, 스위스)가 직무를 수행하던 중 대규모 비리사건에 연루되어 2015년 사퇴하고 제9대 회장으로 잔니 인판티노(2016~, 스위스)가 선정되었다. 본부는 스위스 취리히에 있다.[23]

군대스리가 Kundae's League 우리나라 군인들이 군대에서 하는 축구를 독일의 프로축구리그인 분데스리가Bundesliga에 빗대어 이르는 말이다. 한 전문가의 분석에 따르면, 한국 전역에서 5만 개 정도의 클럽이 운영되고 있는 군대스리가의 특징은 다음과 같다. ① 수준 높은 압박축구 구사: 미드필더 장악과 공을 가진 공격수를 수비수 3~4명이 신속하게 에워싸는 압박축구를 군대스리가에서는 수십 년 전부터 해오고 있다. 공 주위에 선수 절반이 집중적으로 몰려다니는 이른바 '개떼 축구'는 압박축구의 절정이다. ② 간단·명료한 작전 지시와 선수들의 높은 이해력: 군대스리가의 작전 지시는 간단·명료하지만 선수들의 이해도는 매우 높다. 예) 쉑갸! 빨리 안 뛰어, 죽을래? ③ 선호하는 전술은 킥 앤 런: 골키퍼가 공을 잡으면 무조건 내지른다. 그리고 열심히 뛴다. 대부분이 상대편 골문 앞에 자리 잡고 있다. ④ 탁월한 체력강화 프로그램: 전·후반에 연장전까지 뛰고도 경기 결과에 따라 '선착순', '얼차려' 등 즉각적인 체력강화 프로그램이 뒤따른다. ⑤ 저렴한 클럽 운영비: 클럽 전원의 연봉을 합쳐도 한국 정부가 정한 최저임금에도 못 미칠 정도로 저렴하다. 똘똘이 소시지, 만두, 콜라 등 1,000~2,000원짜리 저렴한 인센티브에 목숨을 걸 정도로 프로의식도 강하다. ⑥ 막강한 스폰서: 군대스리가의 모든 용품은 독점 스폰서(국방, 보훈, 브레이브맨)에 의해 공급된다. 팀 구분은 주로 러닝 착용 여부(벗은 팀 vs 입은 팀)로 결정된다. ⑦ 멀티플레이어의 산실: 히딩크는 한국 선수들의 멀티플레이어 자질을 간파했다. 100명이 동시에 축구를 즐기는 법은 오직 '대~한민국'에만 있다. 운동장에 공 4개만 던져주고 그냥 놀게 한다. 서로 다른 곳에서 움직이는 4개의 공……. 멀티플레이를 안 할 재간이 없다. 2008년 9월 27일 일간스포츠와 국방부가 주최하고 건군 제60주년 기념사업단과 중앙엔터테인먼트앤드스포츠JES가 주관한 '선진강군! 한마음 대축제 하이원 2008 군대스리가' 본행사가 안산 '와~ 스타디움'에서 개최되었다. "건군 60주년을 기념해 장병들의 체력증진과 함께 민·군의 화합을 위해 치러진 이번 군대스리가 본행사에는 5,000여 명이 참가하면서 그 의의를 뜻깊게 했다. 본행사는 지난 6월 11일부터 치러진 육·해·공군 79개 팀의 대결에서 각군별로 우승을 거둔 세 팀에 대한 시상식에 이어 이들의 친선경기(20분)로 치러졌다. 육군1사단 1:0 한국 OB국가대표, 공군 군수사령부 2:0 주한 미7공군, 해군 해병대1사단 3:0 주한 미7공군 등 친선경기는 모두 군팀의 승리로 돌아가면서 우승팀의 실력을 맘껏 뽐냈다. 이번 축제에는 소녀시대와 군 복무중인 김태우 병장, 안칠현(강타) 일병 등이 축하공연을 펼치면서 경기장의 열기를 더욱 뜨겁게 달구었다. 이번 군대스리가 본행사는 10월 1일 OBS TV에서 녹화중계된다."[24]

그라운드 패스 ground pass   공이 땅에 굴러가도록 주는 패스(땅볼 패스)다. 현대 축구는 패스로 시작해서 패스로 끝난다고 해도 과언이 아니다. 패스 중에서도 가장 기본이 되는 패스가 그라운드 패스다. 오늘날 '티키타카 축구'의 밑바탕에는 그라운드 패스가 자리 잡고 있다. 축구가 발전함에 따라 그라운드 패스 또한 다양하게 발전했다. 2:1 패스와 2:1 월패스는 가장 효과적이고도 바람직한 패스로 받아들여진다. '2:1 패스와 2:1 월패스를 구사할 줄 아는 선수는 더이상 축구를 배울 것이 없다'라는 말은, 곧 축구에서 2:1 패스와 2:1 월패스가 그만큼 효과적이라는 사실을 의미한다. 또한 2:1 패스와 2:1 월패스는 볼을 받는 선수를 벽으로 이용할 수 있어 현대 축구 트렌드인 압박을 벗어날 수 있다는 장점도 지니고 있다. 그라운드 패스는 정확성과 민첩성에서 다른 패스를 압도한다. 그러나 상대방이 압박 축구를 구사할 때는 백패스나 횡패스가 많아지며 고질적인 한국 축구의 단점이기도 하다. 이를 극복하는 방법은 1:1의 돌파를 해야 하며 그러기 위해서는 개인적으로 탁월한 스피드와 개인기를 요구한다.[25]

길거리 축구 "70년대 축구, 80년대 야구, 90년대 농구"라는 말이 나올 정도로 1990년대는 농구 붐이 전 사회를 휩쓸었다. 정순민은 "축구를 좋아하면 구세대, 농구를 좋아하면 신세대"라는 말이 나올 만큼 "축구는 농구의 위세에 떠밀려 찬밥 신세로 전락했다"며 "요즘 아이들은 에어 조던 농구화를 신고, NBA에 열광하며, 반코트만을 활용한 간이 길거리 농구에 몰두하고 있다"고 했다.[26] 이런 상황에서 생겨난 게 바로 '길거리 축구'다. '길거리 농구'를 원용한 것이다. 1996년 8월 12일부터 17일까지 6일 동안 서울 어린이대공원 특설운동장에서 열린 '길거리 축구 대회'가 좋은 예다. 1995년에 이어 두 번째로 열린 이 대회엔 총 350팀, 1,800여 명이 참여해 열전을 벌였다. 한국리복, 화승, 나이키 등 농구용품 제작사들이 주최하는 길거리 농구대회에 1,800~2,000여 팀이 참여하는 것에 비하면 참여 열기는 5분의 1 수준이었지만, MBC-TV는 8월 17일에 벌어진 초·중·고등부 결승전과 번외 경기로 열린 '연예인 길거리 축구'를 녹화 중계해 길거리 축구 붐을 조성하는 데 일조했다.

FUNNY FOOTBALL DICTIONARY

L
★

남북청소년 단일팀 1988년 노태우 대통령의 7·7 선언 이후 남북관계는 해빙 무드가 조성되어 1990년 9월 남북고위급 회담이 열렸고, 이 흐름을 타고 스포츠에도 화합이 조성되었다. 1990년대부터 남북대결은 이전만큼 '적대적인 분위기'에서 펼쳐지지 않았다. 1990년 평양과 서울을 오가며 치른 남북통일축구를 계기로 서로 적대시하고 두려워하는 분위기는 크게 누그러졌다. 오히려 선수들끼리 개인적으로 우정을 나누기도 하는 관계로 발전하기에 이르렀다. 1991년 5월에는 포르투갈 세계청소년선수권대회 단일팀(코리아) 구성을 위한 1, 2차 선발전을 각각 서울과 평양에서 가져 6월 본선에 남북단일팀으로 출전했다. 그룹 A조에 속한 남북단일팀은 개최국 포르투갈, 아르헨티나, 아일랜드와 한 조가 되어 1차전 아르헨티나에 1:0 승리, 2차전 아일랜드와 1:1 무승부, 3차전 개최국 포르투갈에 0:1 패배, 승점 4점으로 승점 9점의 포르투갈에 이어 조 2위로 8강에 올랐다. 그러나 브라질에 1:4로 패배하며 8강에 만족해야만 했다. 이때 대한 축구협회 회장이던 김우중 전 대우그룹 회장이 포르투갈로 향하는 기내機內에서 북한 선수들에게 간식으로 너구리를 먹겠느냐고 묻자 북한 선수들은 한결같이 '너구리를 어케 먹습네까?' 하고 거절했다. 그러나 한국 선수들이 너구리를 맛있게 먹자, 그 너구리가 농심에서 나온 너구리우동이라는 것을 알게 된 북한 선수들은 서로 달라고 아우성이었다.

노숙자 축구대회 노숙자월드컵은 세계스트리트페이퍼협회INSP에서 주관하고 있다. 노숙자의 건강증진과 노숙자에 대한 인식전환이 목표다. 제1회 노숙자월드컵은 2003년 오스트리아 그라츠에서 18개국이 참가한 가운데 열렸다. 2만 명의 관객이 경기를 지켜보았다. 세계 90개 신문·잡지와 25개 방송이 경기를 보도했다. 스웨덴 고센버그에서 열렸던 제2회 대회에는 26개국이 참가해 4만 명의 관객이 모여들었다. 해를 거듭할수록 참가국이 늘어나 2005년 7월에 스코틀랜드 에든버러에서 열렸으며 30개국이 참가했다. 노숙자월드컵의 축구 경기는 경기장 크기, 장소, 선수 수 등을 노숙자월드컵에 맞게 조정했다. 우선 선수 자격은 현재 노숙자이거나 일정 기간 노숙을 했던 경험이 있어야 한다. 선수 수는 한 팀당 4명이고, 그중 한 명은 골키퍼다. 주전 선수 4명, 후보 선수 4명, 코치 2명이 한 팀을 이룬다. 경기장 크기는 테니스경기장 크기 정도인 20.14미터다. 잔디구장에서 연습할 수 없는 선수들을 위해 경기장 바닥이 콘크리트나 돌로 만들어진 곳에서 경기를 한다. 좁은 경기장에 맞춰 골대도 일반 골대에 비해 높이가 낮다. 월드컵이 열리는 기간에는 단순히 축구 경기만 하는 것은 아니다. 노숙자 포럼을 열고 노숙자 복지문제 등을 논의하며 노숙자 문제에 대한 해법을 찾기 위해 노력한다. INSP 밀 영 회장은 "이 대회를 통해 세계인들에게 노숙자들이 삶에 대한 의지가 없거나 자신의 능력을 계발하기 위해 애쓰지 않는 사람들이 아니라는 것을 알리고 싶다"고 말했다. 그는 "노숙자들이 생기는 가장 큰 원인은 분배에 있다"며 "이는 우리 모두가 해결해야 하는 문제"라고 덧붙였다. 노숙자월드컵은 노숙자들에게 새로운 삶의 희망을 심어주는 역할도 하고 있다. 제1회 대회에 영국 대표선수로 참가했다가 제2회 대회에서는 코치로 참가한 한 노숙자는 "노숙자월드컵은 내 인생을 바꿔놓았다"며 "마약과 알코올중독에서 헤어나오지 못했던 내가 축구를 시작하고부터 건강도 되찾았고 다른 사람들과 어울리는 법도 배웠고 미래에 대해서도 고민하게 됐다"고 말했다. 한국은 2010년 제8회 브라질 리우 대회에 처음 참가했다. 체재비 3,000여만 원은 익명의 여행업체에서 2,000만 원, 축구협회에서 800만 원, 네티즌 성금 300만 원으로 어렵게 참가하게 되었다. 이 대회를 통해 포르투갈 출신 노숙자 베베는 맨유에서 1,140만 파운드(198억 2,471만 원)에 계약했다. 그는 처음에 맨유의 제안을 받을 당시 모든 것이 농담인 줄 알았다. 베베는 "그들이 나에게 노숙자월드컵 출전을 권했다. 이에 나는 수락했다. 농담처럼 들리겠지만 6경기에 나서 40골을 기록했다. 사실 나는 구단과 계약하고 싶지 않았다. 왜냐하면 고아들을 떠나고 싶지 않았기 때문이다. 떠난 것은 힘들었다. 하지만 나는 결정했다"고 밝혔다.[1]

논스톱 패스 non stop pass   공을 멈추지 않고 바로 하는 패스를 말한다. 즉, 보통 때처럼 패스를 받으면 트래핑이나 개인기를 하고 난 뒤에 패스하는 것이 아닌, 패스를 받자마자 다른 사람에게 공을 패스하는 행위를 말한다.

FUNNY FOOTBALL DICTIONARY

C

다이나마이트Dynamite **형제**   덴마크는 1906년 제1회 아테네올림픽에서 비공식 종목이던 축구에서 우승하고, 1908년 정식종목으로 채택된 런던올림픽에서도 우승을 차지했다. 그러나 1950년대에는 국제무대에서 두각을 나타내지 못했다. 당시 덴마크는 아마추어 팀 밖에 없었기에 실력 있는 선수들은 해외로 둥지를 옮겼다. 1978년 덴마크의 프로축구가 창설되면서 덴마크 축구는 기지개를 펴기 시작했다. 자국에서 개최된 1984년 유럽선수권대회에서 4강에 오르는 기염을 토한 후 덴마크 팀은 덴마크산 다이나마이트Danish Dynamite로 불리기 시작했다. 이때 덴마크 대표팀에는 두 공격수 형제가 있었는데, 형 미카엘 라우드루프와 동생 브리안 라우드루프였다. 그들은 화려한 드리블과 패스로 대표팀에 새로운 활기와 창조성을 부여했다. 스피드 넘치는 드리블 돌파가 주 무기인 동생 브리안은 형이 빠진 1992년 유럽선수권대회에서 우승을 일궈낸 간판 스트라이커였다. 그는 6개국에서 6회의 리그 제패를 경험한 독특한 이력을 갖고 있다. 항상 미카엘의 동생이라는 꼬리표를 달아야 했지만, 그의 존재감은 결코 형에게 뒤지지 않았다. 이들의 아버지 판 라우드루프도 덴마크 국가대표팀 출신이다.[1]

다이렉트 킥direct kick   볼을 정지시키지 않고 직접 차는 것이다. 공중으로 날아온 볼이나 굴러온 볼을 정지시키지 않은 상태에서 곧바로 차는 킥을 말한다.

다징dodging   달려드는 상대를 피해 재빨리 볼을 몰면서 빠져나가는 동작이다. 영어의 'dodge(재빨리 피하다, 살짝 비키다)'에서 파생된 용어다. 볼을 빼앗거나 공격을 막기 위해 달려드는 상대 선수를 재빨리 피하며 빠져나가는 동작을 말한다.[2]

대한축구협회Korea Football Association, KFA   대한체육회에 소속된 최대의 체육단체로 대한민국의 축구 행정을 총괄하는 유일한 기구다. 1928년 5월 22일 조선심판협회가 처음 생겼으며, 1933년 9월 19일 이를 계승해 생긴 조선축구협회가 대한축구협회의 전신이다. 국어학자 박승빈이 초대 회장이 되었다. 1938년 일제에 의해 강제 해산되었다가 1945년 해방과 함께 복원되었다. 1948년 정부 수립 이후 현재의 명칭인 대한축구협회로 이름이 바뀌었으며, 1948년 국제축구연맹에, 1954년 아시아축구연맹에 정식으로 가입했다. 국가대표팀은 아시아축구연맹에 가입한 해에 열린 1954년 스위스월드컵에 처음 출전했다. 1983년에는 아시아 최초의 프로축구리그인 수퍼리그를 출범시켰다. 2002년 한일월드컵을 성공적으로 치렀으며,

2005년 11월에 사단법인으로 전환했다.[3] ● 수퍼리그

댈러스의 드라마   1994년 6월 미국월드컵 당시 댈러스에서 벌어진 경기에서 한국이 강호 스페인과 드라마틱하게 2:2 무승부를 기록한 사건을 말한다. 후반 40분 홍명보의 첫 골이 터지기까지 2:0으로 뒤져 있던 한국은 종료 2분 전 서정원이 동점골을 넣었는데, 골을 넣은 뒤 서정원이 보여준 어퍼컷 세리머니는 강한 인상을 남겨주었다. 패색이 짙던 상황에서 잇달아 두 골을 터뜨리자, 온 국민은 "이긴 거나 다름없다"며 열광했다. 이 경기의 중계방송은 스포츠경기 중계사상 최고의 시청률을 기록했다. 3개 TV를 통해 동시에 생중계된 이 경기의 종합 가구시청률은 55.3퍼센트, 시청점유율은 89퍼센트로 조사되었다.[4] "'댈러스의 드라마'가 한국축구사상 첫 월드컵 16강의 서광을 비춰주었다. 북한 핵 문제와 기록적인 무더위에 짓눌려 있던 온 국민의 스트레스를 말끔히 가셔준 기적의 동점골이었다. '한국 축구는 전반전만 해야 해', '뒷심이 약해서 안돼' 하며 비관하던 사람들은 극적인 동점골이 터지자 믿어지지 않는다는 표정으로 '내친김에 16강, 8강으로 가자'고 흥분했다."[5] 그런 열화와 같은 기대에도 6월 24일 아침 한국은 볼리비아와 0:0 무승부, 6월 28일 새벽에는 독일에 2:3으로 패해 2무 1패로 조별 예선에서 탈락하고 말았다. 그러나 한국팀이 과거에 비해 훨씬 나아진 모습을 보여준 것은 분명했다.

더블유엠 시스템WM System   수비는 수비만 담당하고 공격은 공격만 담당하는 단순한 5:5 시스템에서 각 선수의 역할을 세분화해 3-2-2-3 시스템의 형태로 변형한 포메이션을 말한다. 공격수 5명과 수비수 5명이 각기 알파벳 더블유W와 엠M의 모양으로 포진하고 있는 데서 비롯된 명칭이

다. 1930년대에 선을 보인 이 시스템을 발전시킨 건 러시아다. 1940년대에 모스크바 디나모의 코치는 이 시스템에 탄력적인 요소를 한층 강화했다. 그는 5명의 공격수에게 경기 내내 끊임없이 포지션을 변화시킬 것을 요구했고, 그 결과 큰 재미를 보았다. 1950년대에 스위스 대표팀은 수비에 더 치중하는 WM의 변형을 보여주었는데, 이 결과 등장한 것이 바로 '스위스 볼트swiss bolt' 시스템이다. 스위퍼 1명을 포함한 중앙수비수 2명이 공격형 풀백 2명에 의해 지원을 받으며, 미드필더 2명은 공격수 2명이 윙플레이어의 도움을 받는 동안 센터를 조종하는 방식이다.[6]

더비의 역사   영국의 더비라는 마을은 축구 발상지의 중심이라 할 수 있다. 이 잉글랜드 지방의 이름은 지역 라이벌 간 정기전을 뜻하는데, 이는 더비 지방에서 이런 투쟁이 지속적이고 유명한 제도로 발전해 얼마 지나지 않아 잉글랜드에서 이웃 마을 간 축구 시합을 간단히 지역 더비라 부르게 되었다. 더비 마을의 지역 더비는 모든 더비 경기와 마찬가지로 대단히 난폭했다. 스코틀랜드 작가 월터 스콧 경은 두 마을 간의 축구 경기를 골치 아픈 일로 여겼는데, 이전의 부족 정신이 지나치게 극단적으로 터져나오기 때문이다. 부족과 마을과 가문 혹은 충성도 높은 집단 간의 제도화된 전통적 민족 놀이들은 지역 갈등을 마무리하는 수단이기도 했다. 축구가 성장하던 시대에 더비 구조는 관중들에게 매력적이었다. 갈등 구조에 따라 축구는 사람들을 결합시키는 동시에 분리시켰는데, 일목요연하지 않는 세상에서 더비는 명료한 답을 주었기 때문이다. 초기에 더비는 약자와 강자, 언더독과 거물, 노동자와 시민계급의 대치였다. 전 세계적으로 더비는 다양한 형태로 존재한다. 같은 도시를 연고로 하는 팀끼리의 대결이나 지역 라이벌 간의 대결 등 더비는 그야말로 흥행의 보증수표나 다름없다. 더비는 프로구단이 있는 모든 나라에 존재하나 여기서는 세계적으로 유명한 더비를 살펴보면 다음과 같다.

노스웨스트 더비 맨체스터 유나이티드와 리버풀(잉글랜드)의 '노스웨스트 더비'는 잉글랜드 북서부 왕좌의 게임이다. 축구로 표면화된 지역 갈등의 원인은 맨체스터 운하 건설이다. 1894년 맨체스터가 항구 도시 리버풀을 거치지 않고도 물건들을 옮길 수 있는 운하를 건설하자, 금전적 손해를 입고 실업자까지 쏟아진 리버풀은 맨체스터를 미워하게 되었다.

엘 클라시코 FC 바르셀로나와 레알 마드리드(스페인)의 '엘 클라시코'는 세계 최초의 글로벌 더비다. 스페인 기득권층의 팀(레알 마드리드)이 카탈루냐 독립의 보루와 맞붙는다는 정치적 의미를 갖고 있다. 전 세계에서 엘 클라시코를 시청하는 사람들은 5억 명에 달하는 것으로 알려졌다.

레비어 더비 보루시아 도르트문트와 샬케 04(독일)의 '레비어 더비'는 모든 더비의 어머니라고 불린다. 두 클럽 모두 석탄과 철광 노동자들에 의해 시작되었다. 다른 더비와 달리 사회계층으로 나뉘어 있지 않다. 양팀의 팬들은 서로 적대적이지만 노동자 계급에 뿌리를 두고 있다는 자부심을 공유하고 있다.

데르비 델라 카피탈레 SS 라치오와 AS로마(이탈리아)의 '데르비 델라 카피탈레'는 수도 로마의 주인이 되기 위한 싸움이다. 어린 시절 라치오의 팬이었던 파시스트 정치인 베니토 무솔리니는 수도의 두 팀을 합쳐 최강 클럽으로 키우려 했다. 그러나 라치오는 그의 제안을 거절했다. 양팀이 함께 사용하는 수용 인원 7만 2,689명의 올림피코 경기장은 더비가 열리면 대형 깃발과 화염으로 뒤덮인다.

타인위어 더비 타인위어 더비는 불과 16킬로미터 밖에 떨어져 있지 않은 잉글랜드 북동부의 두 도시, 뉴캐슬과 선덜랜드의 라이벌 경기로 그 역사는 잉글랜드 내전까지 거슬러 올라간다. 자코바이트의 반란 당시 독일계 왕가 하노버 왕가를 지지한 뉴캐슬과 스코틀랜드의 스튜어트 왕가를 지지하는 선덜랜드 사이의 반목에서 시작해 산업혁명시대 조선업과 석탄 거래 같은 산업분야에서 그 갈등이 극에 달했다.

밀라노 더비 데르비 델라 마돈니나 Derby della Madonnina 또는 밀라노 더비는 이탈리아 롬바르디아주 밀라노를 연고로 하는 두 팀인 FC 인테르나치오날레 밀라노와 AC밀란의 경기를 가리키는 것으로, 영어로는 밀란 더비 Milan Derby라고 한다. 이는 AC밀란이 이탈리아 출신 선수와 영국 선수를 중시하는 경향에 반발해 FC 인테르나치오날레를 창설한 것이 계기가 되었다

프랑켄 더비 독일 프랑켄 지역 라이벌 FC 뉘른베르크와 SpVgg 퓌르트 간의 경기를 말한다. 1923년 4월 13일 경기가 끝나자 두 팀이 보여준 것은 레슬링, 권투, 난투극, 아니 그저 싸움질이라고 부를 수 있었다. 1929년 10월 6일 경기에서는 프리킥이 87차례, 퇴장이 3차례 있었으니 그 사이사이 공 찰 시간은 거의 없었다.

올드 펌 매치 글래스고 지역 라이벌인 레인저스와 셀틱의 대결을 말한다. 이 도시가 왕당파 개신교도와 가톨릭으로 분열된 것을 표현한다. 부에노스아이레스에서 보카 주니어와 리버 플라테가 싸울 때 이탈리아인이 한편이 되고 잉글랜드인과 스페인인이 다른 편이 되는 민족적 라이벌 의식이 일어난다.

리우데자네이로에서 플라밍고와 플루미넨세 간의 시합은 노동자와 사회적 엘리트 간의 갈등이기도 하다.

리버풀시의 FC리버풀과 FC에버튼이 경기를 하면 도시는 분열된다. 그러나 같은 잉글랜드의 북부 도시인 리버풀이나 맨체스터 클럽이 런던 클럽과 시합을 할 때면 리버풀과 맨체스터는 새로운 팬 공동체를 이룬다.

2001년 11월 14일 앙골라와 포르투갈 경기는 과거 식민지 국가와 식민지 통치 국가 간의 대결로 경기 시작 28분 만에 3명이 퇴장당하고 팬들이 그라운드에 몰려들어 67분에는 경기가 중단되었다. 앙골라 선수가 6명이 남았기 때문이다(FIFA 규정에 따르면 한 팀 선수가 7명 미만이면 경기가 취소된다).[7]

도쿄의 치욕   1964년 도쿄올림픽에서 한국이 체코에 1:6, 브라질에 0:6, 아랍공화국(이집트와 시리아가 통합한 국가로 나중에 다시 분리)에 0:10으로 대패한 사건을 말한다. 0:10 패배에 대해 개망신을 당했다며 언론 비판이 호되게 쏟아졌다.[8] 재일교포들의 분노도 만만치 않았다. 『조선일보』는 "도쿄 시내의 교포들은 물론 각 지방에서 모여든 수많은 교포들은 이날 경기에서 우리 선수들이 자기 책임을 다하지 않고 불성실한 태도로 10대 0이라는 엄청난 스코어 차로 패함으로써 조국을 망신시켰다고 분격하고 있다"고 보도했다.[9] ● 런던의 치욕, 취리히의 치욕, 테헤란의 치욕

도하의 기적   1993년 10월 카타르 수도 도하에서 1994년 미국월드컵 아시아 최종예선전(한국, 북한, 일본, 사우디아라비아, 이란, 이라크)이 열렸다. 2장의 티켓이 걸려 있는 이 대회에서 한국은 첫 경기에서 이란을 3:0으로 완파하며 순조롭게 출발했다. 그러나 두 번째 경기서부터 꼬이기 시작했다. 사우디아라비아와의 2차전에서 89분간 1:0으로 앞서 가다가 1분을 못

버티고 통한의 동점골을 내준데 이어, 3차전 이라크와의 대전에서도 1:0으로 앞서다가 종료 직전 동점골을 내주고 말았다. 한국팀의 사기는 땅에 떨어졌고 무거운 마음으로 만난 4차전 일본과의 경기에서 일본의 간판 골잡이 미우라 가즈요시에게 골을 내주어 1:0으로 지고 말았다. 한국팀의 운명은 자력 진출은 힘들어졌고 한국이 북한을 2골 차 이상으로 이기고 일본이 이라크에 비기거나 패해야만 했고, 사우디아라비아와 이란의 경기에서 사우디아라비아가 패해야만 티켓을 거머쥘 수 있는 절박한 상황에 처했다.
운명의 10월 28일이 왔다. 이날 세 경기는 만일에 있을지도 모를 승부조작을 방지하기 위해 같은 시각에 동시에 치러졌다. 각국의 중계방송팀은 자막 또는 실시간 화면으로 다른 팀의 결과에 촉각을 곤두세웠다. 북한과의 최종전에서 전반을 0:0으로 마친 한국 선수들과 코치진은 무거운 발걸음으로 라커룸으로 향했다. 일본이 전반전에서 1:0으로 리드를 했고 사우디아라비아도 이란에 앞서갔기 때문이다. 정몽준 전 대한축구협회 회장은 당시 라커룸에서 김호 감독이 주장 홍명보 선수의 뺨을 수차례 때린 사건을 지금도 잊을 수가 없다고 했다. 한 수 아래의 팀을 상대로 무기력한 플레이로 일관했기 때문이다. 그 덕분인지(?) 한국팀은 후반 8분 북한을 2:0으로 앞서갔지만, 선수나 국민이나 모두 표정이 시무룩했다. 그러다가 후반 9분 이라크가 동점골을 넣어 잠시 화색이 돌았으나 후반 20분 일본이 또다시 한 골을 추가해 2:1로 앞서나가기 시작했다. 한국은 결국 북한을 3:0으로 이겼으나 선수들의 발걸음은 너무도 무거웠다. 그 순간 기적이 일어났다. 종료 10초 전 이라크의 오만 자파르 선수의 헤딩슛이 일본 골네트를 가른 것이다. 주한 이라크 대사관에는 꽃다발과 감사의 팩스로 넘쳐났다. 동점골을 넣은 이라크의 자파르 선수는 K리그에 스카우트되기도 했으며 첫 게임에서 북한에 패한 이라크 감독은 그날로 경질되었고 북한팀 감독은 일본과 사우디아라비아가 심판진을 매수해 티켓을 확보하려 한다고 맹비난을 퍼부었다.

도하의 참변   '도하의 기적'은 일본에는 '도하의 참변'이었다. 온 일본 열도는 울음바다가 되었다. 패배의 순간 일본 열도는 깊은 심연의 바다로 침몰했고 선수와 응원단, 일본 국민들은 통곡했다. 그날 주일 이라크 대사관의 국기가 일본 팬들에 의해 불태워지기도 했다.[10]

독이 든 성배   2002년 한일월드컵 4강 이후 거스 히딩크의 빈자리를 메우려고 대한축구협회는 2003년 2월 포르투갈 출신의 움베르투 코엘류를 영입했다. 그러나 그는 임기를 못 채운 채 14개월 만인 2004년 4월 물러났다. 후임은 1996년 애틀랜타올림픽에서 나이지리아 우승 신화의 주역인 조 본프레레였다. 그는 2004년 6월 24일 취임해 2005년 6월 9일 독일월드컵 아시아지역 최종예선 5차전에서 쿠웨이트에 4:0으로 승리해 한국의 6회 연속 월드컵 진출을 이끌었다. 그러나 그도 취임한 지 14개월 만인 2005년 8월 23일에 물러났다. 그는 한국 대표팀 감독에 대해 '독이 든 성배聖杯'라는 말을 남기고 한국을 떠났다.[11] 이 표현은 많은 사람의 공감을 얻어 지금도 널리 쓰이고 있다. 예컨대, 『중앙일보』 2009년 6월 8일자에 따르면, "2002년 한일월드컵 때 한국 축구대표팀 감독은 거스 히딩크가 아니라 허정무일 수도 있었다. 1998년 프랑스월드컵이 끝나고 허정무는 축구대표팀 감독에 올랐다. 대과가 없으면 2002년까지 지휘할 수 있는 기회였다. 그렇지만 시운이 닿지 않았다. 2000년 시드니올림픽 조별 리그에서 2승 1패를 거뒀지만 스페인·칠레에 골득실에서 밀려 탈락했다. 같은해 가을 레바논에서 열린 아시안컵에서는 3위를 차지했지만 경기 내용이

팬들을 만족시키지 못했다. '허정무 체제로 2002년 월드컵을 치를 수는 없다'는 여론이 들끓었다. 자진 사퇴 형식으로 물러났지만 '탄핵'이나 다름없었다. 9년 전 중동(레바논)에서 좌절됐던 월드컵을 향한 허정무 감독의 꿈이 중동에서 부활했다. 그는 7일(한국시간) 아랍에미리트UAE 두바이 알막툼 경기장에서 UAE를 2:0으로 꺾고 월드컵 본선 진출을 확정 지은 뒤 선수들의 헹가래를 받았다. 허정무 감독이 대표팀 사령탑에 복귀한 건 18개월 전인 2007년 12월이다. 그가 낙마하면서 시작된 히딩크-코엘류-본프레레-아드보카트-베어벡의 외국인 감독 시대가 그의 재등장으로 막을 내렸다. 핌 베어벡이 떠난 후 수개월 동안 외국인 명장을 찾다가 실패한 대한축구협회가 초읽기에 몰려 뽑아든 카드였다. '고작 허정무냐'는 팬들의 조소, '안 하면 좋겠다'는 가족의 만류 속에서 '독이 든 성배'를 받아든 그는 '축구 인생이 아니라 내 인생을 걸었다'고 비장한 출사표를 던졌다."[12] 2016년 10월 13일 러시아월드컵 이란과의 4차전에서 1:0으로 패한 울리 슈틸리케 감독은 경질설에 대해 "최근 12년간 몇 명의 감독이 대표팀을 거쳐간 줄 아는가. 무려 10명이다. 평균 재임 기간이 15개월"이라고 말하면서 불쾌감을 드러냈다.[13]

두뇌축구론 "축구는 단순노동이 아니라 다른 일보다 훨씬 짧은 시간에 판단을 내려야 하는 종목이며, 좋은 판단은 많은 지식에서 나온다." 2009년 5월 14일 프로축구 강원FC 최순호 감독이 강릉 종합운동장에서 강릉 제일고, 문성고, 상지대관령고 등 3개 고교 축구부원 80여 명을 대상으로 연 축구클리닉에서 공부의 중요성을 강조하면서 제시한 '두뇌축구론'의 골자다. 최 감독은 자신의 성공 발판이 공부였다고 말했다. 그는 "공부는 사회성과도 연결된다. 나도 공부를 안 했다면 사회에 나와 사람들을 만날 자신이 없었을 것"이라며 "프로구단 감독 15명은 많은 후보 가운데 경쟁력 있는 사람으로 선택되는데 그 경쟁력도 정보와 지식에서 나온 것"이라고 설명했다. 최 감독은 "우리가 말하는 '운동하면서 공부한다'는 말 자체가 잘못됐다. 외국에서는 '공부하면서 운동한다'고 한다" 면서 늦게나마 도입된 주말 리그제 도입을 반겼다. 최 감독은 "내가 본 책에서 한 하버드생의 좌우명이 '지금 잠을 자면 꿈을 꾸고 지금 공부하면 꿈을 이룬다'였다" 며 "갑자기 공부하려면 힘들겠지만 지금 한 공부 덕에 나중에 훨씬 더 많은 기회가 주어질 거라고 생각하라"고 조언했다. 마지막으로 최 감독은 "어린 학생들이 축구하는 변호사, 축구하는 의사, 축구하는 교수로 성장하기를 바란다"고 당부했다.[14]

두탄頭彈　　일제강점기 시절 사용된 표현으로 헤딩슛을 말한다.[15] 박정희 정권 시절 영어로 되어 있는 야구 용어를 모두 우리말로 바꾼 적이 있었다. 박 대통령의 강력한 지시에 따라, 방송윤리위원회가 1978년 10월 1일에 최종 확정해 방송사에 사용을 권장한 '우리말 운동 용어'는 모두 541개였다. 이때에 헤딩슛은 머리 쏘기, 포스트플레이는 말뚝 작전이었다.[16] 그러나 우리말 용어는 어색하다는 이유로 곧 다시 영어가 쓰이게 되었다.

드롭볼drop ball　　규칙에 명시되어 있지 않은 이유로 인해 경기가 중단된 후 재개하는 방법을 말한다. 경기가 중단되었을 당시 볼이 있던 위치에서 주심이 볼을 떨어뜨려 준다. 볼이 지면에 닿으면 인플레in play다. 볼이 지면에 닿기 전 선수가 플레이를 하거나 볼이 지면에 닿은 후 선수에 의해 플레이되지 않고 경기장 밖으로 나갔을 경우 주심은 다시 드롭볼을 실시한다.[17]

드롭킥drop kick   골키퍼가 볼을 가볍게 앞으로 던져 올린 다음, 그 볼이 땅에 떨어지기 직전 차는 것을 말한다. 골키퍼가 가장 많이 쓰는 골키핑 goal keeping 기술로, 특히 강우降雨 등으로 인해 지면이 거칠거나 고르지 못할 때 주로 사용한다. 펀트킥punt kick이라고도 한다.[18]

드리블dribble   발로 공을 굴리며 나아가는 것을 말한다. 드리블의 종류에는 상체를 자연스럽게 앞으로 숙이고 시선은 전방 3~4미터를 주시하며 발의 안쪽을 이용해 공을 좌우로 차면서 상대방에게 공을 빼앗기지 않고 패스나 슈팅을 하는 인사이드 드리블링, 전방에 빈 공간이 있을 때 많이 이용하는 인스텝 드리블링, 발의 바깥쪽을 이용하는 아웃사이드 드리블링이 있다. 1986년 멕시코월드컵 영국과의 8강전에서 환상적인 드리블링으로 두 번째 골을 성공시킨 아르헨티나의 마라도나는 경기 후 "보통 공은 내가 원하는 대로 반응해온다. 그때 공은 부드럽게 굴러다니면서 나의 모든 소망을 충족시키기에, 나는 공이 나의 일부라고 생각했고 전 세계가 나의 발에 종속되는 듯했다"고 큰소리쳤다.[19]

디디에 드로그바   2005년 10월, 드로그바의 조국 코트디부아르는 2002년부터 장기 내전에 시달리고 있었다. 2006년 FIFA 월드컵 본선 진출 티켓을 거머쥔 뒤 드로그바는 TV 생중계 카메라 앞에서 무릎을 꿇고 "사랑하는 조국 여러분 적어도 1주일 동안만이라도 전쟁을 멈춥시다"라고 호소했다(내전은 2007년에 종료되었다). 실제로 이후 1주일 동안 코트디부아르에서는 내전이 벌어지지 않았으며, 2년 후에는 5년이나 지속되던 내전이 완전히 종료되었다. 그 후 2011년 코트디부아르에 또다시 내전이 발생하자 드로그바는 "코트디부아르에는 화해와 용서가 필요하다"고 말해

코트디부아르의 평화를 바라는 발언을 한다. 또한 그는 유엔에서 만든 위원회에서 활동했다. 드로그바는 자선활동에도 열심히 임한다. "나는 사람들이 다른 나라처럼 동등한 기회와 부를 갖지 못한 나라에서 자랐다. 나는 내가 무척 행운아라고 생각한다. 그래서 나에게는 고향으로 돌아가 사람들을 돕는 일이 정말 중요한 의미를 갖는다. 재단 활동을 통해 내 고향 아비디안에 병원을 짓는 사업을 진행 중이다. 이미 땅도 사두었고 곧 시공에 들어갈 계획이다. 또한 나이키가 RED 'LACE UP & SAVE LIVES' 캠페인에 동참해줄 것을 요청했을 때 단 1초도 주저하지 않았다. RED가 아프리카에서 사람들에게 교육을 지원하고 에이즈 치료를 돕기로 한 것은 정말 훌륭한 일이다. 어제 경기(아스널 전)에서 RED 캠페인의 일환인 빨간 끈을 축구화에 매고 뛰면서 정말 자랑스러웠다."[20]

FUNNY FOOTBALL
DICTIONARY

2
★

라보나 킥 축구의 킥 중 하나로 '꽈배기 킥'이라고도 한다. 왼발이 앞서 있을 때는 오른발을, 오른발이 앞서 있을 때는 왼발을 꼰다. 스텝이 안 맞지만 자주 쓰는 발로 공을 차거나 트릭을 쓰고자 할 때 라보나 킥을 사용한다. 라보나의 뜻은 스페인어로 탱고에서 두 다리를 꼬는 스텝 동작을 의미한다. 라보나 킥은 기본적으로 양발을 사용할 수 있어야 기술을 능숙하게 구사할 수 있고, 상대 수비수들이 예상치 못하는 상황에서 슛이 이루어지기 때문에 상대 수비수나 골키퍼가 미리 대처할 수 없는 상황이 되어 꼼짝없이 당하고 마는 것이다. 킥 자체가 어렵기 때문에 슛이 성공하면 동영상으로 세계 전 지역의 스포츠 톱 뉴스감이 된다. 세계적인 스타 크리스티아누 호날두의 전매특허이기도 하다.[1]

런던의 치욕 한국팀이 1948년 런던올림픽에서 스웨덴에 0:12로 패한 사건을 말한다. 한국팀은 올림픽 출전을 불과 2개월여 앞두고 대표팀을 구성한데다 선수 선발에 따른 내분으로 축구협회장이 사퇴하는 등 대회 출전마저 불투명한 상황에서 연습할 겨를이 없었다. 한국팀은 7월 30일 멕시코와의 1차전에서는 5:3으로 승리했지만, 이어 벌어진 스웨덴과의 경기에서 0:12로 패배하는 수모를 당하고 말았다. 실력 차가 워낙 컸지만, 멕시코전에서 너무 힘을 뺀 탓이었다.[2] 당시 축구공은 오늘날과 같은 방수공이 아니라 가죽공이라서 비가 오면 무게가 늘어 골키퍼가 막으면 거대한 흙덩이가 와서 안기는 것 같았다. 골키퍼였던 홍덕영은 "비가 내려 가죽으로 만든 공이 물에 젖어 무거운 데다 스웨덴 선수들의 슈팅이 어찌나 강한지 가슴이 뚫리는 것 같았다"며 "48개의 슈팅 중 36개를 막아냈다"고 회고했다.[3] 홍덕영은 9골을 잃을 때까지 세다가 그 뒤로는 그것도 그만두고, 나중에 숙소에 돌아와 동료들에게 점수를 물었더니 0:11, 0:10 등 대답도 각양각색이었다. 다음날 신문을 보고서야 그날 경기 스코어가 0:12였다는 걸 알았다.[4] 이 대회에선 스웨덴이 우승을 차지했으니, 대진 운도 없었던 셈이다. 그러나 그로부터 64년 후 2012년 런던올림픽에서 한국팀은 3·4위전에서 일본을 2:0으로 꺾고 동메달을 차지하는 감격을 누렸다. ◐ 취리히의 치욕, 도쿄의 치욕, 테헤란의 치욕

레드카드 red card   축구 규칙 제12조 파울과 부정행위 Fouls and Misconduct에서는 다음과 같은 행위를 했을 때 레드카드를 준다고 명시하고 있다. ① 부정한 플레이 ② 난폭 행위 ③ 상대에게 침을 뱉는 행위 ④ 결정적인 순간, 의도적으로 손을 사용한 상대편의 득점 기회 저지(골키퍼 제외) ⑤ 프리킥, 페널티킥에 상당하는 반칙으로 상대편의 득점 기회 저지 ⑥ 모욕 행위 ⑦ 한 시합에서 옐로카드를 2번 받았을 때. 레드카드를 받고 퇴

장당한 선수는 즉시 피치를 벗어나 라커룸으로 가야만 한다. 반칙의 정도에 따라 추가적인 징계(벌금이나 출장 정지) 등이 있을 수도 있다. 한 경기에서 6장의 레드카드를 받은 팀은 몰수패를 당한다.⁵

레퍼리referee   축구의 심판에는 주심 1명, 부심 2명, 대기심 1명이 있지만 다심제가 아니라서 모든 결정권이 주심에게만 있다. 부심은 단지 주심을 도와주는 부수적인 역할만 한다.

레퍼리 볼referee ball   경기자가 부상당하거나 그 밖의 이유로 경기가 중단되었을 때 경기를 재개하는 방법으로 주심이 허리 높이에서 볼을 떨어뜨려 땅에 닿았을 때, 인플레이된다. 그러나 요즈음 추세는 선수가 부상당해 그라운드에 쓰러지면 상대편 쪽에서 볼을 라인아웃시킴으로써 부상 선수를 추스를 시간을 주며 경기가 재개되면 이쪽 편에선 다시 그 볼을 상대편에게 패스해주는 신사적 플레이가 대세다.

로봇 축구   1997년 6월 22일 말레이시아에서 열린 세계청소년축구선수권대회에서 한국 청소년팀이 조별 리그 B조 브라질과의 마지막 경기에서 전반에만 6골을 내주는 무기력한 경기 끝에 3:10으로 패배해 조별 리그 1무 2패로 B조 최하위로 예선 탈락하자, 한국 축구에 붙여진 별명이다. 이 결과는 1977년 세계청소년선수권대회 태동 이래 최다 골 차이자 1948년 런던올림픽, 1964년 도쿄올림픽에 이어 한국이 국제무대에서 두 자릿수 골을 허용한 세 번째 참패였다.⁶ 김수병은 "한국 축구가 뇌졸중 상태다. 몸은 멀쩡한데 두뇌 활동이 마비된 '백치인간'. 어설픈 약물로는 치료가 불가능하다. 한국 축구는 지금 전면적인 뇌수술이 필요한 지경에 와 있다. 국제 축구계 관계자들이 '생각 없는 로봇 축구'라고 마구 씹어도 할 말이 없다"는 진단을 내린 뒤, "무엇보다 생각하는 축구를 위한 다양한 전술의 개발과 과학적 훈련 시스템의 도입이 절실하다"고 했다.[7] 선진 축구가 '3B 축구Brain, Balance, Ball Control'라면, 로봇 축구는 체력Stamina, 정신력Spirit, 스피드Speed만을 앞세운다는 점에서 '3S 축구'라고도 한다. 김화성의 해설에 따르면, "'깡'과 '체력'만으로 한다는 말이다. 거꾸로 말하면 전술이 없고 생각을 하지 않는 '로봇 축구'를 한다. 물론 히딩크가 온 이후 이것은 많이 고쳐졌다. 조직력이 예전보다 좋아졌고 선수들이 생각을 하면서 축구를 하려는 모습이 보인다. 또한 히딩크에 의해 우리가 강하다고 생각했던 체력과 스피드가 '별로'라는 것이 드러났다."[8] ○ 태권 축구, 학벌축구

로스트 타임lost time　　축구 용어로 로스 타임loss time, 로스트 타임lost time, 엑스트라 타임extra time 등 여러 용어로 불리지만, 현재는 거의 인저리 타임injury time을 사용한다. 전·후반 45분과 연장전 전·후반 15분의 정규 시간이 끝난 뒤, 주심이 재량에 따라 추가로 허용해 경기를 치르게 하는 시간을 말한다. 경기 도중 선수가 부상을 당하거나 선수 교체로 인해 경기가 지연될 경우, 기타 반칙·코너킥·프리킥·페널티킥 등 각종 지연 행위로 정상적인 플레이를 하지 못할 경우, 주심이 지연 시간을 추정해 재량에 따라 임의로 시간을 허용한다. 즉, 경기 도중에 발생한 시간 낭비를 보충하기 위해 인정되는 시간으로, 이를 위해 주심은 경기 진행을 위한 시계 외에 별도의 시계를 차고 나와 지연 시간을 측정한다. 전에는 주심이 경기 종료를 알리는 호루라기를 불고 나서야 인저리 타임이 얼마였는지를 알 수 있었다. 그러나 1998년 프랑스월드컵 때부터 후반전이 끝나는 시점에 대기심이 선수 교체판에 인저리 타임을 표시하도록 하고 있다. 보통 2~4분

정도가 주어지지만, 1990년 이탈리아에서 열린 월드컵축구대회 당시 이탈리아와 아르헨티나의 4강전에서는 연장전 전반에 정규 시간 15분의 반이 넘는 8분의 인저리 타임이 나온 적도 있었다.[9]

롤리건roligan　　덴마크 대표팀만큼이나 유명한 것이 덴마크의 원정응원단 롤리건이다. 이는 홀리건에 반대되는 움직임으로 덴마크 대표팀이 좋은 성적을 거두었다. 롤리그Rolig는 덴마크어로 차분함으로 시합 도중 차분하지만 명랑한 응원을 하는 것이 롤리건 운동의 목적이다. 이들은 1984년 유럽 선수권에서 FIFA에서 페어플레이상을 수상하면서 구성되었다.

리베로libero　　○ 스위퍼

FUNNY FOOTBALL
DICTIONARY

마그누스 효과　○ 바나나킥

마라도나　○ 신의 손 사건, 태권 축구

마크mark　경기에서 상대방의 공격을 견제하고 방해하는 수비 태세다. 축구에서 마크의 포지션은 마크 대상과 골의 연결선상에 있는 자기팀 골 사이드와 공과 마크 대상이 모두 시야에 들어오는 곳, 또 마크 대상에게 공이 건네진 순간 공을 빼앗으러 갈 수 있는 거리에 두는 것이 기본 원칙이다. 이 원칙을 지키기 위해서는 공의 움직임과 상대방의 움직임에 따라 세밀하게 이동해야 한다. 공이 먼 거리에 있을 경우에는 마크 대상과 거리가 떨어져도 되지만, 자기 근처로 공이 다가오면 조금씩 상대방과의 거리를 좁혀 패스가 연결되려는 시점에는 2~3미터 거리에 있도록 해야 한다.[1]

매스 드리블 mass dribble 축구 경기에서 여러 명이 밀집한 대형으로 공을 드리블해서 나아가는 방법을 말한다. 1866년 이전 오프사이드 규칙이 엄격하게 적용될 당시, 공의 전방에서 플레이하는 것을 일절 금지했으므로 주로 이 방법에 의존해서 공격하는 것이 가장 좋은 전법이었다. 그러므로 개인적으로 공을 유지하거나 진행시키는 주요 수단으로 드리블 능력을 기르는 것이 중요했다. 제한구역 안에 전원이 들어가 공을 가진 선수는 드리블로 이동하는데, 다른 사람과 충돌하지 않도록 공을 움직인다. 인사이드, 아웃사이드, 인 아웃을 번갈아 발바닥으로만 톱스피드로 급정지하는 등 여러 방법을 취할 수 있다. 유의해야 할 점은 공만 쳐다보지 말고 시선을 3~4미터 앞을 향하며, 공은 간접 시야로 포착해도 좋다. 조금씩 공에 닿도록 하고, 드리블하면서 다른 사람의 공을 제한구역 밖으로 차내 최후까지 남는 경쟁을 한다.[2]

맨유 경제학 2009년 5월 16일 맨체스터 유나이티드 선수들이 아스널과의 정규리그 홈경기에서 0:0으로 비겼지만, 27승 6무 4패로 통산 18번째 잉글랜드 프리미어리그 우승을 확정한 뒤 '맨유 경제학'이 화제가 되었다. 『동아일보』 2009년 5월 18일자는 "맨체스터 유나이티드(맨유)는 단순한 축구팀이 아니다. '주식회사 맨유'로 불리는 글로벌 축구 기업이다. 맨유는 올 초 경제전문지 『포브스』가 평가한 자산가치가 18억 7,000만 달러(약 2조 3,600억 원)로 세계 최고 구단이다. 지난해 매출액은 3억 파운드(5,700억 원)나 된다"며 다음과 같이 말했다. "맨유의 최고 경영자 데이비드 길 사장은 세계적인 회계 및 컨설팅업체 프라이스워터하우스쿠퍼스 PWC 출신이다. 1997년 재정담당에서 출발해 2005년 사장을 맡아 철저한 자금 관리와 마케팅으로 맨유를 경영하고 있다. 맨유 경영의 핵심은 기업과 마찬가지로 돈벌이다. 7월 한국을 포함한 아시아 투어를 하는 이유도 아시아 시장 개척을 위한 것. 전 세계 1억 명의 팬을 확보했지만 미개척 시장인 아시아와 동남아시아 공략을 시작했다. 한국 최초의 프리미어리거 박지성에 대해 '아시아 시장 공략의 핵심'이라고 공공연히 말할 정도로 모든 경영의 초점이 돈벌이로 귀결된다. 맨유는 입장료(40퍼센트)와 TV 중계료(30퍼센트), 스폰서 및 상품 판매(30퍼센트)를 통해 수익을 얻는다. 올 시즌 경기당 홈 평균 관중은 7만 5,000명에 이른다."[3] 영국 맨체스터 지역지 『맨체스터 이브닝뉴스』는 2009년 6월 2일 "맨유가 2008~09 시즌 상금과 TV 중계권료로 총 9,000만 파운드(1,820억 원)를 벌어들여 머니리그에서 1위에 올랐다고 밝혔다. 9,000만 파운드는 시즌 수익의 큰 파이를 차지하는 입장권 판매와 상품 판매 수익을 제한 금액이다. 유럽축구연맹UEFA 챔피언스리그 참가를 통해 '빅4'로 꼽히는 맨유, 리버풀, 첼시, 아스널의 수입은 3년 전에 비해 두 배로 뛰었다. 머니리그 2위 첼시(8,120만 파운드)와 3위 아스널(7,340만 파운드)은 챔피언스리그 4강, 4위 리버풀(7,230만 파운드)은 8강 진출팀이었다."[4]

맨유 팬덤   맨체스터 유나이티드 팬덤fandom은 다른 구단들의 그것에 비해 여러 면에서 월등한 것으로 유명한데, 여기엔 그럴 만한 사연이 있다. 1958년 맨유 구단은 유러피언컵 준결승에 막 진출한 후 베오그라드에서 오던 중 재급유를 위해 뮌헨에 기착했다가 이륙 중 충돌 사고가 발생해 8명의 선수, 3명의 스태프, 8명의 기자 등 19명이 사망하는 비극을 겪었다. 구단에 대한 동정의 물결이 거세게 일어나면서 맨유 팬들은 능동적인 헌신을 보이게 되었다. 오늘날 맨유 팬들은 유럽 전역으로 팀을 쫓아다니는 걸로 유명하다.[5]

맨투맨 디펜스 man-to-man defence   대인방어. 축구에서 수비팀 선수가 각기 공격팀 선수를 1명씩 맡아 그 선수에 대한 수비를 책임지는 방법이다. 자신이 맡은 상대가 공을 소유하지 못하도록 막고, 공을 가졌다면 패스나 슛, 드리블을 하지 못하도록 적극 방어해야 한다. 맨투맨 디펜스의 장점은 ① 선수의 신체 조건과 능력에 맞추어 상대 선수를 수비할 수 있으며 ② 책임 분담이 확실하므로 선수의 공과를 확실하게 파악할 수 있고 ③ 더블팀 double team 등을 이용해 상대 선수의 약점을 공략할 수 있다. 반면 ① 반칙을 많이 범할 수 있고 ② 체력 소모가 많으며 ③ 리바운드를 할 기회가 줄어들어 쉽게 득점을 허용할 수 있다는 것이 단점이다.[6]

멀티 킬러   ○ 포지션 파괴

메리 마라도나   마라도나는 수많은 악행(비행)에도 아르헨티나의 살아 있는 신으로 추앙받고 있다. 한 술 더 떠 아르헨티나에는 마라도나교라는 종교가 실제 존재한다. 매년 마라도나의 생일인 10월 30일에는 로사리오 성지에 있는 '신의 손' 교회에서 마라도나교의 최대 축제가 열린다. 사람들은 "메리 마라도나!"라고 인사를 주고받는다. 신도들에겐 반드시 지켜야 하는 한 가지 철칙이 있다. 이들의 이름을 지을 때 중간 이름을 반드시 "디에고"로 지어야 한다. 진지한 신도들 외에도 수많은 아르헨티나인이 장난 반 재미 반으로 이 종교의 신자로 등록되어 있다.[7]

모레노 화장실   2002년 한일월드컵에서 한국과 이탈리아 경기의 주심을 맡은 에콰도르 출신의 바이런 모레노는 이탈리아인들의 증오의 대상이었다. 편파적인 판정으로 인해 16강전에서 탈락했다고 생각하기 때문이다. 그 후 이탈리아에서는 웹상에서 모레노를 다양하게 합성한 패러디가 나돌았다. 월드컵 후 모레노의 일상생활이 호화로워졌다는 일본 모 일간지의 고발기사가 나가자 이탈리아에서는 안티 사이트가 생기고 그를 비판하는 게시물이 수도 없이 올라왔다. 모레노를 때리는 플래시 게임에서부터, 한 자동차 광고회사 광고는 모레노를 닮은 심판이 광분한 이탈리아 축구팬들에게 쫓기고 있는 CF에서 "모레노 당신 자동차가 필요한 거 아니냐"라는 광고와 시칠리아섬의 새로 생긴 화장실에도 모레노라는 이름이 붙었다. 그는 대한민국과 이탈리아의 16강전 경기의 연장 전반전에서 프란체스코 토티가 이탈리아 진영의 페널티 박스 안쪽에서 송종국과 신체 접촉 후에 넘어진 것을 토티의 '시뮬레이션 액션'으로 판단해 경고를 선언했고, 토티는 이미 경고를 한 번 받은 상태였기 때문에 퇴장당했다. 반대로 공중볼 경합 도중 김태영을 팔꿈치로 찍어 부상을 입힌 크리스티안 비에리에게 아무런 반칙 선언도 가하지 않았고, 프란체스코 코코가 박지성에게 태클을 걸어 넘어뜨리는 반칙을 범했을 때에도 코코 대신 엉뚱한 크리스티아노 차네티에게 옐로카드를 주기도 했으며, 연장전에서 박지성에게 백태클을 걸어 넘어뜨린 파올로 말디니의 행동에 대해서도 카드를 꺼내지 않는 등 여러모로 오심 논란에 휩싸일 판정을 했다. 이 경기는 2002년 월드컵 가운데 가장 큰 판정 논란을 불러일으켰으며, 이러한 판정으로 인해 한때 승부조작설까지 나돌았으나 2003년 국제축구연맹에서는 그에 대해 무혐의 처분을 내렸다. 후에 인터뷰에서 "한국이 실력으로 이탈리아를 이겼다"고 밝혔으며, "스페인과 프랑스는 본인의 판정에 찬사를 보냈다고 본인에게 최선의 판정이었음을 주장했다". 특히 논란이었던 토티의 퇴장은 분명하게 시뮬레이션 행동이었고 경고 누적으로 퇴장시킬 수밖에 없었다고 설명했다. 페루자가 안정환에게 이탈리아 축구를 망쳤다며 방출한 스캔들을 이야기하면서 이탈리아의 졸렬함을 맹비난했다. 모레노는 말년에 에콰도르리그에서도 홈팀에 유리한 판정을 한 혐의로 20경기 출장정지라는 중징계를 받았고, 세 번째 경기에서 또다시 데포르티보 키토의 원정 경기에서 한 팀 선수 3명을 연달아 퇴장시키는 편파 판정을 범하자 다시 에콰도르 국내 심판 자격이 정지되었으며, 그 직후 은퇴했다. 한편 2010년 9월 21일, 뉴욕의 존 F. 케네디 국제공항에서 가슴과 양쪽 다리에 4.5킬로그램의 헤로인 소지로 체포되었다. 이후 미국 브루클린 연방 법원에서 마약 밀수 혐의를 받아 2년 6개월 형을 받고 수감되었다.[8]

몬테비데오의 난투극   1930년 우루과이월드컵 예선전에서 아르헨티나와 칠레의 경기에서 벌어진 사건으로 전반전을 2:0으로 이기고 있던 아르헨티나가 후반전이 시작되면서 갑자기 거칠어지고 험악해졌다. 포악한 경기 매너 때문에 별명이 포악자인 아르헨티나의 루이스 몬티가 경기 도중 칠레 선수 토레스의 엉덩이를 걷어찼다. 양 팀은 거친 플레이와 반칙이라는 일종의 수순대로 곧바로 패싸움에 도달했다. 골문을 지키던 골키퍼까지 나와 싸움에 가담해 몬테비데오 난투극이라 불렀다. 이 싸움은 월드컵 최초의 난투극이며 경찰이 출동해 진정시킬 때까지 전투는 30분간 계속되었다. 경기는 아르헨티나가 3:1로 이겼다.[9]

무솔리니 월드컵   파시스트 독재자 베니토 무솔리니의 야심으로 이탈리아가 유치한 1934년 제2회 월드컵은 '무솔리니 월드컵'이라 해도 좋을 정도로 무솔리니의 협박이 판을 친 월드컵이었다. 남미 국가들이 독재정권에 대한 항의 표시로 2진급 선수들을 내보내는 바람에 8강에는 모두 유럽 팀들이 올랐다. 결승전에서 파시스트식 경례가 선보일 정도로 정치색이 짙은 대회였는데, 이탈리아는 결승전에서 "우승하지 못하면 모두 사형"이라는 무솔리니의 협박 속에 체코를 2:1로 꺾고 정상에 올랐다. 체코의 골키퍼 안타 자보는 "졌지만 우리 11명은 살았다"는 말로 당시의 살벌한 분위기를 전하기도 했다. 체코는 이 대회 준결승에서 독일을 3:1로 꺾었는데, 아돌프 히틀러는 체코한테 지고 귀국한 독일 선수들을 모조리 감옥에 가두었다. 그리고 히틀러는 무솔리니를 따라서 2년 뒤 베를린올림픽을 개최했다. '무솔리니 효과'는 컸다. 1938년 프랑스월드컵도 이탈리아가 석권했지만, 1945년 무솔리니가 죽고 파시즘 체제가 끝난 이후 이탈리아 축구는 내리막길을 걸었다. 이탈리아가 다시 우승을 차지한 건 44년 후인 1982년 스페인월드컵이었다.[10] ○ 비델라 월드컵

무회전 킥 공의 한가운데에서 약간 밑부분을 정확하게 차 회전이 거의 일어나지 않는 킥을 '무회전 킥'이라고 한다. 공에 회전이 일어나지 않으므로 무회전 킥은 회전하지 않고 강하게 날아가며 마주 오던 공기가 공의 뒤로 흐르면서, 공기가 축구공의 위아래로 갈리면서 뒤편으로 공의 뒷면에 다양한 공기의 소용돌이가 생기게 된다. 이 소용돌이는 카르만 소용돌이 또는 카르만 효과라고 부른다. 1911년 헝가리의 응용물리학자 카르만은 원통형의 물체가 적당한 속도로 공기나 물속에서 움직일 때, 물체 뒤에서 연속해서 발생하는 소용돌이를 발견했고, 후에 이 소용돌이를 카르만 소용돌이라고 부르게 되었다. 카르만 소용돌이를 축구공에 적용하면, 공기가 공 표면을 타고 뒤로 흘러가면서 위아래 양쪽에 번갈아 반대 방향으로 도는 소용돌이가 생성된다. 그런데 이러한 소용돌이의 중심은 열대성 저기압인 태풍처럼 주변보다 상대적으로 기압이 낮다. 기압이 높은 곳에서 낮은 곳으로 공기가 이동하기 때문에, 소용돌이 쪽으로 공기가 이동하

게 되고, 공이 흔들리게 된다. 위아래 중 어느 쪽의 소용돌이가 더 강한지에 따라 공기의 흐름이 바뀌어 공이 위아래로 요동치기 때문에, 아름다운 곡선을 그리는 회전 킥과는 다르게 무회전 킥은 불규칙한 궤적을 보여준다. 무회전 킥은 소용돌이가 어떻게 발생하는지에 따라 움직임이 달라지기 때문에 그날 온도와 습도 등에도 영향을 받고, 어떻게 움직일지는 공을 차는 선수 자신도 정확히 알 수 없다. 회전 킥과 무회전 킥은 적용되는 효과는 다르지만, 기압에 따른 공기의 이동 때문에 공의 움직임이 변한다는 원리는 같다. 무회전 킥의 달인은 크리스티아누 호날두와 주니뉴 페르남부카누이며, 국내선수로는 손흥민의 무회전 킥이 유명하다.[11]

미네이랑의 비극 그동안 티키타카 축구로 세계축구를 호령하던 브라질은 자국에서 열린 2014년 월드컵에서 준결승에 당도하기 전까지 조별리그에서 크로아티아(3:1승), 멕시코(0:0), 카메룬(4:1승)과 A조에서 경합하여 승점 7점으로 조 1위로 16강에 올라 칠레를 승부차기로 제친 후, 8강에서 콜롬비아를 2:1로 돌려세웠다. 4강전 독일과의 경기는 2014년 7월 8일, 브라질 벨루오리존치의 미네이랑에서 열렸다. 브라질과 독일 모두 준결승전까지 한 번도 패하지 않고 준결승 무대에 안착했는데, 브라질은 콜롬비아를 8강에서 상대하는 과정에 공격수 네이마르를 부상으로 잃었고, 치아구 시우바를 경고 누적으로 배치할 수 없게 되었다. 이 둘의 부재에도 양국이 도합해서 8번 대회를 우승하고 브라질이 2:0으로 이겨 5번째 우승을 차지한 2002년 한일월드컵 결승전에서 맞대결을 펼친 만큼 FIFA 월드컵의 전통 강호라는 점을 감안하면 치열한 접전이 예상되었다. 경기는 브라질의 충격적인 대패로 끝났다. 독일은 전반전에만 5:0으로 앞서나갔는데, 이 중 4골이 6분 안에 나왔고, 후반전에는 한때 7:0으로 앞서나가기도 했다.

브라질은 막판에 만회골을 득점해 경기는 7:1로 끝냈다. 독일의 토니 크로스는 경기의 최우수 선수로 선정되었다. 이 경기 한번으로 다수의 기록이 쏟아졌다. 독일은 이 경기 승리로 FIFA 월드컵 준결승전 역사상 최다 점수 차 승리를 거두었다. 독일은 브라질을 제치고 FIFA 월드컵 최다 득점국이 되었고, 8차례 FIFA 월드컵 결승전에 오른 첫 국가가 되었다. 미로슬라프 클로제는 자신의 FIFA 월드컵 16호골로 브라질의 호나우두를 제치고 FIFA 월드컵 역대 최다 득점자로 등극했다. 브라질은 1975년 코파아메리카(페루에 1:3으로 패배) 이래 62경기 동안 이어온 안방 무패 행진을 마감했고, 1920년 우루과이전 0:6 패배 이래 최다 점수 차 패배를 당했다. 결국, 이 경기는 브라질에서 국가적 망신으로 묘사되었다. 경기 후, 독일 팬들은 경찰의 보호를 받으며 경기장을 빠져나갔고, 경찰들은 앞으로 발생할 수 있는 폭도에 대비해 비상사태에 놓았다. 목격자들은 독일 팬들은 패한 개최국 팬들에게 존중을 표했지만, 아르헨티나 팬들은 브라질의 탈락에 기뻐했다고 언급했다. 지우마 호세프 브라질 대통령은 자국의 대패를 애도했다. 브라질 언론들은 결과에 "역사상 최악의 수치", "역사적인 치욕", "브라질은 죽었다" 등으로 기사 제목을 달았다. 『가디언』의 바니 로네이는 경기를 "개최국이 당할 수 있는 FIFA 월드컵 역사상 최악의 패배"로 묘사했고, 『인디펜던트』의 조 캘러헌은 경기를 "브라질 축구 역사상 가장 칠흑과도 같은 밤"이라는 표현을 썼다. 히우 지 자네이루에 중계차로 나간 BBC의 와이어 데이비스는 브라질이 경기장과 팬모임에서 보인 반응은 "하나같이 충격받고, 부끄러워했으며, 브라질 전국에서 느낀 수치감은 무시할 수 없었다"고 말했다. ESPN의 미겔 델라니는 경기를 미네이랑의 비극 Mineirazo이라고 말하며, 남아메리카의 스페인어 언론들이 널리 사용한 신조어를 써서 강조했다.[12]

미드필더 midfielder 　주로 공격수와 수비수 사이에서 뛰는 포지션이다. 미드필더들이 맡은 역할은 볼의 점유와 탈환, 공격과 수비의 연결 등이다. 대부분의 감독은 주로 한 명 이상의 유능한 중앙 미드필더를 두어 상대편의 공격을 방해하면서 공격을 주도하게 하는 등 공수에 걸쳐 균등한 임무를 맡긴다. 미드필더들은 여러 위치에서 플레이할 수 있어야 하는데, 이는 경기 중 수비수와 함께 수비를, 공격수와 함께 공격을 해야 하기 때문이다. 미드필더엔 크게 보아 네 종류가 있다. ① 중앙 미드필더CMF 중앙 미드필더central mid-fielder는 팀의 전술에 따라 여러 역할을 수행한다. 공격과 수비를 연결하며, 상대편이 볼을 점유하고 있을 시에는 수비도 해야 한다. 정중앙의 포지션으로 경기장 전체를 둘러볼 수 있고, 그에 따라 팀의 경기를 주도하는 사령관 역할을 하는 경우도 있다. 중앙 미드필더는 유동적인 플레이를 하며, 패스 능력과 힘을 적절히 갖춘 균형 잡힌 선수가 많다. 이 포지션은 흔히 '엔진 룸', '사령관' 등으로 불린다. ② 수비형 미드필더DMF 수비형 미드필더defensive midfielder, holding midfielder는 주로 수비 목적으로 수비수 앞에 배치된 중앙 미드필더를 말한다. 수비형 미드필더들은 상대 공격수나 미드필더에게서 공을 빼앗아 안전하게 아군 공격수에게 전달하는 것이 주 임무다. 이는 수비를 더욱 탄탄하게 할 뿐만 아니라 여타 아군 미드필더로 하여금 수비 걱정 없이 마음 놓고 공격에 치중할 수 있게 한다. 브라질식 포르투갈어인 볼란테volante란 명칭이 유명하며, 이것이 일본 매체에 사용되며 보란치ボランチ라는 발음으로 전사轉寫되어 한국어로는 볼란치Volante로 어느 정도 정착된 상태다. ③ 공격형 미드필더AMF 공격형 미드필더attacking midfielder는 미드필드 전방의 중앙 미드필더로, 주로 스트라이커 뒤에 있다. 공격형 미드필더들은 팀 공격의 주축 역할을 맡는다. 이 포지션의 선수들은 폭넓은 시야와 개인기를 바탕으로 득점 기회를 만들어

내는 것이 주 임무다. 공격형 미드필더의 역할을 수행하기 위해서는 기술적 능력과 패스 능력이 좋아야 하며, 상대 수비의 움직임을 읽는 능력과 그것을 통해 상대 수비 진영을 흐트러트리는 패스 능력 또한 중요시된다. 공격형 미드필더는 플레이 메이커임과 동시에 능숙한 볼 터치, 슈팅 거리, 과감한 패스 등을 하는 포지션으로 잘 알려져 있다. 공격형 미드필더가 좋은 활약을 보인다면 대개 그 선수는 팀의 간판선수일 가능성이 크다. 그에 따라 팀에서는 공격형 미드필더의 역량을 극대화하기 위해 전술적 자유를 주는 경우도 많다. 4-4-2 다이아몬드 전술에서는 공격형과 수비형 미드필더들이 효과적으로 이전의 전형적인 일자형 중앙 미드필더 2명을 대체할 수 있다. ④ 측면 미드필더LMF/RMF 측면 미드필더wide midfielder는 미드필드 좌우에 있으면서 풀백을 지원함과 동시에 어시스트를 담당한 포지션이다. 이 포지션에서 가장 유명한 선수로는 정확도 높은 크로스를 구사하는 데이비드 베컴을 들 수 있다. 측면 미드필더들은 크로스가 좋은 선수 외에도 뛰어난 드리블이나 스피드로 사이드라인의 이점을 이용한 돌파력을 가진 선수들도 있다. 이 포지션의 선수는 윙백이나 윙어 등의 포지션을 소화할 수 있는 경우가 많다. 측면 미드필더들은 사이드라인을 따라 경기장을 오르내리며 공격 찬스를 만들어냄과 동시에 풀백을 지원할 임무를 지닌다. 2009년 6월 19일 국가, 대륙별 리그, 팀, 선수 순위를 발표하는 축구 전문 사이트 에프티비엘닷컴FTBL.com은 아시아·오세아니아에서 가장 뛰어난 선수 23명을 발표했는데, 한국 축구 국가대표팀 주장 박지성(잉글랜드 맨체스터 유나이티드)이 아시아·오세아니아 미드필더 랭킹에서 3위를 차지했다. 박지성은 모든 지역을 아우른 전체 미드필더 랭킹에서는 107위에 올랐다.[13]

미드필드midfield   경기장의 중앙 부분을 가리키는 것으로, 경기장을 3등분했을 때 센터서클center circle을 중심으로 한 경기장 중앙 부분을 말한다. '미들 서드middle third'라고도 한다.[14]

밀란드루malandro   밀란드루는 브라질의 민간에서 전승되는 인물로 노예의 신분에서 완전한 자유를 찾기 위해 규율이 보통 사람에게는 맞지만 자신에게는 맞지 않는다고 생각하며, 사기꾼이지만 평범한 사람들의 영웅이며 혼자 움직이며 어떠한 규칙에도 구애받지 않는다. 가난하지만 좋은 옷을 입고 다니며, 근사한 곳에서 식사를 하고, 아름다운 여성을 사로잡는 인물이다. 그러나 가장 중요한 사실은 브라질 국민들은 자기자신을 밀란드루라고 생각하며, 그 정신이 유감없이 발휘되는 곳이 축구다. 남편이 없는 어떤 여성은 돌봐야 할 아이들이 5~6명씩이나 되지만 그 중 가장 똑똑한 아이가 훌륭한 축구 선수가 되어 실질적인 가장이 되는 것이 바로 밀란드루다. 전형적인 밀란드루 선수였던 가린샤는 왜소한 체구에도 브라질 대표로 세 차례 월드컵에 출전해 두 번 우승하는 데 큰 기여를 했다. 그에게 감독의 작전지시는 미친 짓이었다. 위기 상황에 임기응변으로 대처하는 것이 밀란드루 정신인 것이다. 전술 계획에 얽매이지 않고 자유자재로 플레이를 했다. 그는 은퇴 후 과거에 탈출했던 빈민가에 다시 유폐된 생활을 하면서 자녀 8명을 부양하면서도 술에 의지하다가 죽었다. 그의 죽음을 추모하기 위해 리우 거리에 100만 명이 모여서 그를 추모했다.[15]

FUNNY FOOTBALL
DICTIONARY

B
★

바나나킥banana kick　바나나의 모양처럼 공이 휘어서 날아가도록 차는 것이다. 1950년대에 브라질의 포워드 디디가 개발한 것으로, 이후 측면에서 공격할 때 사용되는 표준으로 자리 잡았다. 1970년대 말 브라질의 포워드 지코는 공이 수평으로 휠 뿐만 아니라 수직으로 뜨거나 가라앉는 '더블 바나나킥'을 선보였다. 더블 바나나킥 때문에 골키퍼들에게 직접프리킥은 두려움의 대상이 되었다.[1] 1997년 컨페더레이션스컵 프랑스전에서 나온 호베르투 카를루스(브라질)의 37미터짜리 프리킥은 'UFO슛'으로 불릴 정도로 세계 축구계를 깜짝 놀라게 했다. 왼발 바깥쪽으로 강하게 찬 공은 오른쪽을 향해 진행하다가 수비벽을 완전히 휘감으며 왼쪽으로 휘어 골네트를 흔들었다. 그러나 최근 공의 반발력이 강해지면서 파워킥을 할 필요가 줄어들어 점점 사라지는 추세다.[2] 공이 휘는 건 "회전이 걸린 느린 공은 똑같은 회전이 걸린 빠른 공보다 더 많이 휘어진다"는 '마그누스magnus 효과' 때문이다. 이 효과를 내기 위해선 회전을 주는 힘도 중요하지만 정확도와 정교한 발 조절이 필수적이다.[3] '마그누스 효과'의 원리에 대해 진중언은 다음과 같이 말한다. "회전하는 공의 양쪽 측면은 공기의 흐름이 다르다. 공이 날아가는 방향대로 회전하는 면에서는 공기의 흐름이 저항으로 작용해 압력이 높아진다. 그러나 반대쪽 면은 공기 흐름이 빠르고 압력이 낮아진다. 이렇게 회전하는 공을 사이에 두고 양쪽에 압력 차이가 생기게 되고, 압력이 높은 곳에서 낮은 쪽으로 힘이 발생한다. 이 힘에 의해 공의 움직임이 변하는 것을 마그누스 효과라고 한다. 마그누스 효과에 의한 궤적의 변화는 톱스핀과 백스핀, 사이드스핀 등 공의 회전 형태에 따라 달라진다. 톱스핀이 걸린 야구공은 타자 앞에서 뚝 떨어진다. 골프에서 적절한 백스핀은 공을 위로 띄워주는 효과를 일으킨다. 수비벽을 피해 좌우로 휘는 축구의 프리킥은 사이드스핀에 의한 마그누스 효과를 확인할 수 있는 대표적인 장면이다."[4] ○ 프리킥

바르사 Barca 스페인 동북쪽 카탈루냐 지역의 자존심인 FC 바르셀로나의 별칭이다. 카탈루냐주의 수도 바르셀로나는 중세부터 독립 성향이 강했으며, 19세기 말에는 스페인 전역을 휩쓴 사회주의와 무정부주의 운동의 중심이었다. 카스티야주의 수도 마드리드가 기반인 프란시스코 프랑코 군사정권이 1939년 내전에서 승리하고 나서 카탈루냐를 무차별 탄압한 것도 그런 이유 때문이었다. 그 와중에서 카탈루냐 주민 100만여 명이 학살당했다. 양종구는 "카탈루냐로서는 정권을 잡은 카스티야에 저항하는 유일한 수단이 바르사였다"며 다음과 같이 말한다. "바르사 팬들은 프랑코에게 '살인자'라고 외칠 수 없으니 그라운드에서 카스티야의 레알 마드리드(레알) 선수들을 향해 야유를 퍼부으며 분노를 표출해왔다. 이에 프랑코도

전폭적으로 레알을 지원했다. 바르사와 레알의 맞대결인 엘 클라시코가 빅 매치로 불리는 배경이기도 하다. 프랑코 압제가 끝난 지 30여 년이 지났지만 두 팀 간 원한의 잔재는 여전히 남아 있다. 바르사는 역사를 되돌리듯 2009년 5월 3일 레알의 안방에서 6:2 대승을 거두었다. 프랑코의 지원을 등에 업고 프리메라리가를 31회나 우승한 레알에 사상 최악의 패배를 안긴 것이다. 바르사는 노란 바탕에 빨간 선 4개가 그려진 카탈루냐의 상징 문양 방패가 새겨진 유니폼을 자랑스럽게 여기며 유니폼 광고를 자제해왔다. 하지만, 106년 전통을 깨고 2006년부터 불우한 어린이를 돕기 위해 유엔아동기금UNICEF 로고를 가슴에 달고 뛴다. 오랜 압제 속에서도 지켜온 이런 자존심이 바르사를 최강으로 만든 원동력이 아닐까."[5] 미국 저널리스트 프랭클린 포어Franklin Foer는 "그러나 놀랍게도 바르사 팬들은 레알을 그토록 비난하면서도 정작 레알의 팬들에게는 아무런 적의도 느끼지 않는다"며 다음과 같이 말한다. "바르사 훌리건들이 레알 팬들과 싸움판을 벌인 예는 찾아보기 힘들다. 이유가 뭘까? 그것은 바로 그들이 반대편 사람들을 증오하지 않기 때문이다. 그들은 '이념'에 대해 분노하는 것이다. 카스티야 중앙집권주의라는 이념에 대해. 이념이 마음에 안 든다고 해서 때려줄 수는 없는 것이다. 바로 이 때문에 싸움판을 벌이지도, 증오하지도 않는 것이다."[6]

바르사 트레블   바르사는 2009시즌 프리메라리가와 국왕컵에 이어 유럽의 '축구 전쟁'이라 불리는 유럽축구연맹UEFA 챔피언스리그 결승전(2009년 5월 28일)에서 맨체스터 유나이티드를 누르고 우승함으로써 스페인 사상 첫 '트레블(3관왕)'을 달성했다. 언론은 챔피언스리그 결승전을 양팀의 감독 대결로 간주해 "서른여덟 살 '사냥꾼(주제프 과르디올라)'이 예순여

덥 해묵은 '늙은 여우(알렉스 퍼거슨)'를 포획했다"고 보도했다.[7] 두 팀 모두 스타의 집합소로 유명하지만, 맨유 주전 선수들의 몸값(약 870억 원)보다 바르셀로나 주전 선수들의 연봉(약 918억 원)이 조금 더 높다. 바르셀로나 최전방의 '판타스틱 스리'로 불리는 리오넬 메시, 사뮈엘 에토, 티에리 앙리는 양팀 통틀어 몸값이 가장 비싸다. 최근 포르투갈 축구전문지 『푸트볼 파이낸스』가 발표한 '축구 선수 연봉 순위 50위'에 따르면 메시가 840만 유로(약 148억 원, 2009년 5월 27일 기준), 에토와 앙리가 나란히 750만 유로(약 132억 원)씩 받는다. 맨유에서는 크리스티아누 호날두가 앞의 셋보다 조금 낮은 676만 2,660유로(약 119억 원)로 연봉이 가장 높다. 364만 유로(약 64억 원)를 받는 박지성은 양 팀 공격과 미드필더 중 가장 낮은 연봉을 받고 있다.[8]

바르작스 네덜란드 축구 선수 수출을 대표하는 팀은 아약스Ajax다. 대부분 아약스를 거쳐 바르셀로나로 가는 루트가 지금도 이어지고 있다. 아약스의 미헬스 감독이 바르셀로나로 이적하면서 크루이프와 니스킨스를 데리고 간 이후 아약스 출신이 바르셀로나로 이적 러시가 이루어졌다. 이러한 현상을 아약스와 바르셀로나의 합성어로 바르작스라 부른다. 그간 이적한 선수들의 면면을 살펴보면 요한 크루이프, 요한 니스킨스, 로날드 쿠만, 프랭크 데부어, 로널드 데부어, 마크 오베르마스, 패트릭 클루이베르트, 에드가 다비즈, 루드 헤스프, 미카엘 라이지거, 윈스턴 보가르데, 리차드 비츠헤 등이 대표적인 바르작이다. 그만큼 네덜란드 선수들의 실력이 가성비에서 최고이며, 실력 또한 최고이기 때문이다.[9]

박스컵 대한축구협회는 축구를 통한 아시아 각국의 우호와 친선, 축구

기량 향상을 위해 1971년 5월 박정희 대통령의 호칭을 따 '박대통령배쟁탈아시아축구대회'를 창설했는데, 이 대회는 한국이 주최한 최초의 국제축구대회로, 흔히 '박스컵Park's Cup'으로 불렸다.[10] 이것이 '코리아컵국제축구대회'의 전신이다. 이 대회는 1970년 방콕에서 열린 제6회 아시안게임에서 한국 축구가 우승한 직후 장덕진 대한축구협회장이 "아시아 규모의 국제축구대회를 한국에서 해마다 개최하겠다"고 밝힘으로써 구체화되어, 박정희 대통령이 직접 하사한 우승컵을 내걸고 1971년 5월 2일 제1회 '박대통령배쟁탈아시아축구대회'를 개최하게 되었다. 1971년 제1회 대회를 시작으로 1975년 제5회 대회까지는 참가국이 아시아권 국가로 한정되었지만, 1976년 제6회 대회부터 브라질, 네덜란드 등 남미와 유럽 국가도 참가하는 범세계적인 대회로 성장했다. 이에 따라 대회 명칭도 '박대통령컵쟁탈국제축구대회'로 바뀌었다. 1977년 제7회 대회부터는 전국적인 축구붐 조성을 위해 경기 장소를 서울에서 전국으로 확대, 순회경기로 개최되기 시작했다. 이는 국내 축구의 저변 확대뿐만 아니라 외국 참가선수들에게 한국을 더 깊이 인식할 수 있는 기회를 제공하기 위해서였다. 1980년 제10회 대회부터는 명칭을 '대통령컵국제축구대회'로 변경했다. 서울에서 아시안게임이 열린 1986년을 제외하고 1989년 제18회 대회까지는 매년 개최했으나 월드컵축구대회·올림픽 등 대형 국제대회와의 중복을 피하고 내실 있는 대회 운영을 위해 이후에는 2년에 한 번씩 홀수 해에 개최키로 했으며, 1991년 제19회 대회가 열렸다. 1995년에는 정치적인 색깔을 배제하고 권위 있는 국제대회로 새로 태어나기 위해 국제화 추세에 맞게 대회 명칭을 '코리아컵국제축구대회'로 변경하여, 제1회 대회를 새로 시작했다. 1997년 제2회 코리아컵 대회부터는 대회 수준의 향상을 위해 세계 대륙을 대표하는 각국 국가대표 4개 팀으로 참가팀을 엄선하여 초청함으로써 명실상부한 최고의 수준과 권위를 가진 국제축구대회로 부상했다. 8개국이 참가한 1971년 제1회 대회는 한국과 미얀마가 결승에 올라 연장전 끝에 0:0 무승부를 이루자 이틀 뒤 2차 결승전을 벌였다. 이 경기에서도 0:0으로 승부를 가리지 못하자 공동우승으로 처리했다. 1972년에 열린 제2회 대회도 아시아지역 8개국이 출전, 미얀마가 2연속 우승을 차지했다. 한국은 준결승에서 우승팀 미얀마에 0:1로 패해 3위에 그쳤다. 준우승팀 인도네시아는 필리핀을 12:0으로 대파, 역대 대회 최대 골차로 승리하는 기록을 남겼다. 6개국이 출전한 1973년 제3회 대회는 미얀마와 캄보디아가 공동 우승을 차지했다. 캄보디아로서는 국제대회 최초의 우승이자 마지막 우승이었다. 한국은 제2회 대회에 이어 미얀마에 준결승에서 0:1로 패해 역시 3위에 머물렀다. 1974년 제4회 대회에는 일본이 처음으로 참가하여 대회 의의를 빛나게 했다. 한국은 결승전에서 인도네시아를 7:1로 누르고 처음으로 첫 단독우승을 차지했다. 참가국은 8개국이었으며 7:1도 결승전 최대 스코어였다. 이란·레바논 등 중동 국가가 처음으로 참가한 1975년 제5회 대회는 한국이 결승에서 미얀마를 1:0으로 누르고 2년 연속 우승을 차지했다. 1976년 제6회 대회에는 브라질 상파울루 선발팀이 아시아지역 외 국가팀으로는 처음으로 출전했다. 한국은 대표 1진인 화랑과 2진인 충무가 출전했다. 차범근은 말레이시아와의 개막전에서 1:4로 뒤진 후반 38분부터 7분 동안 3골을 몰아넣어 4:4 무승부를 이루게 했다. 한국과 상파울루 선발이 결승전에서 0:0 무승부로 공동우승했다. 한국 A팀과 브라질 상파울루 선발팀이 다시 결승에서 맞대결한 1977년 제7회 대회는 8개 팀이 출전했다. 상파울루 선발이 한국 A팀을 1:0으로 꺾고 우승컵을 안았다. 1978년 제8회 대회는 모로코가 아프리카 대표로 참가하는 등 출전국이 세계 각 대륙 14개 팀으로 크게 늘었다. 한국 대표 1진인 화랑이 결승에서 미국 프로팀 워싱턴 디플로매츠에 6:2로 승리했다. 한국의 화랑은 10개 팀이 참가한 1979년 제9회 대회에서 브라질의 프로팀 빅토리아와 맞섰으나 1:2로 패해 준우승에 머물렀다. 대표 2진인 충무는 3위를 차지했다. 1980년 제10회 대회는 국내 정치 상황으로 대회 개최에 난항을 겪다가 아시아 6개 팀만으로 어렵게 치러졌다. 한국이 결승에서 인도네시아를 2:0으로 누르고 우승을 차지했으나 역대 대회 가운데 가장 수준이 낮은 대회로 기록되었다. 브라질, 아르헨티나, 우루과이 등 남미의 1급 프로팀 등 12개 팀이 참가하여 대회 수준이 격상된 1981년 11회 대회는 한국과 아르헨티나의 코르도바가 결승에서 대결을 펼쳤다. 연장전을 벌이고도 2:2로 승부를 가리지 못해 공동우승으로 처리했다. 1982년 12회 대회는 한국 대표팀 외에 국내 유일의 프로팀 할렐루야가 단일팀으로 참가했으며 허정무가 소속한 네덜란드의 PSV 아인트호벤이 출전했다. 한국과 브라질의 오페라리오가 우승을 다투었으나 0:0으로 무승부를 이루어 공동우승이 되었다. 네덜란드 PSV 아인트호벤이 11개국이 참가한 1983년 13회 대회에 2년 연속 출전, 한국을 3:2로 누르고 유럽팀으로는 처음 우승을 차지했다. 한국은 대표팀 외에도 프로팀 유공(현 부천SK)이 참가했다. 1984년 14회에는 차범근이 소속한 독일의 바이에르 레버쿠젠이 참가했으나, 우승은 결승에서 할렐루야를 이긴 브라질의 방구 아틀레티코에 돌아갔다. 레버쿠젠은 8개 팀이 참가한 이 대회에서 준결승에 오르지 못했다. 15개 팀이 참가한 1985년 15회 대회는 대회 사상 처음으로 한국 월드컵대표팀과 88대표팀이 결승전에 진출하여 월드컵팀이 1:0으로 승리, 우승을 차지했다. 1986년 서울아시안게임으로 2년 만인 1987년에 열린 제16회 대회는 12개 팀이 참가했으나 6월 10일 마산에서 열린 한국과 이집트 경기 중 6월 항쟁 시위로 최루탄 가스가 운동장으로 날아들어 경기가 중단, 무승부로 처리되는 사태를 빚었다. 한국이 호주와 결승에서 승부차기 5:4로 승리, 우승을 차지했다. 1988년 17회 대회는 곧이어 서울에서 개최될 제24회 올림픽의 리허설 대회로 치러졌다. 체코·소련 등 공산권 국가가 처음으로 참가했으며 참가 16개국이 올림픽과 같은 방식으로 대회를 진행했다. 체코 대표팀이 결승전에서 소련 대표 2진을 누르고 첫 우승을 했으며, 한국 대표팀 박종환 감독은 준결승에서 체코에 패한 뒤 돌연 사퇴를 발표했다. 1989년 18회 대회는 한국의 청룡과 화랑 등 2팀을 비롯한 8개 팀이 출전했다. 체코 대표팀이 덴마크의 프로팀 브론드비를 이기고 대회 2연패에 성공했다. 이회택 감독이 대표 1진과 2진을 총괄 지휘한 한국은 청룡이 3위를 차지했다. 격년제로 치르기로 한 첫 대회인 1991년 19회 대회에서 한국은 결승에서 이집트를 2:0으로 이기고 4년 만에 우승을 차지했다. 참가국은 8개국이었다. 1993년 20회 대회에서 한국과 이집트가 결승에서 재격돌했으나 이번에는 이집트가 1:0으로 승리, 대회 첫 우승의 감격을 안았다. 코리아컵국제축구대회 원년 대회이자 대통령배 21번째 대회인 1995년 대회에는 8개 팀이 참가했다. 한국이 준결승에서 잠비아에 2:3의 충격의 패배를 당했다. 에콰도르는 결승에서 잠비아를 누르고 우승했다. 1997년 대회는 참가국을 4개국으로 줄이는 대신 각국의 국가대표만을 초청했다. 한국이 4개국 풀리그로 진행된 이 대회에서 유고를 누르고 우승했다. 크로아티아, 멕시코, 이집트, 한국 등 4개국이 참가하여 풀리그로 우승팀을 가린 1999년 대회는 크로아티아가 우승, 멕시코가 준우승, 한국이 3위를 차지했다. 이 대회는 세계 각국의 여러 팀과의 경기를 통해 한국 축구를 발전시켜오고 있으며, 또 한국 축구가 세계무대로 도약하는 데 이바지하는 바가 대단히 크다.[11]

박싱 데이   박싱 데이는 본래 성탄절 다음 날인 12월 26일을 지칭한다. 봉건시대 때 성탄절 다음 날 영주들이 농노들에게 선물을 주었다. 옷, 연장, 곡물 들을 박스에 담아 하루 휴가를 주는 전통에서 유래했다. 영국 '스카이스포츠'는 '12월 26일, 박싱 데이에 최고의 팀은 어디일까'라는 기사를 통해 영국 내 총 98개 클럽의 역대 박싱 데이 성적을 분석했다. 역대 박싱 데이에서 가장 좋은 승률을 보유한 팀은 맨유였다. 맨유는 지금까지 91회의 박싱 데이에서 50승 15무 26패로 55퍼센트의 높은 승률을 자랑했다. 맨유 다음으로 50퍼센트 이상의 승률을 보유한 팀은 현재 리그2(4부리그)에 속해 있는 옥스퍼드 유나이티드(38전 19승, 50퍼센트)와 챔피언십(2부리그)의 브라이튼 앤 호브 알비온(70전 35승, 50퍼센트)뿐이다. 현재 잉글리시 프리미어리그 소속으로 두 번째로 높은 승률을 기록한 팀은 리버풀이다. 리버풀은 지금까지 86번의 박싱 데이 중 39승을 올려 45.35퍼센트, 전체 7위에 이름을 올렸다. 이어 애스턴 빌라가 95전 42승, 44.21퍼센트로 12위, 첼시가 82전 36승, 43.9퍼센트로 15위에 랭크되었다. 그 뒤를 16위 에버턴(87전 38승, 43.68퍼센트), 18위 웨스트 브로미치(99전 43승, 43.43퍼센트), 19위 아스널(81전 35승, 43.21퍼센트), 20위 맨체스터 시티(93전, 40승, 43.01퍼센트), 22위 토트넘 핫스퍼(77전 33승, 42.86퍼센트) 등이다. 한편, 가장 낮은 승률로 꼴찌에 놓인 팀은 리그2에 속해 있는 위컴 원더러스로 20퍼센트(20전 4승)의 성적을 보였고, 우리에게 익숙한 퀸즈 파크 레인저스QPR도 승률 27.14퍼센트(70전 19승)로 93위를 기록하는 불명예를 안았다. EPL 팀 중에선 웨스트햄 유나이티드가 87위(68전 20승 29.41퍼센트)로 가장 낮은 성적을 기록했다. 그러나 EPL은 겨울 일정이 고되기로 소문난 리그다. 박싱 데이 직후 8일 동안 3경기를 치러야 할 때도 있다. 이듬해 초 시작되는 FA컵 일정까지 감안한다면 한 달 가까이 주 3회씩 일정을 소화해야 한다. 이에 상당한 불만이 표출되었다. 일부 선수나 감독은 '미친 짓'이라는 표현까지 꺼냈다. 첼시 골키퍼 티보 쿠르투아는 "우리는 겨울 휴식기도 없이 사흘마다 경기를 치렀다"면서 "너무 많은 대회가 있다. 경기 전날이면 늘 호텔에 머물러야 했다"고 토로하기도 했다. 유럽 내 EPL 경쟁력이 낮은 이유를 빡빡한 일정에서 찾는 목소리도 있었다. 갈등이 나타나자, EPL 회장 리처드 스쿠다모어도 겨울 휴식기를 도입하는 안에 대해 언급했다. '스카이스포츠'를 통해 알려진 바에 따르면 스쿠다모어 회장은 "겨울 휴식기에 반대하는 입장은 아니다. 이에 토론을 거듭하고 있다"고 밝혔다. 그러면서도 "실현 가능성은 있지만, 언제쯤 도입될지는 알 수 없다"고 덧붙였다. EPL 외 스페인 프리메라리가, 독일 분데스리가, 이탈리아 세리에A, 프랑스 리그앙 등은 대부분 일정 기간을 쉬어간다. 크리스마스를 기점으로 짧게는 1~2주, 길게는 한 달 가까이 휴식을 취한 뒤 후반기 일정을 재개한다.[12]

반사된 영광 누리기 현대 축구의 얼굴 마담은 스타다. 오늘날 많은 사람이 스타디움을 찾고 주요 경기들이 펼쳐지면 정치가를 비롯한 저명인사들까지 선수들 곁으로 몰려들려고 애쓰는 주된 이유 중 하나는 바로 스타다. 사람들은 스타의 성공에서 한몫을 챙기고 싶어 한다. 이를 스포츠 심리학에서 "반사된 영광 누리기"라고 한다. 이런 현상은 다른 사람의 영광에 몸을 녹이는 일광욕 같은 것이다. 선수들이 미디어에 자주 등장하면 그만큼 스타 숭배는 더욱 거대해진다. 팬들은 연습장을 방문해 스타와의 거리를 엄격히 지키면서 사인을 받는다. 클럽은 팬들을 끌어들이기 위해 스타에 대한 팬들의 갈망에 반응하여 천문학적인 돈을 들여 스타들을 사들인다. 클럽 지출의 절반 정도가 선수들의 호주머니로 들어간다. 스타 없는 팀은 성적에 상관없이 앙꼬 없는 찐빵과 같기 때문이다.[13]

발롱도르 Ballon d'or 프랑스어로 '황금빛 공'이라는 뜻이다. 1956년부터 2009년까지 프랑스 축구 매거진에 의해 주관된 올해의 유럽 축구 선수상으로, 축구 부문에서 가장 명예로운 상으로 통한다. 당초 발롱도르는 '유럽 국가의 축구 클럽'에서 활약한 '유럽 국적 선수'들에게만 수상 자격이 제한되었으나, 1995년 상의 권위를 높이기 위해 선수의 국적 제한을 폐지하고 2007년에는 후보 선정의 범위를 전 세계로 확대했다. 후보군이 기존의 50인에서 96인으로 늘어난 발롱도르는 1991년부터 시작된 FIFA 올해의 선수상보다 더욱 높은 권위를 얻고 있다. 2010년 7월 6일 FIFA는 발롱도르와 FIFA 올해의 선수상을 통합하여 FIFA 발롱도르를 신설했다. 또한 UEFA는 2011년 발롱도르의 명맥을 잇고자 UEFA 유럽 최우수 선수를 신설했다.[14]

연도	선수	소속
2016	크리스티아누 호날두	레알 마드리드
2015	리오넬 메시	바르셀로나
2014	크리스티아누 호날두	레알 마드리드
2013	크리스티아누 호날두	레알 마드리드
2012	리오넬 메시	바르셀로나
2011	리오넬 메시	바르셀로나
2010	리오넬 메시	바르셀로나
2009	리오넬 메시	바르셀로나
2008	크리스티아누 호날두	맨유
2007	카카	AC밀란
2006	파비오 칸나바로	레알 마드리드
2005	호나우 디뉴	바르셀로나
2004	안드리 세브첸코	AC밀란
2003	파벨 네드베트	유벤투스

2002	호나우두	레알 마드리드
2001	마이클 오원	리버풀
2000	루이스 피구	레알 마드리드
1999	히바우두	바르셀로나
1998	지네디 지단	유벤투스
1997	호나우두	인테르나치오날레
1996	마티아스 잠머	도르트문트
1995	조지 웨아	AC밀란
1994	흐리스토 스토이치코프	바르셀로나
1993	로베르토 바조	유벤투스
1992	마르코 판 바스턴	AC밀란
1991	장피에르 파팽	마르세유
1990	로타어 마테우스	인테르나치오날레
1989	마르코 판 바스턴	AC밀란
1988	마르코 판 바스턴	AC밀란
1987	리트 굴리트	AC밀란
1986	이고르 벨라노프	디나모 키예프
1985	미셸 플라티니	유벤투스
1984	미셸 플라티니	유벤투스
1983	미셸 플라티니	유벤투스
1982	파올로 로시	유벤투스
1981	카를하인츠 루메니게	바이에른 뮌헨
1980	카를하인츠 루메니게	바이에른 뮌헨
1979	케빈 키건	함부르크
1978	케빈 키건	함부르크
1977	알란 시몬센	뮌헨글라트바흐
1976	프란츠 베켄바워	바이에른 뮌헨
1975	올레흐 블로힌	디나모 키예프
1974	요한 크라위프	바르셀로나
1973	요한 크라위프	바르셀로나

1972	프란츠 베켄바워	바이에른 뮌헨
1971	요한 크라위프	아약스
1970	게르트 뮐러	바이에른 뮌헨
1969	잔니 리베라	AC밀란
1968	조지 베스트	맨유
1967	알베르트 플로리안	페렌츠바로시
1966	보비 찰턴	맨유
1965	자친토 파케티	인테르나치오날레
1964	데니스 로	맨유
1963	레프 야신	디나모 모스크바
1962	요세프 마소푸스트	두클라 프라하
1961	오마르 시보리	유벤투스
1960	루이스 수아레스	바르셀로나
1959	알프레도 디 스테파노	레알 마드리드
1958	레이몽 코파	레알 마드리드
1957	알프레도 디 스테파노	레알 마드리드
1956	스탠리 매슈스	블랙풀

발리킥volley kick   공중에 뜬 공을 직접 차는 것이다. 공중에 뜬 공이 그라운드에 닿기 전에 차는 일반적인 동작을 말한다. 발리킥이 슈팅으로 연결될 때는 발리슈팅volley shooting이라고 부른다.

'발의 민족'·'손의 민족'론   문화적으로 발을 많이 쓰는 민족이 손을 많이 쓰는 민족에 비해 축구에 유리하다는 주장이다. 2002년 6월 14일 한국이 월드컵 16강에 올랐을 때, 이규태는 "들짐승의 뒤를 쫓는 수렵이나 양을 모는 유목 그리고 이 도시 저 도시 떠돌며 장사를 하며 살아온 이동민족인 아프리카·중동·중남미·유럽 사람들은 발을 주로 쓰는 스포츠를 즐겨왔고 그 스포츠가 세계화하고 있다는 것이 된다. 이에 비해 농토에 붙박이로 박혀 손을 주로 쓰는 정착농경민족인 한국인은 발의 스포츠에 생소하고 생리적으로도 적응이 잘 되지 않았다. 발의 민족은 발바닥과 발가락의 근육을 관장하는 족척근足蹠筋이 발달하고 손의 민족은 손바닥과 손가락을 관장하는 장장근長掌筋이 발달한 것부터가 다르"며 다음과 같이 말했다. "올림픽이나 세계선수권에서 한국 선수들이 거둔 성적은 그 스포츠가 요구하는 발과 손의 비중과 밀접한 함수관계가 있었다. 발의 비중이 높은 육상경기·자전거·스키 그리고 축구에서 한국을 비롯, 손의 민족인 동양 선수들은 그야말로 족탈불급足脫不及이요 금메달을 따는 종목일수록 역도·유도·레슬링·권투·궁도·사격·탁구·배구·핸드볼 등 손의 비중이 크다는 것이 확연하다. 유럽에서 인기 없는 야구가 한국, 일본 등지에서 붐을 이룬 것도 던지고 잡고 치고 달리는 4개 동작 가운데 3개 동작에 손을 쓰기 때문일 것이다. 발의 문화권에서는 서서 살기에 넘어지는 것이 일상화한 데 비해 손의 문화권에서는 앉는 문화가 발달, 넘어지는 것을 부정한다. 한국에서 오뚝이는 일어선다는 데 가치를 두고 서양 오뚝이인 텀블러는 넘어진다는 데 가치를 두는 것만 보아도 알 수 있다. 축구에서 발의 민족은 슬라이딩이며 태클 그리고 몸을 던져 공을 잡는 키퍼의 세이빙 등 넘어지는 전술이 발달한 데 비해 손의 민족은 넘어지는 전술에 보수적이다. 월드컵에서 손의 나라 한국팀이 발의 나라들을 차례로 누르고 16강에 오른 것은 축구 인류학에서의 위대한 반란이요 민족의 경사로 길이 기억될 것이다."[15]

배신자의 최후   "나는 나의 혈통과 내가 세네갈에서 왔다는 사실을 자랑스럽게 생각한다." 세네갈 출신의 프랑스 대표팀 패트릭 비에이라의 말이다. 그러나 그는 2002년 한일월드컵에서 그가 자랑스러워하는 조국을 상대로 싸워야 했다. 가난한 조국을 등지고 부자 나라의 선수로 뛴다는 것이 마음 편한 일일 수는 없었다. 세계 최고의 수비형 미드필더로 각광 받고 있는 그는 190센티미터 이상의 큰 체격을 바탕으로 펼치는 운동 능력이 뛰어나고, 상대 공격의 맥을 잘 짚을뿐더러 패스와 득점에도 능하다. 그러나 세네갈에 사는 비에이라의 가족을 제외한 세네갈 사람들은 그를 배신자로 낙인찍었다. 맨유의 주장을 역임한 로이 킨은 "조국 세네갈을 배반한 채 프랑스 국가대표팀에서 뛴다는 것은 이해가 가지 않는다"고 했다. 성격 더럽기로 소문난 로이 킨은 라이벌 팀 아스널의 주장 비에이라의 흠을 건드린 것이다. 그는 프랑스가 예선 첫 경기에서 세네갈에 패하자 배신자뿐만 아니라 패배자까지 되어야만 했다.[16]

백back 수비수守備手, defender라고도 한다. 미드필더 뒤에서 플레이하며 골키퍼를 보조하며, 상대 선수가 골을 넣는 것을 막는 역할을 맡는다. 수비수들은 보통 중앙선 뒤에 남아 있는데, 이는 상대 선수의 득점을 용이하게 저지하기 위함이다. 그러나 장신 수비수들은 헤딩 등을 위해 때때로 코너킥이나 프리킥 기회에 전방으로 전진해 플레이하기도 한다. 현대 축구에서 수비수의 개념은 일반적으로 공을 점유하지 않은 팀의 선수들을 의미하는 경우가 많다. 따라서 포지션 상의 수비수를 포함한 미드필더와 공격수도 상대팀 점유의 공을 빼앗는 입장이 되었을 경우에는 수비수로 분류될 수 있다.[17] ○ 센터백, 풀백, 윙백

베른의 기적 1954년 스위스월드컵에서 우승을 차지한 서독 팀의 기적을 말한다. 당시 서독은 축구의 변방국가였다. 그러나 요제프 헤르베르거

감독과 주장 프리츠 발터가 이끄는 서독 팀은 월드컵 예선전에서 노르웨이와 소련을 제치고 조 1위로 지역 예선을 통과했다. 그리고 당시 세계 최강 헝가리와 터키, 한국과 한 조가 되어 예선을 치렀는데 헝가리와의 예선전에서는 이기기 힘들 거라 예상하고 주력 선수를 빼고 경기를 치러 8:3으로 대패를 당했다. 당시 경기에서 종료 20분 전 월드스타 헝가리의 페렌츠 푸스카스는 서독의 베르니 리프리히에게 태클을 당해 발목 부상으로 헝가리 대표팀의 전력에 큰 차질을 주었다. 서독은 터키를 상대로 7:2로 대승을 거두었다. 그러나 당시 월드컵 룰은 시드 배정을 받은 팀끼리, 시드 배정을 받지 못한 팀끼리는 서로 경기를 하지 않았다. 헝가리와 터키만 시드 배정을 받아 한국과는 게임이 성사되지 않았다. 한국은 헝가리와 터키에 각각 9:0, 7:0으로 대패를 당했다. 8강전에서 유고슬라비아를 상대로 2:0 승리를 거두고 준결승전에서는 왕년의 라이벌 오스트리아를 상대로 6:1의 압승을 거두었다. 결승에서는 당시 최강 헝가리를 만났다. 결과는 3:2로 서독이 월드컵 사상 첫 우승을 차지했다. 그러나 월드컵 우승의 일등공신은 결승골을 넣은 서독 공격수 헬무트 란이 아니라 아디다스 축구화 덕분이었다. 아디다스사는 가벼운 축구화 덕에 표면을 쉽게 박찰 수 있었다. 이 축구화는 당시에 최첨단 제품이었다. 헬무트 란은 아디다스 축구화를 신은 왼발로 슈팅을 날렸다. 그때 구식 축구화를 신고 있던 헝가리 골키퍼 줄러 그로시츠는 젖은 잔디에 미끄러지며 결승골을 헌납했다. 40연승을 거두던 헝가리 마자르 군단의 연승도 하필 월드컵 결승에서 멈춰버린 것이다.[18]

베른의 난투극 1954년 스위스월드컵에서 브라질은 8강에서 당시 세계 최강 헝가리를 만났다. 경기 시작 직후인 전반 4분 헝가리의 난도르 히데구티가 선제골을 터뜨렸지만, 그가 슈팅을 날리는 순간 브라질 선수가 그의 하의를 잡아당겨 고무줄이 끊어지면서 엉덩이가 노출되었다. 이때부터 분위기는 험악해졌고 후반 26분 헝가리의 요제프 보츠시크와 브라질의 니우톤 산토스가 주먹다짐을 벌이다 퇴장당했다. 8분 후에도 브라질의 험베르트가 거친 반칙으로 퇴장 당하며 경기장의 폭력은 걷잡을 수 없는 수준으로 치닫는다(당시엔 경고라는 개념이 없었기 때문에 주먹다짐을 하지 않는 이상 곧바로 퇴장당하는 경우는 드물었다. 아마 경고제도가 존재했다면 이 경기에서 선수 대부분이 퇴장당했을 것이다). 결국 경기는 4:2로 헝가리가 승리했다. 그러나 경기가 끝난 후에도 양팀 선수들의 분노는 가라앉지 않았다. 준결승 진출이 좌절된 브라질 선수들은 단체로 헝가리 대표팀의 라커룸을 습격해 본격적인 패싸움을 벌이는 대사건을 일으켰다. 이를 베른의 난투극이라 불렀으며, 당시 주심을 맡았던 영국의 아서 엘리스는 당시의 경기를 두고 제3차 세계대전이 시작되는 것 같은 착각이 들 정도였다고 말했다.

베를루스코니 신드롬   축구를 정치에 이용하는 현상을 말한다. 이탈리아에서 가장 인기 있는 프로축구단(AC밀란)을 소유한 이탈리아 재벌이자 전 총리인 실비오 베를루스코니Silvio Berlusconi는 무솔리니의 축구 이용 전통을 되살려 축구를 통해 수상으로 집권하는 데 성공했다. 축구의 나라라고 할 수 있는 이탈리아에서 1위를 달리고 있는 프로축구팀 구단주는 바로 전국에서 가장 유명한 인물이었다. 베를루스코니는 1994년 초에 급조된 신생 정당 '포르차 이탈리아('나가자, 이탈리아' 또는 '전진 이탈리아'라는 뜻)'를 이끌고 집권했는데, 선거 운동은 전국적으로 1만 3,000여 개나 되는 'AC밀란'의 팬클럽이 주도한 덕에 창당 2개월 만에 선거에 뛰어들었으나 조직 때문에 걱정할 필요는 전혀 없었다. 그가 창당한 '포르차 이탈리아'라는 당명도 축구 경기에서 응원 구호로 나온 것이었다.[19] 베를루스코니의 또 다른 선거 구호는 "우리는 이탈리아를 AC밀란처럼 만들 것입니다!"였다. 그는 '포르차 이탈리아'의 평당원들을 '아주리Azuri'라고 불렀는데, 이는 원래 파란색 유니폼을 입었다고 해서 이탈리아 국가대표 선수들에게 붙여진 별명이었다. 베를루스코니는 이미 1980년대 중반 AC밀란을 사들인 직후 바그너의 '발퀴레의 비행'이 웅장하게 울려 퍼지는 가운데, 선수들을 헬리콥터에 실어 스타디움에 입장시켜 자신의 존재를 과시하기도 했다. AC밀란의 라이벌인 유벤투스 토리노는 피아트 재벌인 아넬리 집안의 것인데, 이 두 팀 모두 막강한 정치적 영향력으로 이탈리아 축구를 좌지우지하고 있다. 심판의 취약한 입지가 이 두 팀에 유리하게 작용한다는 비판의 목소리가 높았다. 이탈리아의 한 의원은 의회에서 "수많은 이탈리아 심판이 피아트 차를 타고 다니고 있소"라고 비난하기도 했다.[20]

보스만 판결 1990년 벨기에의 축구 선수 장-마르크 보스만Jean-Marc Bosman이 벨기에의 RFC리에주 클럽팀에서 프랑스의 됭키르팀으로 이적하려다가 소속 구단의 동의 없이는 이적할 수 없다는 규정에 묶여 팀을 옮기지 못하자, 선수들에게 일방적으로 불리한 이적 규정에 대해 유럽사법재판소에 소송을 냈다. 1995년 12월 15일 유럽사법재판소는 이 규정이 유럽연합 소속 근로자들의 직업 선택의 자유를 보장한 로마조약에 위배된다고 선언했다. 이 판결로 계약 만료 선수의 자유계약과 유럽연합 내 외국인 선수 보유 제한이 철폐되어 세계 축구계의 이적 질서에 커다란 변혁이 일어났다. 이 판결이 내려지자 처음에는 선수 연봉의 폭등과 구단의 이적료 수입 감소 등을 야기해 재정이 취약한 구단을 파산시킴으로써 유럽 프로축구 자체에 큰 충격을 줄 것이라는 이유로 유럽 각국 축구단과 유럽축구연맹의 커다란 반발을 샀다. 하지만, 1996년 2월 유럽축구연맹이 결국 이 판결을 준수하기로 함으로써 일단락되었다. 2001년 3월 유럽연합 마리오 몬티 반독점위원회 위원과 국제축구연맹의 제프 블라터 회장, 유럽축구연맹의 레나르트 요한손 회장은 유럽연합 내 프로축구 선수들의 이적료를 폐지하고 계약 기간은 최소 1년에서 최장 5년으로 제한하는 데 합의했다. 이로써 1995년 유럽사법재판소가 내린 보스만 판결 이후 6년 만에 이적료 제도가 사라지게 되었다. 한편, 새로운 이적제도에 따라 선수를 스카우트한 구단은 이적료 대신 선수의 연령별로 다양한 보상을 제공해야 하는데, 23세 이하의 선수가 이적할 경우 선수를 영입하는 구단은 전 소속 구단에 훈련 비용을 지급해야 하며, 18세 이하 선수가 다른 나라로 이적할 때는 훈련과 학업 비용을 지급한다는 양국 간의 합의가 있어야 한다. 2008년 7월 이 문제가 다시 논란이 되자, 블라터 회장은 "축구 선수를 사고파는 것은 현대판 노예 제도다. 보스만 룰에 대한 반발로 구단들이 선수를 지키기 위해 장기 계약을 맺는 형태가 곳곳에서 벌어지고 있다. FIFA는 이제 이러한 문제에 대해서도 개입할 예정"이라고 밝혔다.[21]

볼 리프팅 ball lifting or jumping   경기에 앞서 또는 연습 중에 발등, 넓적다리, 이마, 어깨, 가슴 등을 이용해 공을 컨트롤 또는 연속적으로 튕기는 것을 볼 컨트롤 또는 볼 리프팅이라고 한다. 흔히 축구 선수가 시합 전 몸을 풀 때 하는 행위이며 공에 대한 감각을 익히기 위해 하는 것을 말한다.

볼란치 volante   ○ 미드필더

부정선수   아마추어 축구 경기에서 자주 나타나는 무자격 선수를 말한다. 일제강점기 시절부터 각종 축구대회에선 선수의 자격 시비로 경기가 자주 중단되었다.[22] 1938년경엔 시골마다 축구대회가 열려 그런 시골 축구대회만을 찾아다니는 부정 축구 선수가 꽤 많았다. 군郡 단위 축구전에서 이기기 위해 다른 지역의 선수들을 돈 주고 불러 선수로 뛰게 하는 식이었다. 승리하면 군 전체가 잔치를 벌일 정도로 축구 열기는 뜨거웠다.[23] 5·16 군사쿠데타의 운명을 가른 건 부정선수라는 말이 있다. 1961년 5월 15일 1군 창설기념 전 부대 체육대회가 1군 사령부에서 열렸다. 현장에서 민기식 2군 단장이 대로大怒할 일이 벌어졌다. "우린 현역인데 군사령부에선 서울에서 일류 축구 선수를 데리고 왔다"는 보고 때문이었다. 이한림 군사령관에게 시정을 요구했으나 받아들여지지 않았다. 화가 난 민 장군은 다음날 쿠데타 진압을 위해 서울로 출동하라는 이 사령관과 윤보선 당시 대통령의 요구도 거부했다. 신경식 전 한나라당 의원은 『신경식 회고록: 7부 능선엔 적이 없다』에서 "결과적으론 부정선수가 낀 축구대항전이 역사를 바꾼 셈"이라고 썼다.[24]

북한 축구   1966년 제8회 런던월드컵에서 8강에 든 이후 북한엔 축구 붐이 일어 성인 축구팀이 130개를 넘고 축구 꿈나무가 10만 명에 이르렀다. 이후 북한 축구는 폐쇄적인 체제 특성과 경제난 등으로 내리막길을 걷기 시작했다. 월드컵 예선 참가도 들쭉날쭉했다. 1970년 멕시코대회 예선은 불참했고, 1974년 서독대회는 최종예선 진출에 실패했다. 1978년 아르헨티나대회를 거른 뒤 1982년 스페인대회에 나섰지만 최종예선에서 탈락했고, 1986년 멕시코대회에선 1차 예선조차 통과하지 못했다. 1990년 이탈리아대회에선 한국에 0:1로 지는 등 최종예선 최하위에 머물렀다. 1994년 미국대회에도 최종예선 6개국 중 최하위(1승 4패)에 그쳤다. 한국은 당시 북한과 최종예선 마지막 경기에서 3:0으로 이기고 승점이 앞서 있던 일본이 이라크와 2:2로 비기면서 골득실차로 본선 티켓을 차지하는 '도하의 기적'을 이루어냈다. 북한은 이어 12년 만에 참가한 2006년 독일월드컵에서도 또다시 최종예선 탈락의 쓴맛을 보았다. 2005년 3월 평양에서 열린 이란과 홈경기(0:2)에선 심판 판정에 격분한 관중이 난동을 부려 다음 홈경기를 태국 방콕에서 무관중 경기로 치르는 징계를 받기도 했다.[25] 김홍진은 그럼에도 "1990년대 말부터는 기지개를 펴 최근 옛 명성을 조금씩 되찾고 있다. 해외파를 기르며 꾸준한 투자를 기울여 요즘엔 경기를 할수록 조직력이 살아나 전력이 세진다는 평을 듣는다"고 했다.[26] 2009년 6월 18일 북한 축구는 사우디아라비아와 0:0으로 비기면서 44년 만에 월드컵 본선 진출을 확정 지었다. 장민석은 북한 축구의 강점으로 3가지를 꼽았다. ① 철의 11인: 북한은 월드컵 예선 16경기 동안 33명의 선수가 그라운드를 밟았다. 한국이 14경기에 43명이 가동된 것에 비하면 훨씬 적은 선수로 예선 일정을 꾸려간 것이다. 북한은 3차·최종예선에서 27번의 교체 카드를 사용한 반면 한국은 41번을 썼다. 다시 말해 북한은 '최정예 멤버'들이 이를 악물고 죽기 살기로 뛰었다는 결론이 나온다. 북한의 베스트11은 '철의 11인'인 셈이다. 체력과 조직력이 북한 본선 진출의 첫 번째 비결이었다. ② 벌떼 수비: 공격적인 포백 포메이션이 세계적인 추세로 자리 잡은 상황에서 북한은 스리백 전형을 고수하는 몇 안 되는 팀이다. 표면적으로는 수비수 3명이 있지만, 북한은 숨이 막힐 듯한 밀집 수비로 상대 공격을 봉쇄한다. 수비를 할 때 좌우 측면 미드필더가 내려와 일렬로 파이브 백을 형성하고, 중앙 미드필더까지 수비에 가담해 페널티 박스엔 7~8명이 배치된다. 한국도 이런 수비 형태에 고전하며 북한전에서 한 번도 시원한 경기를 펼치지 못했다. ③ 기동 역습조: 수비만 해선 이길 수 없다. 북한의 극단적인 수비축구가 가능했던 이유는 '한 방'에 능한 정대세, 홍영조, 문인국 등

역습에 능한 공격수가 있기 때문이었다. 재일교포 3세 정대세는 '아시아의 루니'라는 별명이 붙을 만큼 날카로운 역습 능력을 자랑한다. 홍영조와 문인국은 크지 않은 키에도 탁월한 스피드를 과시하며 정대세의 공격 파트너 역할을 충실히 해냈다.[27]

북한의 월드컵 8강 북한이 1966년 제8회 런던월드컵에서 8강에 든 사건이다. 냉전시대였던 당시 한국은 북한에 패할 것을 우려해 아예 월드컵 예선 출전을 포기했다.[28] 북한은 예선전에서 호주를 물리치고 런던월드컵 본선에 진출했다. 본선에서는 소련, 칠레, 이탈리아와 한 조에 속했다. 북한은 소련에 0:3으로 패하고, 칠레와 0:0으로 비겼지만, 이탈리아를 1:0으로 이겨 8강 대열에 올랐다. 북한 선수들은 운동장에 오래도록 남아 '김일성 수령 만세', '유격대의 노래' 등을 부르며 8강 진출의 기쁨을 노래했다[29](반면 당시 이탈리아 대표팀은 귀국할 때 2만여 명의 분노한 군중에게서 썩은 토마토 세례를 받았다).[30] 8강에 오른 북한팀은 유럽의 강호 포르투갈과 맞붙었다. 북한은 전반에 3:2로 포르투갈을 앞섰지만, 후반 들어 체력이 떨어지면서 움직임이 둔해졌다. 그 틈을 타 전반에 2골을 넣은 모잠비크 태생의 포르투갈 '흑진주' 에우제비우가 또다시 2골을 추가하는 등 3:5로 역전패 당하고 말았다.[31] 다 잡은 승리를 놓친 북한 선수들은 땅을 치며 통곡했지만, 8강 진출만으로도 북한은 세계를 놀라게 만들었다. 잉글랜드의 전 경기 무패 우승과 브라질의 조별 리그 탈락보다도 놀라운 사건이었다. 김홍진은 "1966년 7월 영국 북동부 미들즈브러에서 열린 잉글랜드월드컵 경기에서 북한이 이탈리아에 1대 0으로 이기자 영국 신문은 '재앙, 승리, 드라마, 그리고 동화童話'라고 썼다"며 다음과 같이 말한다. "후진 아시아 축구가 유럽 축구를 상대로 일궈낸, 축구사史에 남을 이변이었다. 평균 키

165센티미터의 미니 군단이 서양 선수를 상대로 발 **빠른** 축구를 하면서 3명이 차례로 엉덩이를 떠받친 '사다리 전법'으로 헤딩해 이겨내는 모습은 그림 같은 드라마였다. 북한 경기에 매료된 미들즈브러 시민들은 북한팀 숙소에 맥주통을 갖다 놓고 함께 축하했다. 시민 3,000명은 북한이 리버풀에서 포르투갈과 치른 8강전에 원정 응원까지 갔다.……당시 북한이 8강에 오른 데는 독특한 훈련법이 힘이 되었다. 재일교포 축구 선수 출신인 체육과학연구소 이동규 축구연구사가 개발한 '통계학적 분석자료에 의한 원형도표법'이었다. 후방 선수가 전방이나 중앙의 동료들에게 패스할 때 성공률을 높이기 위해 공이 많이 가는 방향에 그물코처럼 선수들을 배치해 공이 빠질 수 없도록 한 것이었다. 북한은 이렇게 패스 정확도를 높여 빠른 축구를 할 수 있었다."[32]

붉은악마   1997년 6월 초 PC통신 하이텔의 축구동호인들이 중심이 되어 '그레이트 코리아 서포터즈'가 결성되었다. 이들은 대표팀 유니폼 색깔과 1983년 멕시코 4강 신화를 이루어낸 청소년대표팀의 닉네임에 착안해 '붉은악마'로 정식 명칭을 확정했다. 이들이 대표팀 경기에 모습을 드러낸 건 1995년부터였지만, 공식 출정은 1997년 8월 10일 한국-브라질 대표팀 경기였다. 이땐 200명이었고, 8월 30일 한-중 정기전엔 300명이 나타났다. 이들은 자체 제작한 대형 깃발과 붉은색 유니폼, 꽃가루, 머리띠 등을 선보였다.[33] 붉은악마는 축구 열기의 기폭제가 된 1998년 프랑스월드컵 아시아지역 최종예선 때부터 조직적으로 움직이기 시작했다. 9월 6일 카자흐스탄과의 프랑스월드컵 최종예선 첫 경기 때엔 500명의 회원을 이끌고 서울 잠실에서 열광적 응원문화를 보여주었다. 이 경기에서 한국팀은 최용수가 해트트릭을 기록하며 카자흐스탄을 3:0으로 격파했다. 이어 한국팀은 최종예선 2차전에서 우즈베키스탄을 2:1로 격파했다. 9월 28일 도쿄에서 열린 3차전에는 붉은악마 60여 명이 현지로 날아가 5,000명 규모의 한국원정응원단을 일사불란하게 지휘해 일본 대표팀 응원단 '울트라닛폰'을 압도하면서 한국의 12번째 선수라는 또 다른 이름을 얻게 되었다. 이 경기에서 한국은 일본에 2:1 승리를 거두었다. 10월 4일 아랍에미리트 연합과의 경기에 앞서 일부 상인들은 붉은색 유니폼을 급조해 1만 원에 팔았는데 판매 개시 30여 분 만에 수백 벌이 다 팔려나갔다.[34] '붉은악마'는 2002년 한일월드컵 때 맹활약을 해서 세계적인 주목의 대상이 되었다. ◎ 월드컵 신드롬

붉은악마 여성회원 1995년 붉은악마가 축구동호회로 시작되었을 때만 해도 여성회원은 10여 명에 불과했으나, 월드컵 기간에 붉은악마 전체 회원 23만 중에서 여성이 40퍼센트를 넘어섰다. 주강현에 따르면, "평소 공개적인 장소에서 여성들이 자신들의 표현을 할 수 없던 사정에서 일종의 억압에 대한 스트레스를 풀어낸 것으로 볼 수 있는데, 만약 여성들이 밤 늦게 소리치며 거리를 나다녔다면 난리 났을 나라 아닌가. '미친년 널뛰듯 한다'는 독설도 퍼부었음직하다. 그동안 여성은 스포츠에서 치어리더 등으로만 비쳤다. 홀딱 벗듯이 허벅지와 가슴을 드러낸 치어리더로서만 여성은 스포츠의 '꽃'이었던 것."[35] 이후 여성회원의 수는 좀 줄긴 했지만, 지속적인 추세를 보였다. 『동아일보』 2006년 5월 23일자는 "'축구는 여자들이 가장 싫어하는 이야기'라는 것은 옛말이 됐다"며 "장을 보는 주부 2명이 한국팀의 첫 상대인 토고팀 선수들의 이름을 줄줄 외우며 수다를 떠는 모습을 한 인터넷 포털사이트의 광고에서만 볼 수 있는 것은 아니다"고 했다. 이 기사에 따르면, 다음 카페의 여성축구동호회는 150개가 넘고 서울

지역 자치구가 창단한 여성축구단도 16개나 된다. '붉은악마'의 행정 간사 김정연(33·여)은 "붉은악마 회원 30만 명 가운데 25퍼센트가 여성"이라며 "적극적인 회원 1만여 명 가운데 '극렬분자'는 여성이 더 많다"고 했다.[36]

브라질 신드롬 1950년 브라질월드컵에서 일어난 축구 광기狂氣를 말한다. 이 대회를 위해 브라질은 20만 석의 스타디움을 건립하는 등 총력을 기울였는데, 결승전에서 우루과이에 1:2로 역전패해 준우승에 머무르고 말았다. 그때 그 자리에서 69명이 기절했고, 기절하지 않은 사람들은 스탠드에 앉아 밤을 지새웠고, 그라운드 밖에선 집집이 조기를 내걸었으며, 권총 자살자가 줄을 이었다.[37]

비델라 월드컵 '무솔리니 월드컵'의 남미판 월드컵이다. 아르헨티나의 독재자 호르헤 비델라가 유치한 1978년 아르헨티나월드컵은 많은 사람을 곤혹스럽게 만들었다. 네덜란드의 축구 영웅 요한 크루이프는 비델라 정권의 독재를 공개 비판하면서 불참했다. 비델라 정권은 민심을 사로잡을 승리를 따내기 위해 편파 판정을 적극 시도했다. 강호 헝가리와 맞붙은 조별 리그에서 상대 선수 2명을 퇴장시키면서 2:1로 억지로 이겼으며, 2차 조별 리그는 전 대회 우승팀 서독과 준우승팀 네덜란드를 한쪽으로 몰아버리는 등 조 편성을 일방적으로 했다. 아르헨티나는 페루를 6:0으로 대파하는 바람에 브라질을 골득실차로 제치고 결승에 올랐는데, 비델라 대통령이 페루와의 경기 전 페루의 부채 5,000만 달러를 탕감해주기로 약속했다는 사실이 나중에 밝혀지기도 했다. 아르헨티나는 결국 결승에서 요한 크루이프가 빠진 네덜란드를 3:1로 꺾고 기어이 우승을 차지했다. 추악한 독재 월드컵이었다고 할 수 있겠다.[38] ○ 무솔리니 월드컵

비디오 판독　　'판정도 경기의 일부'라는 고정관념이 바뀌고 있다. 순간의 판단에 극명히 엇갈리는 희비의 부정적 영향에 대한 비판이 끊이지 않았다. 2014년 브라질월드컵에서 국제축구연맹이 골라인 판독기술을 도입하면서 연 빗장은 '비디오 판독 시스템'으로 이어졌다. FIFA는 2016년 클럽월드컵에 VAR(비디오 어시스턴트 심판) 제도를 도입하기로 했다. 순간 상황에서 주심이 VAR을 요청하면 경기장 내 설치된 카메라에 찍힌 영상을 확인한 뒤 판정할 수 있도록 한 것이다. 골라인 판독기술에서 한 단계 진화된 VAR 제도를 두고 '억울함'을 줄일 수 있다는 긍정론과 '순수성 훼손'을 우려하는 부정론이 엇갈렸다. 첫 번째 수혜팀은 일본 J리그 챔피언 가시마 앤틀러스였다. 오사카 스이타사커스타디움에서 가진 남미 대표 아틀레티코 나시오날(콜롬비아)과의 클럽월드컵 준결승전에서 3:0으로 대승했다. 승부를 가른 결승골이 VAR로 만들어졌다. 전반 28분 가시마가 왼쪽 측면에서 얻은 프리킥 기회에서 공격에 가담한 니시 다이고가 쇄도하다 페널티에어리어 안에서 넘어지는 장면이 발생했다. 이에 주심은 VAR로 해당 장면을 시청했고, 니시가 상대 수비수의 의도적 반칙에 의해 넘어진 것을 확인한 뒤 페널티킥을 선언했다. 이 골로 기선을 제압한 가시마는 후반에 2골을 더 추가하면서 3골차 승리의 이변을 만들어냈다. 이날 승리로 가시마는 아시아 클럽 최초로 대회 결승에 오르게 되었다. 세계가 주목한 것은 가시마의 승리보다 첫 선을 보인 VAR이었다. 스페인 일간지 『마르카 Marca』는 "심판이 자신의 실수를 인정했다"며 가시마가 VAR 판독 뒤 페널티킥을 얻은 점에 주목했다. 미국 스포츠전문매체 ESPN 역시 "FIFA가 클럽월드컵에서 처음으로 VAR을 사용했다"고 보도했다. 네덜란드 출신 스타 마르코 판 바스턴은 ESPN과의 인터뷰에서 "이번 VAR 활용은 심판 판정의 중대한 변화"라고 지적했다. 비디오판독은 2017년 시즌 K리그에서도 볼 수 있게 될 전망이다. 한국프로축구연맹의 한 관계자는 "내년 7월 K 리그에 비디오 판독 시스템 도입을 목표로 추진 중"이라고 밝혔다.[39]

비운의 축구스타들 월드컵대회나 세계청소년축구대회 등 각종 대회에서 화려하게 부상해 세간의 관심을 지속적으로 받는 축구 영웅들이 있는가 하면, 한때 '천재'나 '차세대 유망주'로 주목을 받다가도 이런저런 이유로 알려지지 못하고 꺾여 버린 비운의 축구스타들도 있다. 고종수, 김건형, 김경일, 김병수, 김종부, 백승철, 양현정, 윤화평, 성한수, 신연호, 신진원, 신태용, 조원광 등이 대표적이다.[40] 물론 라이언 긱스(웨일스), 미카엘 포르셀(핀란드), 아리엘 오르테가(아르헨티나) 등 외국 선수들도 예외는 아니다. 그러나 그 이유만큼은 확연히 차이가 난다. 맨체스터 유나이티드의 살아 있는 전설인 라이언 긱스는 자신이 유소년 시절 이혼한 홀어머니를 위해 축구 선수로서 모든 것을 이룰 수 있었던 잉글랜드 대신 조국 웨일스를 선택했다. 이 때문에 단 한 번도 월드컵에 진출하지 못했다는 이유로 비운의 축구스타로 선정되었다. 아리엘 오르테가는 국가대표로서는 뛰어난 활약을 보였지만 프로축구에서는 별다른 성과를 거두지 못했다는 점에서 운이 없다는 평판이 따른다.[41] 그러나 한국 선수들은 고질적인 부상과 부실한 선수관리 체계가 그 원인이기 때문이다. 김현회는 우리 기억 속 비운의 축구 선수들에 대해 다음과 같이 소개한다. ① 김병수: "오른발을 다쳤으면 왼발로만 차라." 현재 영남대학교 감독으로 있는 김병수가 선수 생활 내내 팬들한테서 들었던 말이다. 김병수는 중원을 장악하고 경기를 풀어 갈 게임메이커에 목말랐던 한국 축구의 미래였다. 당시 그의 천재성을 한눈에 알아본 데트마르 크라머 전 감독은 "축구 인생 50년 만에 만난 천재"라며 극찬했다. 하지만, 그는 타고난 천재성에 비해 불운한 축구 인생을 살았다. 체계적인 선수관리가 없던 시절 큰 부상에도 얼음찜질 몇 번에 주사 1~2대 맞고 경기에 나섰고, 그의 몸은 점점 만신창이가 되어갔다. 부상으로 신음하다 1993년 우여곡절 끝에 일본 실업리그에서 선수로 뛰기도 했지만 서서히 잊혀갔다. 한국 축구의 현실이 낳은 '비운의 천재'의 쓸쓸한 퇴장이었다. ② 고종수: 정확히 꽂히는 왼발의 고감도 프리킥 골에 이은 공중제비 세리머니는 고종수의 전매특허다. '앙팡 테리블(무서운 아이)' 고종수는 한국 축구의 가장 큰 보물이었다. 방송사에서는 그를 초대하기 바빴고 수많은 연예인이 그와의 친분을 과시했다. CF 출연 제의도 잇따랐다. 그는 남부러울 것 없는 축구팬들의 우상이었다. 불과 21세 때의 일이다. 그러나 좌절은 예상보다 빨리 찾아왔다. 2001년 무릎 부상과 함께 음주 파동 등으로 점차 하향세를 타기 시작한 것이다. 그렇게 그는 점차 잊혀가는 존재가 되었다. 그리고 2009년 2월 '팬들을 잊을 수 없다. 매우 고맙다. 말 한마디 한마디를 다 기억하고 있다. 자주 만났으면 좋겠고, 모든 팬들을 만나고 싶다. 선수로서의 부담을 털고, 술도 기울이고 경기장에서 함께 응원도 하고 싶다'는 말을 남기고 그라운드를 떠났다.⁴² ③ 김종부: 1983년, 4강 신화를 이룬 멕시코 세계청소년축구대회에서 김종부의 활약은 단연 돋보였다. 2골 2어시스트를 일궈낸 김종부는 이회택-차범근-최순호로 이어지는 한국 축구의 스트라이커 계보를 이을 재목으로 큰 기대를 모았다. 그의 미래는 보장된 것이나 다름없어 보였다. 하지만 1986년 당시 대우와 현대의 스카우트 파동에 휘말리는 우여곡절을 겪으며 기대만큼 성장하지 못했다. 당시 프로계약에 어두웠던 김종부는 현대와의 계약서에 도장을 찍은 채 대우 유니폼을 입고 친선경기에 출전했다. 이 일로 1년 출장정지와 소속 학교인 고려대학교에서 제명되는 중징계를 당하고 만 것이다. 두 거대기업의 선수 쟁탈전에 '축구밖에 모르는' 순진한 한 선수는 이렇게 시들어갔다. ④ 성한수: '제2의 황선홍'이라 평가받던 그가 1999년 K리그 드래프트 1순위로 대전에 입단하면서 팬들은 흥분하기 시작했다. 하지만 그는 프로 입단 첫해 인대파열이라는 큰 부상을 당하며 불운의 그림자가 드리워지는 듯했다. 부상으로 대전에서 이렇다 할 성적을 내지 못했지만, 2002년 전남으로 이적하면서 7억 원의 이적료를 받아 당시 최고액의 기록을 세웠다. 재능이 워낙 뛰어나 컨디션만 회복된다면 펄펄 날 수 있을 것이라는 전남의 판단에서였다. 하지만 3시즌 동안 전남에서의 기록은 20경기 출장에 2골 1도움이었고 그중 18경기가 교체투입이었다. 성한수는 이렇게 K리그에서 멀어졌고 내셔널리그 창원시청에서 선수생활을 하다 2007년 7월 은퇴했다. ⑤ 백승철: 백승철 하면 단연 떠오르는 장면이 있다. 1998년 울산과의 플레이오프에서 후반 51분 인저리 타임에 터진 그의 기막힌 중거리 슛이 바로 그것이다. 이 경기는 현재까지도 역대 최고의 명승부로 축구팬들의 뇌리에 깊이 박혀 있을 정도다. 백승철은 1998~1999년 단 2시즌 동안 56경기(32경기 교체)에 출전해 20골과 4개의 어시스트를 기록하며 혜성같이 등장했다. 하지만 그 시즌을 마지막으로 그를 다시 그라운드에서 볼 수 없었다. 아무렇지도 않게 생각한 작은 부상을 방치한 채 경기장을 누비던 백승철은 시즌 종료 후 병원을 찾았다. 결과는 절망적이었다. 반월판이 완전히 찢어지고 무릎인대도 정상이 아니라 자칫하면 휠체어에 의존해야 한다는 선고를 받은 것이다. 그는 축구화를 벗었다. 처절했던 재활훈련도 그에게는 소용없었다.[43]

빨간 유니폼 사건

1956년 9월 홍콩에서 열린 제1회 아시아축구선수권대회 시 홍콩과의 경기에서 비가 내리는 바람에 선수들의 빨간 유니폼 물감이 빠지는 일이 벌어진 사건을 말한다. 이 대회에서 한국은 타이완에

2:1 승리, 홍콩과 2:2 무승부, 이스라엘에 2:1 승리, 월남에 5:3으로 승리하며 3승 1무의 전적으로 우승컵을 안았지만, 나라가 워낙 가난해 선수들이 해외 원정을 나갈 때마다 외상 비행기를 탔고 여러 가지 망신스러운 해프닝을 겪어야 했다. 박경호·김덕기에 따르면, "빨간색 상의가 비에 젖자 물이 빠지면서 옷은 분홍색 얼룩무늬로 바뀌었고 선수들은 마치 핏물을 뒤집어쓴 듯한 형상이 되었다. 비에 아랑곳하지 않고 볼을 좇기에 여념이 없는 한국 선수들은 다리로 붉은 물감이 흘러내려 마치 피의 전장에서 싸우는 용사들의 모습과 같았다. 다행히 경기를 무승부로 끝낼 수 있었기에 망정이지 만일 패했더라면 한국 선수들의 모습은 영락없는 패잔병의 몰골이었을 것이다. 이 같은 상황을 보고 있던 한 교민은 경기가 끝난 즉시 영국제 유니폼을 사다가 선수단에게 기증했다. 이에 감동한 선수들은 국산 유니폼으로 실추된 자존심 따위는 잊어버린 채 남은 경기에서 선전함으로써 당당히 우승을 차지했다".[44]

FUNNY FOOTBALL
DICTIONARY

사이드 킥side kick　　발의 측면을 이용해 볼을 차는 킥을 말한다. 발의 안쪽 측면으로 차는 것을 인사이드 킥inside kick, 발의 바깥쪽 측면으로 차는 것을 아웃사이드 킥outside kick이라고 한다.

4-3-3 시스템　　미드필더 3명을 공격수와 수비수 사이에 두어 공격을 강화하고 수비의 안정을 확보하기 위한 선수 배치 방법이다. 공격수 3명과 수비수 4명 사이에 미드필더 3명을 배치해 공격과 수비에 관여하며 게임메이커로서 역할을 할 수 있도록 하는 포메이션이다. 양쪽에 포진한 수비수들이 오버랩overlap을 시도할 때 미드필더로 하여금 빈 공간을 대신 막게 하여 수비에 안정을 기할 수 있다. 2009년 5월 28일 2008~2009 유럽축구연맹 챔피언스리그 결승전에서 맨체스터 유나이티드는 FC 바르셀로나와 경기에서 4-3-3 시스템을 구사한 바 있다.[1]

4-2-4 시스템   미드필더 2명이 공격과 수비를 연계할 수 있도록 선수를 배치하는 방법이다. 미드필드를 강화하기 위해 수비수 4명과 공격수 4명 사이에 미드필더 2명을 배치하는 포메이션이다. 수비의 안정성을 확보함과 동시에 공격 시 측면 수비수 2명과 미드필더 2명이 상대 진영 깊숙이 침투하여 상대 수비수를 압박하는 전술을 활용할 수 있다. 2008년 10월 잉글랜드 맨체스터 유나이티드는 웨스트 브롬전에서 디미타르 베르바토프-웨인 루니 투톱에 호날두와 박지성이 좌우 공격형 미드필더로 포진하는 4-2-4 시스템을 가동했는데, 이 덕분에 박지성의 활용도가 높아진 효과를 냈다.[2]

사커 soccer   선수 11명으로 구성된 두 팀이 규정된 경기장 안에서 발 또는 머리로 상대편 골에 공을 쳐서 넣음으로써 득점을 겨루는 구기다. 물론 축구다. 그런데 축구의 정식 명칭은 '어소시에이션 풋볼 association football'이며, 바로 여기서 '사커'라는 단어가 유래했다. 'association'의 'soc'를 빼내어 '사커 soccer'라고 부르게 된 것이다. 문헌에 따르면 공을 가지고 논다든지, 공을 차는 놀이 등 축구 형식의 운동은 기원전부터 시작되었다고 전해진다. 기원전 7~6세기 무렵 고대 그리스시대에 행한 에피스키로스 Episkyros라는 공을 차고 던지는 간단한 형식의 게임에서 유래했다고 전해지며, 고대 중국에서는 이보다 먼저 축구 형식의 공놀이가 행해졌다는 설도 있다. 그 뒤 로마시대에는 군사 경기로 널리 보급되었고, 로마가 영국을 침공했을 때 하르파스툼이라는 경기를 보급시켜, 이것이 영국에서 근대 축구의 기원이 되었다고 전해진다. 기록으로 남아 있는 최초의 축구 경기는 217년 영국에서 성령강림절의 화요일에 더비에서 개최된 경기로, 로마군의 공격을 막아낸 것을 기념하는 축제의 일환으로 행해졌으며 1175년에 이르러 영국에서는 축구 경기가 연례행사로 열렸다. 이탈리아 피렌체에서는 16세기 축제 기념일에 정기적으로 칼초calcio('공차기'라는 뜻) 경기가 행해졌는데, 이는 100명에 가까운 선수가 모여 사람의 두개골이나 동물의 방광을 부풀려 만든 공을 발로 차거나 주먹으로 쳐서 앞으로 나아가는 형태의 거친 경기였다. 이탈리아인들은 바로 이 16세기 놀이를 들어 이탈리아야말로 축구의 진정한 발원지라고 굳게 믿고 있지만, 가축의 방광을 공으로 이용하는 놀이는 아주 오래전부터 한국을 비롯한 많은 나라에서도 행해졌다. 축구가 현재와 같은 스포츠로 그 형식을 갖추게 된 것은 1800년대라고 할 수 있다. 1800년대 영국에서 풋볼은 무질서하게 행해졌기 때문에 각 그룹들은 통일된 경기 규칙의 필요성을 절감하게 되었다. 그리하여 1863년 10월 26일 풋볼 그룹의 대표자들이 런던에 모여 제1차 회의를 가졌으나 별다른 성과를 거두지 못했다. 그러다가 같은 해 12월 8일 개최된 제6차 회의에서 협회가 규칙을 통일하고 공인된 규약과 경기 규칙을 인쇄하여 발행할 것을 결의했다. 그 결과 협회가 인정하는 경기 규칙에 의한 축구가 생겨났으며, 이것이 어소시에이션 풋볼의 탄생이다. 영국에서 조직화되고 발전한 축구는 영국에 유학한 사람들에 의해 그들의 고국에 보급되거나, 영국인 목사·선교사·군인·상인 들에 의해 세계 각국에 소개되고 보급되었다. 축구는 세계적인 열광 속에 1904년 국제 관리기구로서 국제축구연맹을 탄생시켰고, 2016년 현재 211개국이 가입한 상태다. 범세계적 경기로 행해지는 대회는 올림픽경기대회에서 1900년부터 개최되는 축구 경기와 그 중간 해에 4년마다 아마추어나 프로선수 모두 참가하여 열리는 월드컵축구대회, 월드컵여자축구대회, 세계청소년축구대회 등이 있다. 축구는 세계에서 가장 인기 있는 단체경기로 관중의 호응도도 높은데, 1969년에는 엘살바도르와 온두라스 사이에 '축구전쟁soccer war'이 발발

하기도 했으며, 특히 극성스러운 영국 응원단(훌리건)이 일으키는 집단난동이 잘 알려져 있다. 그러나 미국에서는 럭비에서 유래한 미식축구의 인기가 높아 오랫동안 부차적인 경기에 지나지 않다가, 1970년대 이후 급격히 발전했다.[3]

산업혁명과 축구관중 수의 폭발   산업혁명은 영국의 경제적 발전으로 이어지면서, 인구의 증가와 노동자들의 경제적 여유를 가져다주었다. 1860년대 노조는 임금인상을 쟁취했고 동시에 생계비도 낮아지면서 여가를 보내는 데 투자할 여유가 생겼다. 또한 1800년 무렵 인구 10만 이상 도시는 런던뿐이었지만, 1851년 이미 10개가 넘어섰고 1911년에는 36개로 늘어났다. 노동자들은 여유 시간에 축구를 하거나 관전하는 데 돈을 지불할 용의가 있었다. 단조롭고 힘겨운 공장 노동에서 기분 전환을 할 수 있기 때문이다. 어떤 사람은 자기 팀 원정경기까지 따라갔다. 1883년 말 영국 철도는 약 2만 킬로미터 구간을 갖추고 6억 6,500만 명 이상 승객을 수송했다. 이렇듯 저렴한 가격과 편리함으로 인해 시골 촌뜨기도 자기 클럽 행로를 따라다닐 수가 있었다. 또한 성직자와 종교단체들은 축구에 대해 육체적이고 윤리적인 타락에 대한 예방조치라고 찬양했다. 드디어 축구는 진정한 노동자 스포츠가 될 수 있었다. 많은 도시에서 토요일 오후는 오로지 축구의 영향하에 놓이게 되었다. 사람들은 직접 축구를 하거나 친구와 가족끼리 축구 경기를 관전하면서 노래 부르고, 소리 지르고, 괴로워하고, 두려워하고, 환호했다. 성인들에게 펍pub은 중요한 만남의 장소였다. 거리의 불량배들은 축구팬이 되었고, 클럽 회원들의 만남의 장소가 되어, 다트놀이와 축구에 대해 이야기하고, 팬들은 이곳에서 클럽의 운명과 지속적 일체감을 표현했다. 1871년 FA에 속한 클럽은 50개에서 1905년에는 1만

개에 이르렀다. 1872년 FA컵 결승전 관중 수는 2,000명이었는데, 1885년 결승전에는 8,000명, 1892년 결승전에는 2만 5,000명, 1897년 결승전에는 6만 6,000명이라는 신기록을 세웠다. 기네스북에 따르면 10만 명 이상이 운집한 최초의 경기는 1901년 토트넘 훗스퍼와 세필드 유나이티드 간 결승전이었는데, 11만 820명이라는 이 기록은 11만 명 이상 축구팬이 운집한 1913년에 깨졌다.[4]

삼각 패스 triangle pass　같은 편 선수 2명이 공을 삼각형 형태로 주고받는 일련의 패스 형태다. 선수 A가 자기편 선수 B에게 패스하고서 C지점으로 달려가 B에서 다시 공을 패스 받는 것이다. 선수 2명 사이에서 이루어진 공의 진로 방향이 삼각형 형태를 이루는 데서 비롯된 말이다. 패스의 기본 형태로 공격할 때 많이 이용된다. 트라이앵글 패스라고도 한다.[5]

상암경기장 신축 논란　1997년 12월 29일, 2002년 월드컵축구 개최 도시로 서울, 부산, 대구, 인천, 광주, 대전, 울산, 수원, 전주, 서귀포 등 10곳이 최종 선정되었다. 논란이 되어왔던 서울 마포구 상암동 주경기장 건설 비용(2,000억 원 추정)은 서울시 30퍼센트(600억 원), 국고 지원 30퍼센트(600억 원) 외에 나머지 40퍼센트는 국민체육진흥기금(300억 원)과 대한축구협회(250억 원), 분양금(250억 원) 등으로 충당하기로 했다.[6] 그런데 IMF 사태가 심각해지면서 개최도시를 일부 축소하고 전용경기장 신축을 대부분 철회하는 방향으로 수정하려는 움직임과 더불어 상암동 주경기장 신축 불가론이 나오기 시작했다. 이에 본격적으로 항의하며 나선 건 붉은악마였다. 1998년 4월 26일 서울 종로에선 국가대표 유니폼을 입은 100여 명의 '붉은악마' 회원이 '상암동 월드컵 주경기장' 신축을 촉구하는 대국민

홍보 집회를 열었다. '붉은악마'는 PC통신을 이용해서 지속적으로 신축 불가를 항의하는 이메일들을 올렸고, 4월 26일 집회를 비롯해 네 차례에 걸친 항의집회를 여는 등 맹활약을 했다.[7] 결국, 붉은악마의 뜻대로 되었다. 대한축구협회장 정몽준이 애초 20여 분으로 예정된 면담 시간을 넘겨 1시간 30분 동안이나 김대중 대통령을 설득한 덕이었다는 설도 있다.[8]

섀도 스트라이커shadow striker   딥라잉 포워드deep-lying forward라고도 한다. 꽤 오랜 역사를 지닌 포지션이지만, 이 포지션의 명칭은 시기에 따라 많이 바뀌어왔다. 이 포지션은 본디 인사이드 포워드inside forward 또는 딥라잉 센터포워드deep-lying center forward로 불렸다. 최근에 들어선 '위스드론 스트라이커withdrawn striker(깊숙한 스트라이커)'나 '세컨드 스트라이커second striker(제2의 스트라이커)' 등으로 불리기 시작했으며, 한국에서는 '섀도 스트라이커'로 잘 알려져 있는 편이다. 이 포지션은 1940년대 후반과 1950년대 중반 헝가리 대표팀의 페렌츠 푸스카스에 의해 큰 발전을 이루었다. 이후 이탈리아 축구의 '트레콰티스타trequartista' 전술로 널리 사용되었는데, 이 전술의 특징은 공격수도 미드필더도 아닌 플레이메이커가 효과적으로 팀의 공격을 이끄는 데 있었다. 이 포지션에 있던 대다수의 선수들은 공격형 미드필더나 윙어로도 활약이 가능했다. 명칭이야 어떻든 포지션 자체는 "미드필더와 스트라이커를 오가는" 포지션으로 어느 정도 인식이 되고 있는 상태. 이 포지션의 선수는 뛰어난 기술을 가진 공격적 미드필더이거나, 직접 득점을 올릴 능력도 있고 득점 기회를 만들어내는 능력도 지닌 중앙 공격수다. 이 포지션의 유명 선수로는 펠레, 마라도나, 지코, 로베르토 바조, 에릭 칸토나, 데니스 베르흐캄프 등이 있다. 프랑스 대표팀의 지네딘 지단, 이탈리아 대표팀의 프란체스코 토티 등 많은 공격형 미드필더도 이 포지션에 기용된 바 있다. 스트라이커의 유형을 타깃target형과 섀도shadow형으로 나누어볼 수도 있다. 전통적인 의미의 공격수가 바로 타깃형이라면, 섀도형은 말 그대로 최전방 스트라이커의 그림자다. 주로 제일선보다 약간 후방에서 슈팅으로 득점을 올릴 뿐 아니라 때로는 순간적인 돌파로 찬스를 만들어내는 도우미 역할을 한다. 좁은 공간에서도 빠른 발과 기동력으로 적의 수비진을 교란해야 하기 때문에 작은 체구에 민첩성이 뛰어난 선수가 많다. 웨인 루니, 라울 곤잘레스 등이 대표적이다.[9] ○ 스트라이커

세 마리 사자 잉글랜드 대표팀의 애칭은 "삼사자 군단"이라고 불린다. 현지에서는 'Three Lions'라고 한다. 대표팀 엠블럼이 "세 마리 사자"로 되어 있는 데서 유래했다. 원래 세 마리의 사자는 중세의 잉글랜드 왕 리처드가 자신을 나타내기 위해 처음 사용한 문장紋章이다. 유난히 용맹했던 리처드의 별명은 "사자왕"이었다. 리처드의 문장은 후에 잉글랜드를 상징하게 되었다.[10]

세계 축구를 뒤흔든 10대 이변 세계 축구사에서 이변은 얼마나 될까? 영국의 유력 일간지인 『텔레그라프』는 2009년 6월 세계 축구의 10대 이변을 선정해 발표했다. 이 발표에는 2002년 한일월드컵 당시 16강전에서 안정환의 골든골로 이탈리아를 2:1로 제압한 한국-이탈리아전도 꼽혔다. 『텔레그라프』는 당시 안정환의 골든골에 대해 "북한이 1966년에 그랬던 것처럼 이탈리아를 희생양으로 만들었다"면서 이 경기 이후 안정환이 소속팀 페루자의 회장에게서 '배신자'로 낙인찍히는 등 고초를 겪은 이야기도 덧붙여 소개했다. 『텔레그라프』가 선정한 10대 이변은 다음과 같

다.[11] ① 1950년 월드컵 미국-잉글랜드전(1:0 미국 승리): 당대 최강으로 평가받던 축구 종가 잉글랜드는 각각 아르바이트 접시닦이와 학생 신분으로 월드컵 무대에 참가한 두 미국 선수 월터 바와 조 개티엔스의 합작 플레이에 실점하며 0:1로 패배했다. ② 2002년 월드컵 세네갈-프랑스전(1:0 세네갈 승리): 2002년 월드컵 개막전에서 공격수 파파 부바 디오프가 전반에 기록한 골이 조국 세네갈에 월드컵 본선 첫승을 안겼다. 1998년 월드컵 정상에 오른 디펜딩챔피언 프랑스는 부상으로 결장한 지네딘 지단의 빈자리를 실감했다. ③ 유로2004 그리스 우승: 2004년 포르투갈에서 열린 유럽선수권대회에서 그리스가 정상에 올랐다. 측면을 적극적으로 활용하는 오토 레하겔 감독의 전략은 우승 확률 100:1로 평가받은 그리스를 유럽 챔피언의 자리에 올려놓았다. ④ 1990년 월드컵 카메룬-아르헨티나전(1:0 카메룬 승리): 카메룬은 수비 2명이 아르헨티나의 에이스 디에고 마라도나를 꽁꽁 묶는 파격적인 전략으로 우승후보 아르헨티나에 귀중한 승리를 거뒀다. ⑤ 1986년 아프리카네이션스컵 이집트-세네갈전(0:1 세네갈 승리): 이집트는 아프리카네이션스컵 무대에서 그 당시까지 3차례나 정상에 오른 강호로 우승후보 1순위로 평가받았지만 개막전에서 다크호스 세네갈에 패배해 스타일을 구겼다. ⑥ 1966년 월드컵 북한-이탈리아전(1:0 북한 승리): 1만 6,000명의 축구 팬들이 지켜보는 가운데 북한이 박두익의 결승골을 앞세워 강호 이탈리아를 격파했다. 이탈리아는 자코모 불가렐리가 경기 중 다쳐 뛸 수 없게 되었으나 선수교체 제도가 없던 시절이라 10명으로 어려운 경기를 펼쳤다. ⑦ 1982년 월드컵 북아일랜드-스페인전(1:0 북아일랜드 승리): 홈팀 스페인이 홈 어드밴티지를 등에 업고 완승을 거둘 것으로 예상되었으나 북아일랜드의 게리 암스트롱에게 통한의 결승골을 허용하며 패했다. ⑧ 1954년 월드컵 헝가리-서독전(2:3 서독 승리): '마자르 군단' 헝가리가 푸스카스, 보쉬크, 코치슈 등 당대 최고로 평가받은 스타플레이어들을 총동원하고도 서독에 덜미를 잡혔다. 앞서 열린 조별 리그에서 3:8로 대패한 바 있는 서독은 16강전에서 값진 승리를 거두며 영화로도 만들어진 '베른의 기적' 주인공이 되었다. ⑨ 2002년 월드컵 한국-이탈리아전(2:1 한국 승리): 한국의 안정환은 이탈리아와의 16강전에서 골든골을 터뜨리며 1966년 월드컵 당시 북한과 마찬가지로 파란의 주인공이 되었다. 이탈리아는 프란체스코 토티가 퇴장당해 수적 열세 속에서 경기를 치렀고 끝내 8강에 오르지 못했다. ⑩ 1950년 월드컵 브라질-우루과이전(1:2 우루과이 승리): 브라질은 자국에서 열린 1950년 월드컵에서 우루과이에 정상을 내주었다. 바렐라가 주장 겸 에이스로 활약한 우루과이는 먼저 실점을 허용했지만 짜릿한 역전승을 이끌어내 경기장에 모인 23만 명의 브라질팬들을 좌절시켰다. 브라질은 월드컵 역사를 통틀어 개최국으로서 결승에 오르고도 우승트로피를 거머쥐지 못한 최초의 팀이 되었다. ◐ 북한의 월드컵 8강, 월드컵 신드롬

세계청소년축구대회 4강   1983년 6월 멕시코에서 열린 세계청소년축구대회에서 한국팀은 축구 강국들을 물리치고 4위를 차지했다. 한국은 본선 첫 경기 스코틀랜드전에선 우세한 경기를 펼치고도 2:0으로 패했다. 그러나 홈팀 멕시코와의 2차전에서 종료 1분 전 터진 신연호의 결승골로 2:1 승리를 거두었고, 3차전 호주와의 경기에서도 2:1 승리를 거두며 사상 최초로 8강 진출에 성공했다. 6월 12일에 벌어진 8강전에서 한국은 우루과이를 2:1로 누르고 4강에 진출했는데, 이는 한국 축구의 새로운 신화가 탄생하는 순간이었다.[12] 세계 3대 통신도 한국의 승리를 '가장 놀랄 만한 사건', '대회의 충격', '한국팀의 스피드는 분명 속도위반', '성난 이리떼',

'멈추지 않는 급행열차', '붉은 유니폼의 분노' 등으로 묘사했다.[13] 준결승전에서 한국은 브라질에 1:2로 패하고, 3~4위전에서 폴란드에 1:2로 패해 4위를 차지했지만, 4강의 감격은 훼손되지 않았다. 선수단 중 제1의 스타는 단연 감독 박종환이었다. 『조선일보』는 박종환은 축구에 미친 '철의 사나이'라며 "박 감독이 '스파르타식 훈련의 1인자', '한국 축구의 무서운 조련사'란 말을 듣지 않았던들 오늘날 한국청소년대표팀의 영광은 있을 수 없었을 것이다"고 했다.[14]

세리에A   4부로 구성된 이탈리아 프로축구리그 가운데 1부리그를 가리킨다. 대중적인 인기와 선수들의 실력, 연봉 면에서 세계 최고의 수준을 갖추어 프로축구의 '꿈의 무대'라고 일컬어진다. 영국의 프리미어리그, 스페인의 프리메라리가와 함께 세계 3대 프로축구리그로, 명문 클럽이 많고 클럽 간의 평준화가 잘 이루어져 있다. 20개 소속 클럽이 홈앤드어웨이 방식으로 클럽당 38경기를 치르며, 승리하면 3점, 비기면 1점, 지면 0점을 주어 총점이 가장 높은 클럽이 우승하게 된다. 정규 시즌이 끝나면 1부리그 하위 4개 클럽과 2부리그 상위 4개 클럽이 서로 자리를 바꾼다. 보통 8월에 시작하여 다음 해 5월까지 열리며, 모든 경기를 일요일에 거행하고 주요한 한 경기만 선정하여 야간 경기로 치른다. 소속 클럽 수는 1987년까지 18개였으나 현재는 20개가 소속되어 있다. 리그 자체가 이탈리아 주식시장에 상장되어 있으며 최우량주로 꼽히는데, 소속 클럽들은 TV 중계권료와 입장료, 캐릭터 상품 판매, 각 프로팀이 운영하는 스포츠클럽 수입, 음식 판매 등으로 큰 수입을 올리고 있다. 클럽들은 매년 거금을 투자하여 세계적으로 유명한 선수들을 영입하고 있으며, 다른 나라 리그들과는 달리 축구 복권인 토토칼초Toto Calcio를 발행하여 수입을 올리고 있다. 세리에A

최다 우승팀인 유벤투스 FC와 함께 AC밀란, 인터 밀란을 3강으로 꼽았으나 유벤투스 FC는 승부조작 사건으로 2006년 7월에 세리에B로 강등되기도 했다. 최근에는 SS라치오, 파르마 AC, AC 피오렌티나 등도 좋은 성적을 올리고 있다. 밀라노를 연고지로 하는 인터 밀란과 AC밀란, 로마를 연고지로 하는 AS로마와 SS라치오처럼 연고지가 같은 두 팀이 경기를 하는 '더비'가 유명한데, 각 팀을 응원하는 관중들끼리 심하게 충돌을 일으키기도 한다. 이탈리아 프로축구리그는 크게 1부리그인 세리에A, 2부리그인 세리에B, 3부리그인 세리에C1, 4부리그인 세리에C2가 있다. 유벤투스가 세리에A에 강한 국내용 팀이라면, AC밀란은 국제경기에 강한 국외용 팀이라는 평가도 있다.[15] ○ 프리미어리그, 프리메라리가

세이빙saving   골키퍼가 펀칭이나 다이빙, 캐칭 등으로 공을 막아내는 골키핑의 한 기술을 말한다.

세트피스set piece   공이 정지된 상태에서 약속된 방법과 동작으로 골을 넣기 위한 행동을 말한다. 세트플레이는 세트피스 플레이의 일본식 표현이다. 주로 코너킥이나 프리킥을 얻었을 때 공격수들이 골을 넣기 위해 작전을 구사하는 행위를 가리킨다. 한국 대표팀의 개선점으로 지적되기도 한다. 예컨대,『조선일보』2009년 6월 18일자는 "허정무호가 2010년 남아공월드컵 아시아지역 최종예선을 무패(4승 4무)로 마감했다. 17일 상암벌에서 열린 이란과의 홈경기에서 1대 1로 무승부를 기록했다. 하지만 적지 않은 과제를 남겼다. 후반 36분 박지성의 원맨쇼가 아니었다면 안방에선 이란에 승리를 헌납할 뻔했다. 남아공월드컵까지는 이제 1년이 남았다. 사상 첫 월드컵 원정 16강을 위해서는 문제점들을 지속적으로 개선해야 한

다"며 다음과 같이 주장했다. "파주NFC에서 훈련할 땐 세트피스가 위력적이었다. 하지만 막상 결전에서는 달랐다. 10일 사우디아라비아와의 7차전에서도 그랬지만 이란전에서도 세트피스에 아쉬움이 남았다. 가장 쉽게 골을 넣을 수 있는 방법이 바로 세트피스다. 특히 남아공월드컵 본선에서 강호를 상대하려면 세트피스가 필승 해법이 될 수 있다. 이란전에서의 세트피스도 한결같았다. 변화가 없었다. 후반 21분 박주영이 골대를 강타한 장면만 뇌리에 남을 뿐이었다. 그 외에는 집중력 부족으로 골로 연결되지 않았다. 단조로운 세트피스의 탈출구가 필요하다."[16]

센추리 클럽century club　　FIFA가 공인하는 A매치를 100회 이상 출전한 선수들의 그룹을 뜻하는 말이나 실제 모임은 이루어지지 않고 있으며 국내 선수로는 차범근, 황선홍, 홍명보, 최진철, 이운재, 이영표, 이동국 등이 가입했다. 세계적으로는 이집트의 아메드 하산(184게임), 사우디아라비아의 모하메드 알데아에아(181경기), 멕시코의 클라우디오 수아레스(178경기) 외 210명이 가입되어 있다(2012년 3월 21일 기준).[17] 여자축구 선수는 121명(2016년 3월 13일 기준)이 가입했으며 한국 선수로는 권하늘, 김정미 선수가 가입했다.

센터링centering　　공격 선수가 볼을 문전으로 차올리는 것이다. 한국팀은 한동안 '센터링 축구'만 한다는 말을 듣기도 했다. "한국팀의 20년 동안 공격 전술은 측면 돌파 후 센터링뿐"이었다.[18]

센터백center back, CB　　중앙수비수central defender, 센터하프center-half 등으로도 불리는 센터백의 역할은 상대편(주로 중앙 공격수 또는 스트라이커)

이 득점하는 것을 직접 저지하고 페널티 지역 밖으로 공을 걷어내는 것이다. 포지션의 이름처럼, 중앙의 수비를 맡는다. 대개 센터백 2명을 기용하여 골키퍼 앞에 세운다. 센터백에게 지시하는 전술로는 특정 지역을 전담하는 지역방어와 상대편의 특정 선수를 마크하는 대인방어로 나눌 수 있다. 센터백은 대체로 힘이 좋고, 장신이며, 헤딩과 태클에 능하다. 경기를 읽는 능력 또한 부가적 장점으로 볼 수 있다. 하급 리그의 센터백들은 안정성을 위해 볼 컨트롤과 패스보다는 볼을 걷어내는 것에 주력하는 경우가 많다. 그러나 전통적으로 중앙수비수로는 기본기 이상의 실력자들을 기용하는데, 이는 점유 상의 우위를 점하는 스타일을 가능케 한다. 이 포지션은 주로 '센터하프'로 불렸다. 많은 팀이 2-3-5 포메이션을 사용하던 20세기 초반부에는 하프백halfback으로도 불렸다. 포메이션의 발전에 따라, 중앙에 배치된 미드필더 3명이 좀더 수비 지향적으로 바뀌면서 이름을 공유하게 되었다.[19] ○ 백, 풀백, 윙백

수탉 살해 1982년 스페인월드컵에서 D조에 속한 잉글랜드와 프랑스는 조 예선전을 치렀다. 12년 만에 본선에 진출한 잉글랜드와 미셸 플라티니가 이끄는 프랑스와의 대결은 예선에서 가장 큰 하이라이트였다. 잉글랜드 응원단은 경기 전 프랑스의 상징인 살아 있는 수탉을 응원석에서 잡아 프랑스 골문 뒤쪽에다 집어던졌다. 이 장면은 전 세계에 전파를 탔고 경기는 잉글랜드의 3:1 승리로 끝났다. 경기 후 수탉 살해에 대한 비난이 쇄도하자 잉글랜드의 훌리건들은 억울하면 우리의 상징인 사자를 같은 방식으로 하라며 자신의 행동을 정당화했다. 그러나 세계야생동물보호재단은 수탉이든 사자든 왜 무고한 동물들을 살해하는가? 죽임을 당한 동물은 몇 마리에 불과하지만 동물 살해 제의가 크게 유행할 것을 두려워했다. 그러

나 훗날 그런 일은 발생하지 않았다. 잉글랜드는 비록 프랑스를 이겼지만 예선 탈락의 쓴잔을 마셨고 프랑스는 4강까지 진출했다. 결국 제물로 바쳐진 수탉은 효험이 없었던 것이다.[20]

수퍼리그   1983년 5월 8일 한국프로축구가 '수퍼리그'라는 이름으로 출범했다. 기존의 프로 2개 팀(할렐루야와 유공)과 프로 전환 가능성이 큰 아마추어 3강(대우, 포철, 국민은행)을 묶어 5개 팀으로 조직한 리그였다. 두 프로팀만으로는 '프로리그'라는 게 적절치 않았고, 실업경기가 '코리안리그'란 이름을 쓰고 있어 '수퍼리그'라 부르게 되었다. 수퍼리그에 아마추어로 참가한 포철은 원료공급사인 브라질의 CVRD사와의 유대관계를 증진하기 위해 체결한 스포츠교류협정에 따라 2명의 선수를 임대해 화제를 모았다. 두 회사 모두 축구팀을 보유해 먼저 포철이 임대를 받은 것이었다. 세르지우 루이스 코고와 호세 로베르트 알베스는 수입선수 공식 1호로 기록되었다. 이들은 별 활약을 하지 못하고 6개월 만에 본국으로 돌아갔지만 이후 뛰어난 외국 선수들이 수입되었다.[21] 수퍼리그는 오늘날의 'K리그'로 발전했다. ● K리그, K리그 위기론

수페르가의 비극   1950년대는 이탈리아 축구 역사에 가장 우울한 시기였다. 제2차 세계대전 패전으로 국제무대 출전을 박탈당했고 대참사로 황금시대가 막을 내렸다. 1949년 토리노 팀은 벤피카(포르투갈)와 친선경기를 마치고 돌아오던 중 비행기가 수페르가 지방의 언덕에 추락해 18명 선수단 전원이 사망했다. 하필이면 그중 국가대표가 7명이었다. 특히 그중에는 세리에A 최상급 공격수 발렌티노 마촐라(그의 아들 산드로 마촐라는 1970년 멕시코월드컵에서 절정의 기량으로 결승전까지 이끄는 중요한 역할을 했

다)의 손실은 가장 큰 타격이었다. 이로써 이탈리아 축구는 10년의 후퇴를 겪게 된다. 이 참사가 아니었다면 토리노를 대표하는 팀은 유벤투스가 아니라 토리노였을지도 모른다. 이 참사로 인해 1950년 브라질월드컵에서는 비행기 탑승 대신 브라질까지 배를 타고 갔다. 그러나 아주리 군단은 예선 탈락이라는 쓴잔을 마시고 귀국해야 했다. 이탈리아의 많은 국민은 "기량이 출중한 외국인 선수 때문에 국내 리그에서 젊은 선수가 활약할 무대가 없다"고 분노를 터트렸다. 결국 이탈리아축구연맹은 외국인 선수를 모두 추방하고 훗날 세리에A의 카테나치오catenaccio 시스템이 대표팀의 주력 전술이 되는 중요한 요인이 되었다.[22]

슈팅 레인지shooting range　　슈팅을 했을 경우 골을 얻을 가능성이 많은 지역을 말한다. 일반적으로 골에어리어goal area와 페널티에어리어penalty area 등 골문과 가까운 지역을 들 수 있지만, 슈팅 능력이 뛰어난 선수에게는 그 지역이 넓어진다.

스로인throw-in　　터치라인 밖으로 나온 볼을 게임 재개를 위해 다시 경기장 안으로 던져넣는 걸 말한다. 스로인은 오프사이드가 적용되지 않고, 손으로 던지기 때문에 발로 하는 크로스보다 정확하다. 장치혁은 "올 시즌 잉글랜드 프리미어리그에서 '인간 투척기'로 명성을 날린 로리 델랍(스토크시티)은 롱스로인의 전술적 가치를 한눈에 보여줬다. 그가 던진 공은 직선으로 뻗어나가 상대 수비수를 혼란에 빠뜨렸고, 팀의 득점 기회로 연결됐다"며 다음과 같이 말했다. "K리그에도 델랍 못지않은 스로인 전문가가 있다. 울산 현대의 베테랑 미드필더 현영민은 자타가 공인하는 'K리그 인간 투척기'다. 40미터 이상 던지는 현영민은 30미터 정도는 직선으로 공을 보낼 수 있다. 프로 데뷔 후 스로인으로 4개 어시스트를 기록했고, 올 시즌에도 공식 기록으로 잡히지 않았지만 2개의 골을 엮어냈다. 요즘 K리그에서는 '제2의 현영민'이 나왔다고 야단이다. 신인 김성환(성남)은 스로인 실력으로 일찌감치 주위의 시선을 사로잡았다. 현영민도 '직접 봤는데 대단하다. 한 번 대결해봤으면 좋겠다'고 말할 정도다. 김성환은 동아대 시절 최전방 공격수로 뛰면서 스로인을 전담한 독특한 이력의 소유자다. 대학시절 심심찮게 스로인 어시스트를 기록한 김성환은 잘 발달된 상체 근육이 비장의 무기다. 김성환은 '야구부와 던지기 대결에서 한 번도 지지 않았다'고 할 정도로 강한 어깨를 자랑한다." [23]

스리백 시스템 three back system　　풀백을 3명을 두는 방식인데, 상대방의 양 측면 공격 시 수비수가 양쪽으로 퍼져 중앙의 수비수가 1명이 되어 상대방이 중앙 공격 시 중앙의 수비가 취약할 수 있다. 그래서 수비할 때에는 양쪽의 링커들이 적극적으로 수비에 가담해 중앙수비의 취약점을 커버할 수가 있다. ○ 포백 시스템

3B축구　　○ 로봇 축구

3S축구　　○ 로봇 축구

스왑딜　　스왑딜의 의미는 '교체, 거래'라는 의미를 지니고 있으며 교환 거래, 운동선수를 서로 다른 팀에서 서로 교환, 교체 거래 딜 할 때 스왑딜이라는 용어를 사용한다. 즉, 바꾸는 거래, 교체, 바꿔치기의 뜻이다. 유럽 3대 리그에서는 시즌 중이나 시즌이 끝난 후에도 스왑딜이 상시로 이루어

지고 있으며 때로는 조건을 맞추기 위해 선수에다 많은 금액까지 보태어 자기 팀이 필요로 하는 선수를 얻는다. 그런 의미에서 이적과는 사뭇 다른 양상이다.

스위스 볼트swiss bolt   ○ 더블유엠 시스템

스위칭 플레이switching play   신속하게 위치와 역할을 바꾸면서 공격하는 형태를 말한다.

스위퍼sweeper   말 그대로 상대편의 볼을 쓸어내는sweep 역할을 맡으며, 일반 수비수보다 능력 있는 센터백이다. 이 포지션은 상대편의 특정 선수를 마크하는 등의 전형적인 수비수의 역할보다는 공격에도 적극 가담하는 등 수비수 범위 밖의 유동적인 플레이를 하게 된다. 이 포지션은 리베로 libero(이탈리아어로 '자유')라고 부른다. 역습 등의 플레이를 이끌 필요도 있기 때문에 센터백보다 경기를 읽는 능력이 뛰어나야 한다. 한국팀의 대표적인 리베로였던 홍명보가 자신의 자서전 제목을 『영원한 리베로』라고 붙인 건 우연이 아니다. '리베로'라는 말이 널리 쓰이면서 자유로운 비평을 꿈꾸는 비평가들도 이 말을 자신에게 쓰기도 한다. 그러나 대부분의 스위퍼들은 수비 지향성 선수들이다. 1960년대 이탈리아 축구의 카테나치오 시스템에서는 수비만 하는 중앙수비수들을 기용했다. '리베로'라는 용어는 공격하는 수비수를 의미하는 것이 아니라, 이탈리아어에서 '스위퍼'의 일반 대명사이며, 이 포지션은 다른 (대인방어를 하는) 수비수보다 상대적으로 자유롭다고 하여 붙여진 이름이다. 히딩크는 한국 국가대표팀을 맡으면서 "리베로 시스템은 창조적인 미드플레이를 불가능하게 만들기 때문에

현대 축구와 맞지 않는다"고 말한 바 있다.²⁴ ● 센터백

스트라이커 striker　　공격수攻擊手, 포워드forward라고도 한다. 상대편 골대에 가장 가까이 있는 포지션의 선수를 말한다. 영어에서 어태커attacker라는 표현은 스트라이커나 포워드를 지칭하기도 하지만, 현재는 포지션을 막론하고 볼을 갖고 있는 선수를 이르는 표현으로 사용되는 경우가 많다(한국어에서 '공격수' 또한 수비하는 자로서는 어떤 포지션의 선수든 막연히 '공격수'라 지칭하기도 한다). 공격수의 가장 기본적인 임무는 득점을 올리는 것이다. 좋은 스트라이커들은 항상 훌륭한 득점 능력으로 인정받는다. 또 다른 임무로는 동료 선수들의 득점을 도와주는 것과 볼이나 수비수를 끌고 다니며 다른 동료 선수들에게 공간을 마련해주는 것이다. 현대 축구에서는 1~3명의 스트라이커를 배치하며, 2명 정도가 일반적이다(4-4-2 포메이션 등). 대개 다른 포지션의 선수보다 득점이 많기 때문에 팀 내에서 가장 유명하고 몸값이 비싼 선수인 경우가 많다. 스트라이커와 중앙공격수는 공통점이 있지만, 자주 혼동된다. 일반적으로 스트라이커는 상대편 골대에서 매우 가까이 있으며, 수비수를 따돌리거나 오프사이드 트랩을 뚫는 것이 주력 분야라고 할 수 있다. 아주 빠르고 순간 반응속도가 좋은 선수가 많으며 수비의 의무를 거의 지지 않는다. 이런 홀드 업 플레이와 공격라인 리드 면에서 중앙공격수와 대비되는 모습을 볼 수 있다. 중앙공격수의 가장 기본적 임무는 "득점을 올리는 것"이다. 감독은 이 포지션에 상대 수비수와 경합할 스트라이커를 두거나, 어시스트나 직접 득점을 위한 공격수를 두기도 한다. 전자는 주로 체격이 크며, 흔히 '타깃맨target man'이라 알려져 있다. 이 부류의 공격수는 상대 수비를 끌고 다니며 동료 선수의 득점을 돕거나 직접 득점을 올린다. 그리고 후자는 몸놀림이 빠른 타입으로, 상대

수비의 빈 공간을 파고들어가는 능력과 드리블 능력이 필요하다. 타깃 역할로 유명한 선수들은 대개 키가 크며, 정확한 슛과 헤딩 능력이다. 볼과 수비수를 끌며 동료 선수들에게 공간을 열어주기도 한다. 이 타깃 선수들은 크로스를 주로 헤딩으로 연결시켜 득점하는 경우가 많으며, 몸싸움에도 능하다. 여타 공격수들은 타깃맨 같은 역할보다 상대 수비수 사이로 뚫고 오는 패스를 받아 득점으로 연결하는 방법을 쓰는 경우가 많다. 많은 수의 공격수는 이 중앙공격수의 두 가지 미덕을 병행할 수 있다.[25] ○ 섀도 스트라이커

스페인 축구의 태동   스페인 축구는 1870년대 포르투갈과의 경계 지점에 있는 항구도시 우엘바에서 시작되었다. 당시 스페인 광산에는 영국인 노동자들이 객지생활을 하면서 이들이 스페인에 축구를 심기 시작했다. 1889년 스페인 최초의 우엘바 레크레이션 클럽이 설립되고, 1809년에는 두 번째 아틀레틱 빌바오(스페인의 소수민족 바스크족의 팀이다)팀이 창립되었다. 이후 바르셀로나(1899), 레알 마드리드(1902) 등의 클럽이 생겨 1928년 스페인 리그(현 프리메라리가)가 지역과 민족을 넘어 현재의 형태가 되었다.[26]

슬라이딩 태클sliding tackle   상대 선수가 갖고 있는 볼을 빼앗기 위해 지면 위로 미끄러져 달려드는 동작을 말한다. 태클은 수비할 때 상대팀의 돌파를 저지하기 위해 하는 최후의 방어 수단이며, 미드필드 지역에서 볼을 빼앗아 역습을 시도할 때 유효하다. 슬라이딩 태클 외에도 스탠딩 태클standing tackle, 블록 태클block tackle 등의 방법이 있다.[27]

승강제도 Promotion & Relegation system   1부 리그와 2부 리그 등 상위리그 하위팀과 하위리그 상위팀의 리그 소속을 맞바꾸는 제도다. 이 제도는 끝까지 하위 팀 선수들이 긴장을 풀지 않고 경기에 열심히 뛰도록 하는 장점이 있다. 잉글랜드 프리미어리그는 1부 리그 20개 팀 중에서 하위 3팀은 강등이 되고 2부 리그 상위 2팀은 1부 리그로 자동 승격된다. 1부 리그 하위 3팀과 2부 리그 3위 팀 모두 4개 팀이 플레이오프를 거쳐 승리한 팀이 세 번째로 1부 리그로 승격되고, 나머지 3팀은 2부 리그로 강등된다. 대부분의 나라에서 약간의 차이는 있지만 승강제를 도입하여 마지막까지 흥행과 열기를 이어나가는 중요한 시스템으로 자리를 잡았다. 2015~2016년 잉글랜드 프리미어리그에서 창단 125년 만에 본머스라는 팀이 1부 리그로 승격하는 감격을 맛보기도 했다. 국내 K리그에서는 2013년부터 승강제의 전 단계인 스플릿 시스템을 도입했다. 스플릿 시스템은 16개 팀이 30라운드까지 풀라운드로 시합을 치른 후, 31라운드부터 44라운드까지 상·하위 8개 팀으로 나뉘어 경기를 하게 되고 상위 8개 팀에서 우승팀을, 하위 8개 팀에서 강등 팀을 정하는 제도다. 2013년에는 본격적으로 승강제가 도입되어 1부 리그 13,14위는 바로 강등되고 1부 리그 12위와 2부 리그 1위는 플레이오프를 거쳐 승격 팀을 정하게 했다. 2014년에는 2부 리그 1위가 무조건 1부 리그로 올라오게 되고, 1부 12위가 강등되며, 1부 11위와 2부 2위는 플레이오프를 거쳐 1부 리그 승격 팀을 가르게 했다. 승강제가 없는 과거에는 시즌 종반부 성적이 거의 결정된 시점에서 각 팀들은 최선을 다하지 않은 모습을 보여왔다. 하지만 승강제가 도입됨으로써 리그 종반까지 긴장감을 놓을 수 없어 경기에 최선을 다했으며 팬들의 관심은 리그가 끝날 때까지 지속되었다.[28]

승부차기   연장전까지도 승부가 나지 않을 때 실시하는 페널티킥이다. 1982년 스페인월드컵부터 도입되었다. 심리적 부담에선 경기 중 상대의 파울로 얻는 페널티킥보다 훨씬 더 크다. 1944년 미국월드컵 브라질과의 결승전 승부차기에서 이탈리아의 마지막 키커 로베르토 바조가 공을 하늘 높이 날려버리는 똥볼을 찬데다, 1998년 프랑스월드컵 이탈리아-프랑스 8강전에서 마지막 키커 루이지 디 비아조가 골대를 맞추는 실축을 하자, 이탈리아 일간지『가제타 델로』는 "페널티킥은 악마의 창조물"이라며 저주를 퍼부었다.[29] 또한 승부차기는 로또와 같다. 로또와 마찬가지로 승부차기는 실력과도 무관하다. 이제까지 축구사에서 실력이 뛰어난데도 지난 10여 년간 승부차기에서 가장 불운한 팀은 네덜란드였다. 네덜란드는 1998년 프랑스월드컵 준결승전에서 브라질에, 2000년 유럽선수권대회 준결승에서 이탈리아에 승부차기로 패배했다. 1986년 멕시코월드컵에서는 8강전 4경기에서 3경기가, 1990년 이탈리아월드컵에서도 준결승 2경기, 1994년 미국월드컵 결승전도 승부차기로 결정이 되자 FIFA는 골든골과 실버골을 도입하게 되었다. 그러나 이것도 2004년 유럽선수권대회를 끝으로 없어졌다. 승부차기는 많은 관중에게 승부차기 특유의 긴장감을 준다. 게다가 승부차기에서 나오는 많은 골은 경기 자체에 골이 드물었던 데 대한 보상이기도 하다. 그러나 월드컵 경기에서 지난 20년 동안 50퍼센트가 승부차기로 결정되었는데 이는 분명 과다하다. 이 비율이 더 올라간다면 어떤 방법이라도 궁리해내야 한다. 정상적 방식으로 승자를 가릴 수 없는 경기는 축구의 재미와 흥미를 떨어뜨린다. 골이 적다는 것은 축구만이 갖는 긴장감의 비밀이지만 골이 너무 적으면 그 또한 재앙이다. 사회학자 노베르트 엘리아스는 이렇게 말했다. "유희의 긴장감은 결코 소진되지 않는다. 정말로 그것은 위대한 발명이다." 우리는 현 규정들이 놀이를 긴장감 있게 하고, 그래서 생명력을 유지시키는 데 충분한지 좀더 지켜봐야 한다. 그러나 골 넣는 것을 다소 쉽게 하는 방향으로 규칙을 근본적으로 수정하는 일이 임박한 듯하다. 무승부의 홍수 속에서 긴장감이 사라진다면, 추가적으로 어떤 작은 수단이라도 고안해내게 될 것이다.[30] ◐ 골든골, 골키퍼, 야신, 페널티킥

시저스 킥scissors kick　　일명 가위차기다. 몸을 날리는 동시에 왼발과 오른발이 엇갈리면서 발리 슛하는 동작을 일컫는다. 이 킥의 장점은 축구팬들을 열광시키는 효과와 엄청난 스포트라이트를 받게 된다는 것이다.

6+5 규정　　◐ 잉글랜드 축구 정체성 논란

신의 손 사건　　남대서양에 있는 포클랜드(스페인어로 말비나스) 제도에 대한 영유권을 둘러싼 아르헨티나와 영국 간 분쟁으로, 1982년 4월 2일부터 6월 14일까지 무력충돌이 있었다. 이 전쟁에서 패한 아르헨티나 국민들의 사기는 저하되고 희망이라고는 찾을 수 없었다. 1986년 멕시코월드컵 8강전에서 아르헨티나는 축구의 종주국이자 불구대천의 원수 잉글랜드와의 결전에서 후반 6분 165센티미터의 마라도나가 호르헤 발다노가 잉글랜드 문전으로 크로스로 올린 공을 헤딩슛하기 위해 점프하면서 공은 위로 뻗은 마라도나의 손에 맞고 골인이 되었다. 이는 다분히 고의성이 있는 반칙으로 레드카드까지도 받을 수 있는 비신사적인 플레이였다. 잉글랜드는 강력히 항의했지만, 주심은 골을 인정했다. 다음날 잉글랜드 언론은 아프리카 심판(튀니지)의 자질 부족이라는 인종차별적인 발언도 서슴지 않았다. 또한 도박사들은 아르헨티나의 승리를 인정할 수 없기에 그 게임

을 무효로 처리하고 배팅에 걸었던 돈을 돌려주기도 했다. 경기 후 마라도나는 "공에 닿은 것은 내 손이 아니라 신의 손이었다"고 말했다. 이것은 마라도나의 악동 기질을 보여준 스포츠맨십을 저버린 사례 중 하나였다. 그러나 아르헨티나 국민들은 이런 행위에 개의치 않았고 비탄에 빠진 조국의 국민에게 유일한 희망을 안겨준 마라도나에게 열광했다. 그러나 그 게임에서 3분 뒤 마라도나는 축구 역사에서 길이 남을 세기의 골을 터트렸다. 하프라인에서 잉글랜드 수비수 2명을 따돌리고 상대 골문으로 돌파해 들어간 마라도나는 그를 막기 위해 덤벼든 잉글랜드 수비수를 동물적인 드리블로 제치고 골키퍼마저 따돌리며 골을 터뜨린 것이다. 적대적인 잉글랜드 언론마저 그 골에 대해 온갖 화려한 수식어를 동원하여 찬송했고 잉글랜드 감독 바비 롭슨마저 "내가 지금까지 본 골 중에서 최고였다"라고 말했다.[31] '신의 손'에 재미를 붙인 마라도나는 1990년 이탈리아월드컵에서도 소련과의 2차전 경기 시 아르헨티나의 골문으로 향해 날아오는 공을 심판이 볼 수 없는 틈을 타서 오른손으로 쳐서 떨어뜨린 뒤 여유 있게 골문 밖으로 걷어내는 '묘기'를 선보였다. 이에 대해 브라질의 코치 세바스티앙 라자로니는 다음과 같은 가시 돋친 명언을 남겼다. "정말 마라도나는 다재다능한 선수이다. 왼손으론 골을 넣을 수 있고, 오른손으론 골을 막아낼 수 있으니 그 얼마나 훌륭한가."[32]

실버골 silver goal 축구의 연장전에서 한 팀이 먼저 골을 넣더라도 15분 경기를 마쳐야 종료되는 경기 방식이다. 유럽축구연맹이 2003년 5월 유럽축구연맹컵(UEFA컵) 축구대회 결승에서 처음 도입한 제도다. 기존의 골든골(서든데스) 제도를 개선하기 위해 도입한 경기 방식으로, 골든골은 정규 90분 경기에서 승부를 가리지 못하고 연장전을 벌일 경우 어느 한 팀이 먼저 골을 넣으면, 남은 시간과 상관없이 경기를 끝내는 방식을 말한다. 골든 골의 경우 심판과 코칭스태프에게 많은 심리적 부담감을 주는 반면 실버 골은 어느 팀이 연장 전반에 먼저 골을 넣더라도 정해진 전반 15분 동안 경기를 해야 종료된다. 또 전반 15분 동안에 골을 넣지 못하고 후반전을 치르더라도 정해진 15분 동안은 경기해야 한다. 즉, 전반에 한 팀이 골을 넣고, 다른 팀이 전반 15분이 끝날 때까지 골을 넣지 못하면 경기는 종료된다. 그러나 다른 팀이 한 골을 넣어 무승부가 되면 후반전에 돌입하고, 일단 후반전에 돌입하면 한 팀이 몇 골을 넣든 정해진 15분간은 경기를 해야 한다. 그렇지만 후반에도 무승부가 되면 골든골과 마찬가지로 승부차기로 승패를 결정한다. 유럽축구연맹은 2003년 5월의 UEFA컵, 유럽챔피언스리그 결승, 유로2004 결승전에 실버골 제도를 적용하기로 했다. 국제축구연맹에서는 2002년 한일월드컵에서 골든골 제도를 적용했지만, 2006년 독일월드컵에서는 연장전 전후반 30분 경기를 모두 마치고 승부를 가리는 것으로 변경했다.[33]

실수하는 인간human fallibility 심판의 오심과 관련하여 축구기관들이 받아들인 개념이다. 즉, 오심이 시합의 운영을 위협하는 자연적인 현상임을 인정하고 심판의 권위를 계속 지지한 것이다. 그러나 1994년 이래 독일축구협회는 텔레비전에 오심으로 밝혀진 3개 리그의 경기에 대해 재경기를 명하는 등 반기를 들어 국제축구연맹과 갈등을 빚기도 했다. 일부 리그들은 스탠드에 앉아서 텔레비전을 통해 주요 순간에 대한 판정을 돕는 '제2의 심판' 제도를 실험하기도 했다. 이는 앞으로도 계속될 수밖에 없는 쟁점이다.[34]

FUNNY FOOTBALL
DICTIONARY

아르헨티나 축구 범죄 아르헨티나에는 두 종류의 축구 범죄가 있다. 첫 번째는 경기장에서 벌어지는 집단 패싸움이다. 깃발이 난무하고, 깡패 집단도 동원되고, 칼도 등장한다. 두 번째는 클럽 관리자들이 지시하고 폭력단이 실행에 옮기는 폭력과 갈취인데 주로 선수들이 희생의 대상이다. 클럽 관리자들은 골치 아픈 문제가 생기면 폭력단이 돈을 받고 문제를 해결해준다. 상대 팀 골키퍼가 승부를 포기하도록 협박하고, 자기 팀 감독을 사임시키거나, 유럽 클럽의 유혹을 받는 간판선수를 잔류시키고 싶을 때 폭력단이 동원된다. 그들은 어떤 선수가 마약을 하는지 알고 있으며 직접 마약까지 공급해준다. 그들은 선수들의 여자관계도 파악하고 있다. 한 선수가 재계약을 하면서 연봉 인상을 요구하자 부담을 느낀 구단은 폭력단에 의뢰했다. 그 선수에겐 여자 친구가 있었는데 술집 여자와 놀아난 사실을 여자 친구에게 말했다. "계약 조건과 몸값에 대해 입씨름하지 마라." 클럽은 그 선수와 그 어떤 계약도 포기하여 선수들에게 경고의 메시지를 보낸 것이다. 훌리건이 필요한 경우 원정경기 때는 폭력단이 이들을 실어 나르고 홈경기일 때는 공짜표를 나누어준다. 홈팀이 지고 있을 경우 그들은 출입구로 쇄도해 난장판을 만들며 경기장으로 들어간다. 경기장 안전요원들은 알아서 자리를 피해준다. 또한 선수들을 직접 위협하고 밉보인 선수는 흠씬 두들겨 패는 일도 다반사다. 폭력단은 직접적인 사업도 하는데 축구 선수들에게 돈을 갈취하는 일이다. 이들에게 돈을 상납하지 않는 아르헨티나 선수는 단 한 명도 없다. 그중에서도 마라도나는 타 선수에 비해 단연 선두다. 상납 금액도 제일 많았다. 1986년 멕시코월드컵이 끝나고 마라도나는 3만 달러의 돈을 갈취 당했다. 그가 페루 항공기를 이용해 몰래 도망친 게 괘씸죄에 걸려 이를 무마하기 위한 조치였다. 선수들에게 암흑가 폭력단은 무거운 짐이자 고역이다.[1]

아르헨티나 축구의 역설 1978년 아르헨티나월드컵은 당시 쿠데타를 통해 정권을 잡은 호르헤 비델라가 국내 정치의 전환 국면을 위해 월드컵을 유치했다. 당시 아르헨티나는 전국적으로 살육, 폭력, 고문이 횡행했다. 당시 네덜란드팀은 요한 크루이프가 네덜란드 여왕의 간청에도 월드컵 참가를 포기했다. 이유는 인권유린을 자행하는 독재국가를 인정할 수 없기 때문이라고 밝혔다. 아르헨티나는 본선 1차 조별 리그에서 헝가리, 프랑스, 이탈리아와 함께 1조에 편성되었다. 첫 상대인 헝가리와의 게임은 헝가리 선수 2명이 퇴장하는 편파판정 속에 2:1로 승리했다. 2차 상대 프랑스를 2:1로 제압하고 3차전 이탈리아에 0:1로 패하면서 조 2위로 2차 리그에 진출해 브라질, 페루, 폴란드와 한 조가 되어 첫 경기 폴란드를 2:0으로 제압하고 브라질과 0:0 무승부를 기록했다. 이제 운명의 페루 전에서 아르헨티나는 4골차 이상으로 이겨야만 대망의 결승에 오를 수가 있었다. 브라질은 폴란드를 3:1, 페루를 3:0으로 이겼기 때문에 골 득실차에 의해 4골이 필요했다. 그러나 모두의 예상을 뒤엎고 페루를 6:0으로 격파하고 결승에 진출하자 의혹과 분노가 곳곳에서 폭발했다. 당시 아르헨티나는 페루와의 경기 전에 정치 수뇌부들이 비밀리에 회동하여 페루에 빌려준 차관을 전액 탕감해주었다. 천신만고 끝에 결승에 오른 아르헨티나는 네덜란드를 상대로 연장접전 끝에 3:1로 승리하며 월드컵을 처음으로 품는 영광을 안았다. 이 경기 또한 편파판정의 극치였다. 그러나 아르헨티나 국민들은 지쳐 있었고 희망이 필요했다. 세계 각국의 비난과 상관없이 월드컵 우승은 굉장한 기쁨이었다. 이것은 결론적으로 "아르헨티나 축구의 역설"이 되었다. 수단방법을 가리지 않고 억지로 우승컵을 쥐면서 놀랍게도 아르헨티나 축구는 강해졌기 때문이다. 디에고 마라도나, 리오넬 메시로 이어진 아르헨티나 축구팀은 축구 변방국가에서 지금은 당당히 우승권을 노리는 강팀이 되었기 때문이다.[2]

아시아축구연맹Asian Football Confederation, AFC   1954년 5월 8일 기존 아시아축구연합AFA의 경기운영을 활성화하기 위해 필리핀 마닐라에서 새로운 조직으로 확대 개편하고 나서 같은 해 6월 21일 국제축구연맹에 정식으로 가입했다. 창설 당시에는 12개국이 참여했으나 2002년 아시아 전 지역을 망라하여 42개 회원국이 가입해 있다. 세계 축구 동호인구의 절반 이상이 소속된 단체이며, 중국과 인도의 인구만 합해도 21억 명에 이르는 등 양적 규모는 가장 크지만 규모에 비해 회원국의 국제대회 성적은 저조하다. 그러나 1990년대 이후 실력이 급속히 향상되어 1998년 프랑스월드컵 대회에는 이란·일본·한국·사우디아라비아가 본선에 진출하고

2002년에는 한국과 일본이 월드컵대회를 공동개최하기에 이르렀다. 2006년 1월에는 오스트레일리아가 오세아니아축구연맹OFC을 탈퇴하고 새롭게 가입했다. 연맹이 주관하는 주요 경기로는 아메리카대륙의 코파Copa컵이나 유럽의 유럽축구선수권대회와 성격이 비슷한 아시안컵을 비롯하여 아시안클럽선수권대회, 위너스컵 등이 있다. 본부는 말레이시아 쿠알라룸푸르에 있다.[3]

아웃사이드 킥outside kick 발등의 바깥쪽 가장자리로 공의 안쪽을 문지르듯이 차는 킥 동작이다. 발등의 바깥쪽 새끼발가락의 밑, 즉 축구화의 바깥 가장자리로 무릎 아래만을 흔들어 공의 안쪽을 문지르듯이 차는 킥 동작이다. 근거리의 빠른 패스를 할 때나 공에 회전을 주어 코스를 휘어지게 할 때 사용한다. 상대편의 방해 각도를 피해 목표 지점에 보낼 수 있는 장점이 있다. 상대편이 예측할 수 없게 속임수로 쓸 수 있으나 정확성이 떨어지는 단점이 있다.

아주리 군단 최초의 이탈리아 통일을 주도한 것은 피에몬테와 사르데냐 지방을 지배하고 있던 사보이 왕가였다. 푸른 유니폼을 착용하는 이탈리아 대표팀을 흔히 "아주리 군단" 혹은 "아주리"라 부른다. 아주리는 푸른색을 가리키는 말로 사보이 가문의 문장 색깔이 푸른색이었던 데서 유래한다. 한 집안의 색이 이탈리아 국민들을 하나로 묶는 국가적인 색이 되었다. 아주리를 '스콰드라 아주리'라고도 부른다. 스콰드라는 사각형이라는 뜻으로 로마 병사들이 구사했던 유명한 방진方陣 혹은 거북대형을 말한다. 이탈리아 대표팀의 용맹하고 강인한 모습이 로마군대를 연상시킨다는 뜻에서 생긴 애칭이다.[4]

아프리카 축구   아프리카 축구는 원시적인 에너지로 가득 차 있다. 그들에게 둥근 것은 모두 축구공이 된다. 주위를 끈으로 감싼 플라스틱 가방, 종이뭉치, 바람을 넣은 가축의 방광 등이 축구공이 된다. 중요한 축구시합이 열리는 날이면 국가의 모든 것이 중지된다. 관중들은 북을 치며 90분 내내 노래를 부르는가 하면 무당이 등장해 주문을 외우거나 상대팀을 저주하기도 한다. 또한 경기가 열리기 전에 벌어지는 의식은 충격적이다. 그라운드에서 대변을 본다든가 귀신이나 잡신의 제물로 염소를 그라운드에서 도살하기도 한다. 아프리카 흑인들의 환상적인 신체조건과 재능은 다른 인종이 쉽게 따라갈 수 없다. 춤을 추는 듯 유연하고 탄력 있는 동작에서 뿜어져나오는 불가능에 가까운 플레이는 관중의 눈을 휘둥그렇게 만든다. 물론 시시때때로 저지르는 믿을 수 없는 실수도 놀랍기는 마찬가지다. 아프리카 선수들은 질 좋은 다이아몬드 원석이다. 원석은 잘 가공해야 빛나는 법이다. 그러나 이러한 원석을 키워줄 토양은 부족하다. 모든 아프리카 선수에게 유럽 무대 진출은 간절한 소망이다. 가난에서 벗어나고 가족을 부양해야 하는 그들은 유럽에서 뛰게 되면 상상도 못할 거금을 벌 수 있기 때문이다. 사무엘 에투(카메룬), 디디에 드로그바(코트디부아르), 오바페미 마틴스(나이지리아), 마이클 에시앙(가나), 엠마누엘 아데바요르(토고) 등이 대표적인 행운의 주인공이다.[5]

아프리카 축구의 월드컵 예선 에피소드   월드컵에 출전한 아프리카 팀들은 생각보다 훨씬 더 잘했다. 그리고 상대적으로 부유하고 정치적으로 안정된 국가들이 좋은 성적을 냈다. 이디오피아는 1994년 미국월드컵 예선을 치를 수 있었던 27개 아프리카 국가 중 하나였다. 첫 시합을 위해 이탈리아를 경유하여 모로코로 가던 중 로마에서 선수 5명이 정치적 망

명을 하여 선수 8명으로 경기를 치러야 할 상황에서 궁여지책으로 보조 골키퍼, 조감독, 동행한 임원으로 교체선수 없이 시합을 치렀는데 2명이 탈진으로 쓰러져 전반을 5:0으로 졌다. 후반에는 3명이 경기를 포기했고 남은 선수가 6명이 되자 심판이 경기를 중단했다. 1993년 4월 28일 잠비아 국가대표팀이 세네갈과 예선전을 치르기 위해 단거리 군용 수송기를 타고 가다가 가봉 연안 대서양에 추락해 선수단 전원이 몰살했다. 세네갈까지는 비행거리가 약 4,800킬로미터였는데 비행기 표를 구입할 돈이 없었다. 그러나 나중에 밝혀진 중요한 이유는 군용기를 이용하면 세관 통관을 거치지 않기 때문에 값싼 고급 비누와 향수, 진과 위스키를 무한정 사들여 비싼 값으로 팔 수 있었기 때문이다. 또한 세네갈은 1990년 이탈리아월드컵 대회에 참가 신청을 하지 못했다. 세네갈축구협회가 참가신청을 깜빡 잊어버린 것이다. 그리고 나이지리아는 홈에서 부르키나파소와의 예선전에서 유니폼 담당자가 깜빡하고 유니폼 하의를 가지고 오지 않아 보온복 아랫부분을 무릎까지 잘라 입고 출전해서 다행히 7:1로 대승을 거두었다. 아프리카 전체로 볼 때 회원국 32개 국가 중에서 20개국 이상이 1994년 월드컵대회 참가신청을 못했거나 신청을 했어도 예선전을 끝까지 치르지 못했다. 대부분 빈곤이나 내전이 장애물로 작용했다. 그래서 신체 건강한 11명의 선수를 매번 경기마다 출전할 수 있는 나라는 본선 진출 가능성을 상당히 확보했다고 할 수 있다.[6] 한국도 1958년 스웨덴월드컵에서 축구협회의 실수로 참가신청서를 제출하지 못해 예선전도 치르지 못했다.

알렉스 퍼거슨 1986년 맨체스터 유나이티드 감독을 맡아 재임 23년 동안 프리미어리그 11회, FA컵 5회, 유럽챔피언스리그 2회 등 20개의 우승컵을 가져온 신화적 인물이다. 1941년생인 퍼거슨 감독은 최근 "내 경력은 축구로 치면 승부차기에 와 있다"면서도 "건강이 허락하지 않거나, 즐거움을 느끼지 못하거나, 새로운 도전에 나설 수 없으면 그만두겠다"고 말했다. 김세훈은 "천진난만한 골 세리머니, 새로운 역사를 향한 열망은 변함이 없는 것 같다. 결국 5년 전 수술받은 심장만 건재하다면 껌을 질근질근 씹다가 골만 터지면 어린아이처럼 펄쩍 뛰면서 좋아하는 칠순 감독을 볼 수 있을지도 모른다"며 다음과 같이 말한다. "죽음을 고민할 나이에도 또 다른 도전을 할 수 있게 만드는 힘은 열정이다. 퍼거슨의 맨유 감독 부임 20주년을 맞아 평생 맨유만 취재한 영국의 베테랑 기자가 쓴 책 제목도 『열정의 화신』이었다. 퍼거슨은 조선소 노동자로 일하던 아버지 슬하에서 자랐다. 자신도 같은 곳에서 일했다. 조선소와 타자기 공장에서 일하면서 노동자 권익 증진을 위해 노동운동을 주도한 이력도 있다. 그런 청년 시절 삶이 지금의 열정과 성실함을 낳았다. 아마추어 선수 시절도 정신력과 투혼이 강한 공격수였다.……퍼거슨에게는 불변의 원칙이 있다. 아무리 최고 스타라도 팀워크를 해치면 가차 없이 내쫓는다는 방침이다. 1986년에 시작한 맨유 감독 초기부터 그랬다. 당시 맨유는 술주정뱅이팀이었다. 퍼거슨은 주정뱅이 선수들을 모두 방출했다. 팬들의 반대 속에 내린 과감한 결단은 맨유가 세계 최고로 거듭나는 기반이 됐다. 퍼거슨은 지금까지 빅스타들을 정리하는 데 주저하지 않았다. 데이비드 베컴, 로이 킨, 야프 스탐 등 맨유에 전설로 남을 것 같았던 빅스타들이 맨유에서 쫓겨났다. 퍼거슨과의 갈등에서 비롯된 결과였다. 베컴은 라커에서 퍼거슨의 용병술에 불만을 품고 대들다가 퍼거슨이 걷어찬 축구화에 얼굴을 맞고 레알 마드리드로 떠났다. 수비수 스탐은 자서전에서 퍼거슨의 선수 영입 태도를 비판하다 보따리를 쌌고 킨은 TV 인터뷰에서 동료를 비난했다가 방출됐다. 감독에게 찍히면 끝장이라는 위기감은 몸값이 비싸고 자존심이 강한 최고 선수들을 쥐고 흔드는 비결이었다. 퍼거슨은 선수들 얼굴 앞에서 무섭게 야단치기로 소문난 감독이다. 그래서 생긴 별명이 헤어드라이어였다. 면상에 거친 말을 퍼붓는 게 뜨거운 바람을 뿜어내는 헤어드라이어와 같다는 뜻이다. '영원한 맨유맨' 라이언 긱스도 20대 초반에는 사생활이 문란한 말썽꾸러기였다. 퍼거슨은 당시 긱스가 숨어 술을 먹고 있는 현장을 덮쳐 긱스 면상에서 욕설을 퍼부었다. 긱스는 자신의 자서전에서 당시 퍼거슨의 분노가 지금의 자신을 만들었다고 회고했다. 퍼거슨의 별명 퍼기 fergie를 본뜬 '퍼기의 분노fergie fury'란 말도 그때 나왔다."[7] 그러나 세상사엔 밀물이 있으면 썰물도 있는 법이다. 퍼거슨은 2009년 5월 28일 2008~2009 유럽축구연맹 챔피언스리그 결승전에서 새까만 후배 호세프 과르디올라 FC 바르셀로나 감독에게 0:2 참패를 당하며 '축구인생 최대 치욕'을 맛봤다.[8] 영국 언론은 "퍼거슨의 교만이 패배를 불렀다"며 퍼거슨을 집중 비난했다.[9] 영국 축구 역사상 최초로 1999년 맨체스터 유나이티드가 트레블(리그 우승, FA컵 우승, UEFA 챔피언스리그 우승을 동시에 이루는 것)을 달성 후, 이에 따른 공로를 인정받아 기사작위에 서임되었다.[10] 2010년 12월 19일, 맷 버즈비의 기록을 넘으면서 가장 오랫동안 맨체스터 유나이티드에 재임한 감독으로 기록되었다. 2012~2013 시즌을 마지막으로 팀을 우승시키며 은퇴했다.

앰부시 마케팅   FIFA가 주관하는 월드컵 대회 때 공식 후원사가 아닌 기업들이 교묘하게 규제를 피해 자신의 브랜드나 제품을 연결해서 알리는 불법적인 마케팅을 말한다. 앰부시Ambush는 군대 용어로 적의 눈을 피해 유리한 지형에 매복하는 행위를 뜻하는 말이다. FIFA의 앰부시 마케팅과의 전쟁은 상상을 초월한다. 2002년 한일월드컵 당시 삼성전자는 중국에서 건너온 응원단체에 삼성로고가 새겨진 모자를 기념품으로 전달했다. 이들이 단체로 모자를 쓰고 경기장에 입장했는데 TV 카메라가 중국응원단을 비출 때 삼성전자 로고가 나올 경우 공식 후원사로 참여하고 있는 필립스사가 상대적으로 피해를 볼 수 있다고 FIFA는 유감을 표명했다. 그러나 앰부시 마케팅도 일종의 도박이다. 붉은 악마를 후원한 SK텔레콤처럼 잘되면 대박이지만 최악의 경우 FIFA에서 엄청난 제재 조치를 받을 수 있는 데다 때로는 기업의 신뢰도를 저하시킬 수 있다는 점에서 신중한 접근이 필요하다. 앰부시 마케팅은 후원사로 나서려던 기업들을 주춤하게 만들기도 한다.[11]

야신Lev Ivanovic Yashin   레프 이바노비치 야신은 러시아의 축구 선수다. 그의 포지션은 골키퍼로, 역대 최고로 손꼽힌다. 야신은 1929년 모스크바의 노동자 집안에서 태어났다. 12세에 공장에서 일을 하기도 했다. 1949년부터 1971년까지 선수 생활 전부를 디나모 모스크바팀에서 보냈다. 소련 축구선수권대회 우승을 5번, 소련컵 우승을 3번 차지했다. 팀에서 주전이 되기 전인 1953년에는 아이스하키 경기에서 골키퍼로 출장, 소련선수권 우승을 차지하기도 했다. 1954년 야신은 국가대표팀 선수로 처음 선발되었다. 국가대표로 78경기를 참가하는 동안, 1956년 하계 올림픽과 1960년 유럽축구선수권대회에서 우승을 차지하기도 했다. 소련 국가대표팀으로 그는 세 차례 월드컵에 참가했다(1958, 1962, 1966). 월드컵 본선 13경기에 출전하여 4경기를 무실점으로 막아냈다. 1971년 디나모 모스크바팀과 유럽 올스타팀 간의 은퇴경기를 끝으로 선수 생활을 끝냈다. 야신은 축구 골키퍼로서는 유일하게 유럽축구협회가 선정하는 올해의 선수로 뽑히기도 했다. 선수 생활 동안 막아낸 페널티킥이 무려 150개나 된다. 국제축구연맹에서는 그의 업적을 기려 1994년 월드컵부터 본선 최우수 골키퍼에게 야신상을 수여한다. 초대 야신상 수상자는 미셸 프로이돔메(벨기에)다. 1998년 파비앵 바르테즈(프랑스), 2002년 올리버 칸(독일), 2006년 잔루이지 부폰(이탈리아) 등도 야신상을 수상했다.[12] ○ 골든골, 골키퍼, 승부차기, 페널티킥

양지팀   1967년 1월 중앙정보부가 북한의 1966년 런던월드컵 8강에 충격을 받아 국가대표급 선수들을 모아 만든 축구팀이다. 국가대표팀이 중정 소속의 실업팀으로 변모한 것이다.[13] "음지에서 양지를 지향한다"는 중앙정보부의 좌우명에 따르자면, 양지팀은 중앙정보부의 '양지'를 대표하는 격이었다. 양지팀 감독엔 최정민, 코치엔 박일갑이 임명되었다.[14] 이들은 팀을 맡는 조건으로 선수들에게 최고 대우를 해달라고 요구했다. 선수들에겐 숙식 보장, 운동용구 무료 제공, 일반 기업 계장급 봉급에 해당하는 보수 지급 등이 약속되었다. 양지팀에서 뛰는 기간은 군 복무로 간주해주기로 했다. 그것도 소위 계급장이었다. 육해공군에 복무 중인 우수 선수들을 모조리 차출했으며, 적령기의 군 미입대자 가운데 우수 선수들을 강제로 군에 입대시켜 양지팀으로 선발했다. 당시 고등학교를 졸업하고 연세대학교에 진학하려고 했던 이회택은 어느 날 갑자기 영문도 모른 채 지프차에 실려 중앙정보부로 끌려갔다. 대학을 포기하고 양지팀 선수가 되었다. 허정무의 숙부인 허윤정은 공사 출신 공군 대위로 선수에 편입되기도 했다. 선수단의 숙소는 서울 이문동에 있는 중앙정보부 내 합숙소였다.[15] 훗날 이회택은 양지팀에서 흥청망청하느라 "선수 생명이 줄었다"고 토로하기도 했다.[16] 양지팀은 1969년 중반 서독, 오스트리아, 프랑스, 스위스 등지에서 105일간의 해외전지훈련을 하는 등 과감한 투자의 혜택을 보

기도 했지만, 이도 오래가진 못했다. 1969년 10월 17일 국민투표로 3선 개헌안이 통과되면서 '용도폐기'된 김형욱이 중앙정보부장에서 물러나면서 양지팀은 갈 길을 잃었고, 결국 1970년 3월 17일 사라지고 말았다.

어깨패스 과거에 이른바 '어깨'들이 축구장을 공짜로 출입했던 걸 말한다. 1969년 10월, 1970년 멕시코월드컵 지역예선전이 서울에서 열렸을 때에 '어깨패스'족이 문제가 되었다. 주최 측 집계에 의하면 대회 기간의 관람자 총수는 12만 명이었는데, 입장권이 팔린 수는 7만 670장밖에 되지 않아 결국 5만 명 가까운 관객이 경기를 공짜로 보았다는 것이다. 『조선일보』 10월 23일자는 "국제경기 등 우리나라의 큰 체육행사는 공짜로 통하는 소위 '어깨패스'족들에 의해 큰 타격을 받고 있다"며 "경기 때마다 정문을 '당당히' 들어가는 이들은 대개, 수위들에게 시비를 걸고 폭력을 쓰기가 일쑤다"고 했다. 이 기사는 "특히 1차 일본-호주 대전 때는 1,300장의 입장권이 팔렸는데 총입장자는 5,000여 명으로 총관람자의 3분의 2 이상이 무료 입장했었다"며 "운동장 당국에 의하면 '어깨패스'족은 대별해서 자칭 기관원, 자칭 경찰관 그리고 깡패 등으로 구분되는데 자칭 기관원과 자칭 경찰관은 어깨를 날리며 'XX에 있어' 하는 식으로 미처 신분을 확인할 사이 없이 들어가 버리고, 이를 제지하려면 폭력이 나오기 일쑤여서 혼잡한 입구에서 입장권을 사 갖고 온 선량한 관람객에게 피해를 주게 되어 '할 수 없이' 묵인하는 경우가 많다는 것이다"고 말했다. "또 깡패들은 줄지은 관람객들 틈에 끼어들면서 '안 넣어주면 퇴근할 때 재미없다', '거리에 나와 다닐 때 죽여버린다'라는 등 공갈, 협박으로 나와 수위들과 싸우는 일이 많은데, 이 때문에 '서울운동장 수위치고 이가 제대로 성한 사람이 없다'는 말이 생겼다. 서울운동장 운영관 김영호 씨에 의하면 이번 경기 중엔 136명의 경비원을 네 입구와 운동장 주변에 배치했고, 경찰, 헌병 등의 지원을 받아 입장객을 정리했으나 유리창 30여 장(3만 7,000원)이 깨어졌고, 수위 허인강(27) 씨 등 10여 명이 '어깨패스'족에게 얻어맞았다는 것이다."[17]

어드밴티지 룰 advantage rule　　상대팀의 공격을 막기 위해 반칙을 범한 수비팀에 벌칙을 부여하는 것이 오히려 공격을 하는 팀에 불이익을 준다고 판단되었을 경우, 심판이 경기를 중단하지 않고 그 공격 상황을 그대로 유지시키는 규칙을 말한다.

어소시에이션 풋볼 association football　　○ 사커

A매치　　통상 국가대표팀 간 경기로 이해되고 있으나, FIFA가 인정하는 기준은 좀 다르다. 월드컵 본선이나 각 지역예선은 물론 유럽축구선수권대회, 아시아축구선수권대회 같은 대륙별 선수권대회 등의 본선과 지역예선, 동아시아축구선수권대회, 메르데카축구선수권대회 등 지역 선수권대회를 비롯한 국가대표팀 간의 친선경기나 평가전이 모두 포함된다. 그러나 올림픽 축구 예선이나 본선, 각급 청소년 축구대회는 포함되지 않는다. 한 팀은 국가대표인데 다른 한 팀이 올림픽 대표라면 그것도 인정받지 못한다.[18]

AC밀란　　○ 베를루스코니 신드롬

에이 보드　　축구장 내에 설치된 광고판 중에서 TV 노출 빈도가 가장 큰 광고판을 말한다. 현대자동차는 1999년 7월 11일 미국 여자 월드컵 결

승전에서 결승골을 넣은 미국의 브랜디 체스테인이 웃옷을 벗어던지는 깜짝 골 세리머니를 선보였다. 체스테인이 웃옷을 벗고 달린 장소는 때마침 현대자동차 에이 보드 앞이었고 현대자동차의 미국 내 인지도는 급상승했다. 에이 보드를 설치한 기업들이 기대하는 광고 효과는 현대자동차의 경우 50억 달러(6조 5,000억원)의 효과를 기대하고 있다. 사이드라인 중간과 골대 뒤쪽에 주로 설치한다.[19]

AFC 챔피언스리그 AFC Champions League

AFC 챔피언스리그는 아시아 상위 14개 리그의 우승 클럽과 컵대회 우승 클럽이 참가하는 클럽 간 축구 대회다. 아시아축구연맹 AFC이 주관한다. 1967년 아시안 챔피언 클럽 토너먼트라는 명칭으로 처음 개최되었다. 1972년 이후부터 1984년까지 중단되었다가 1985년 아시안 클럽 챔피언십(아시안 클럽 선수권대회)으로 부활했다. 아시안 클럽 챔피언십은 각국 국내 리그 우승 클럽이 참가한다. 각국 FA컵 우승 클럽은 1990년부터 아시안컵 위너스컵에 참가했으며 두 대회의 우승 클럽은 1995년부터 아시안 슈퍼컵에서 대결했다. 2002~2003 시즌부터 아시안 클럽 챔피언십과 아시안컵 위너스컵 대회가 AFC 챔피언스리그로 통합되었다. 통합 이후 첫 우승은 아랍에미리트의 알 아인이 차지하고 2004년과 2005년에는 사우디아라비아의 알 이티하드가 우승을 차지했다. 한편 과거 이스라엘이 대회에서 추방된 반면 FIFA가 오스트레일리아를 아시아축구연맹에 편입시키는 것을 2005년 승인함으로써 2007년 대회부터는 오스트레일리아의 A리그의 클럽들이 AFC 챔피언스리그에 참여하기 시작했다. AFC 챔피언스리그 2009부터 UEFA 챔피언스리그를 본따 32개팀이 8개 조로 나뉘어 조별 예선을 치르고 조 2위까지 16강전에 진출하게 되었으며 결승전을 중립 지역에서 단판으로 치르고 상금액이 크게 증액되는 등 제도적인 부분에서 발전이 이루어졌다. AFC 챔피언스리그 2011에서는 카타르의 알사드가 한국의 전북 현대 모터스를 누르고 우승을 차지했으며 AFC 챔피언스리그 2012에서는 한국의 울산 현대가 사우디아라비아의 알아흘리를 누르고 우승을 차지했다. 결승전과 16강전이 홈앤드어웨이로 바뀐 AFC 챔피언스리그 2013에서는 중국의 광저우 헝다가 한국의 FC 서울을 누르고 우승을 차지했다. 한국은 2009년부터 2013년까지 5년 연속 결승 진출 팀을 배출했으며 5팀 모두 페어플레이 상을 수상하는 기록을 세웠다. 4강전까지 동서로 분할해서 열린 AFC 챔피언스리그 2014는 오스트레일리아의 웨스턴 시드니 원더러스가 사우디아라비아의 알힐랄을 누르고 우승을 차지했다. 2015년은 중국의 광저우 헝다가 아랍에미리트의 알아흘리를 누르고 우승을 차지했다. 2016년은 전북 현대가 아랍에미리트의 알아인(2:1, 1:1)을 누르고 우승을 차지했다.

FDAS Football Data Analysis System 한국 K리그의 경기 분석 시스템이다. 한국프로축구연맹의 기록을 관리하는 자회사 '케이리그아이'는 2009년 5월 11일 K리그 9라운드 7경기를 분석한 '풀타임 리포트'를 처음으로 내놓았는데, 이게 바로 FDAS에 의한 것이다. FDAS는 각 팀의 볼 터치 횟수와 점유율, 패스 성공률과 전진패스 횟수, 드리블 성공률 등을 분석해 데이터화했다. 각 데이터는 경기장에 배치된 4명의 기록 요원이 직접 수작업으로 산출해낸다. 일일이 눈으로 센 결과를 입력하는 방식이다.[20] ○ 트래킹 시스템

FC 바르셀로나 ○ 바르사

에프에프피 FFP, Fainancial Fair Play   유럽 구단들의 무분별한 비용 지출을 막기 위해 UEFA가 2009년에 도입한 제도로 실행 단계에서는 복잡한 방식이 적용되지만 큰 그림에서는 '수입 이상으로 비용을 사용해서는 안 된다'는 골자로(인프라 투자 제외) 이를 어길 시 UEFA에서 처벌을 받게 된다. 이 제도의 시행으로 3가지 현상이 나타났다. ① 2015/2016 레스터 시티의 우승, ② 중하위권 팀들의 약진, ③ 빅 클럽들의 부진. FFP가 빅 클럽들의 과도한 비용 투자를 제한하고 있기 때문에 빅 클럽들이 과거처럼 적자를 보더라도 투자하던 '막무가내식' 관행을 더는 이어갈 수 없게 되었으며, EPL의 중계권료 인상이 중하위권 팀들의 재정 상태를 강화시켜서 특히 이적시장에서 그들의 경쟁력을 키웠다. 즉, EPL에 직접 영향을 미치는 2가지 경제적인 요소인 FFP와 TV 중계권료 인상이 EPL 전통의 강호들과 중하위권들의 팀 사이의 간극을 점점 좁히고 있다는 것이다.[21]

엘살바도르-온두라스 전쟁   1969년 7월 월드컵 예선경기 때문에 엘살바도르와 온두라스가 실제로 전쟁을 벌여 2,000~3,000명의 사망자를 낸 비극이다. 이 사건의 정치적 배경은 온두라스에 사는 엘살바도르 교민이 30여만 명에 달하는 것에 대해 온두라스 국민이 자신들의 일자리를 빼앗아간다고 불만을 터뜨렸다는 것이다(엘살바도르의 인구밀도는 온두라스보다 8배나 높았다). 3번의 월드컵 진출 결정전 중 1차는 온두라스의 테구시갈파에서 열려 온두라스가 1:0으로 승리했다. 2차 경기는 엘살바도르의 산살바도르에서 열렸는데, 경기 전날 온두라스팀이 투숙한 호텔에 불이 났고 이어 옮겨간 다른 호텔에선 엘살바도르 팬들이 밤새도록 세레나데를 불렀다. 2차전은 엘살바도르가 이겼는데, 화가 난 온두라스 사람들은 테구시갈파에 사는 엘살바도르 이민자들에게 분풀이를 했다. 마지막 결정전은 멕시코시티에서 열렸는데, 엘살바도르가 경기 종료 순간 골을 넣어 승리했다. 그러자 멕시코시티 거리에서 폭력시위가 발생했고, 엘살바도르-온두라스 국경에서는 군사적 충돌이 일어났다. 이어 엘살바도르 군대가 온두라스를 침범해 나흘 동안 치열한 교전을 벌였다. 미주국가연합이 양측을 설득해 종전엔 합의했지만, 그 와중에서 2,000~3,000명이 사망했고 이보다 2배 이상 많은 부상자가 발생했다. 이후 약 10만 명의 엘살바도르인이 온두라스에서 추방되었고 국경이 폐쇄되는 등 적대감이 오랫동안 지속되었다.[22]

여자축구   16세기 영국에서는 여자축구가 남자축구 못지않게 성행했으며, 최초의 공식경기는 18세기 스코틀랜드에서 기혼여자팀과 미혼여자팀 간에 열렸다. 최초의 국제경기는 1920년 잉글랜드에서 열린 프랑스-잉글랜드 경기로 1만여 명이 입장하는 대성황을 이루었다. 이후 여자축구의 인기가 시들해졌으나 1990년대부터 각종 국제대회가 개최되면서 다시 인기가 살아났다. 1991년 제1회 월드컵여자축구대회FIFA Women's World Cup가 중국에서 개최되었으며 미국이 우승했다. 1995년 스웨덴 대회에서는 노르웨이가 우승했으며, 1999년 미국 대회에서는 미국이 우승했다. 2003년 대회는 중국에서 개최될 예정이었으나 사스SARS(중증급성호흡기증후군) 감염을 우려하여 미국으로 개최지가 변경되었다. 올림픽에서는 1996년 미국 애틀랜타 올림픽에서 여자축구가 정식종목으로 채택되어 처음으로 개최되었으며 미국이 우승했다. 2000년 시드니올림픽에선 노르웨이가 우승했다. 아시안게임에서는 1990년 베이징대회 때부터 정식종목이 되었으며, 1998년까지 중국이 3회 연속 금메달을 땄으나, 2002년 부산아시안게임에서는 북한이 금메달을 획득했다.[23]

여자축구 한국　　한국에서 여자축구가 공식대회에 첫선을 보인 것은 1949년 6월 28~29일 이틀간 서울운동장(동대문운동장 터)에서 열린 전국여자체육대회였다. 체육신문사에서 주최한 대회로 육상, 테니스, 배구, 농구, 핸드볼과 함께 축구가 처음 선보였다. 무학여중, 중앙여중, 명성여중, 서울여중 4개 팀이 출전해 무학여중이 우승했는데, 경기는 전후반 30분으로 열렸으며 모든 규칙이 남자 경기와 같았으나 가슴에 날아오는 볼은 손으로 막을 수 있게 되어 있었다. 이후 여자축구는 사라졌다가 1990년 베이징아시아경기대회에 여자축구를 정식 종목으로 삼으려는 중국 입장에 호응하기 위해 서둘러 대표팀이 급조되었다. 이후 1991년부터 차츰 대학팀, 고등학교팀, 실업팀이 생겼으며 2001년 대한축구협회 산하에 한국여자축구연맹이 출범했다.[24] 2009년 4월 20일 개막한 2009 WK(여자실업축구)리그에는 현대제철 레드엔젤스, 대교 캥거루스, 서울시청, 충남 일화 천마, 부산 상무, 수원시 시설관리공단 등 총 6개 팀이 참가해 11월까지 리그전(팀당 20경기)을 벌였다. 2009년 5월 8일 기준으로 2라운드(총 6경기)를 치른 WK리그는 한 경기 평균 관중이 840명에 불과했다. 경기장 규모가 2~3만 명인 걸 생각하면 썰렁한 분위기를 쉽게 짐작할 수 있다. 2003년 미국 여자월드컵 국가대표 출전 등 A매치 18경기를 뛴 베테랑 선수 김유진(수원시 시설관리공단)은 "여자선수가 헤딩을 하면 뒤통수에나 맞힐 거라고 생각하시는 분들이 아직도 많다"며 "적어도 이런 선입견은 없애고 싶다"고 말하기도 했다.[25] WK리그 규정에는 팀별로 외국인 선수 2명 보유와 출전이 가능하게 되어 있는데, 첫 외국인 선수는 157센티미터, 52킬로그램의 '브라질 특급' 쁘레치냐(대교 캥거루스)다. 본명이 델마 곤칼베스인 쁘레치냐는 1991년부터 18년 동안 브라질팀의 대표 공격수였다. 여자월드컵 4회 출전과 올림픽 4회 출전 등 경력이 현란하다. 브라질과 미국 프로팀을 거쳐

2005년부터 2008년까지 일본의 아이낙INAC팀에서 뛰었다. 2008년 성적은 19경기에서 18골. 쁘레치냐의 연봉은 국내 최고 수준인 4,000만 원으로, 득점이나 팀 승리에 따른 수당이 추가된다. 7세에 축구를 시작해 14세까지 남자들과 공을 찼다는 쁘레치냐는 "운동장에서 느끼는 즐거움이 있는 한 축구를 멈출 수 없다"고 했다. 2009년 5월 11일 경기도 고양종합운동장에서 열린 서울시청과 경기에 처음 출전한 그녀는 경기 뒤 "한국 축구가 생각보다 거칠다"고 말했다.[26]

열정의 사유화privatization of passion 홀리거니즘을 막기 위해 영국 축구장 내에 가족석이 늘면서 나타난 현상이다. 가족석 이전엔 열정이 모든 팬에 의해 공유되었고 그게 지나쳐 홀리거니즘으로 빠지기도 했지만, 이젠 열정마저도 가족 중심으로 온건하게 소비되고 있다는 것이다. 비슷한 용어로 '축구의 여성화feminization of football'라는 말도 쓰인다. 홀리건 예방책으로 여성 관중을 많이 끌어들인 결과로 나타난 현상인데, 이에 대해선 남성들에 의해 저질러지는 문제를 해결하기 위해 여성을 이용하는 것에 대한 윤리적 문제를 제기하는 이들도 있다. 축구산업이 훌리거니즘 예방이 아니라 축구 열기를 지속할 수 있는 수요 개발 차원에서 여성 관객 마케팅을 벌이고 있다는 주장도 있다.[27]

열하나회 사건 1996년 12월 16일 밤 아랍에미리트 두바이에서 벌어진 아시아선수권대회 8강전에서 한국팀이 이란에 2:6으로 패하면서 불거진 사건이다. 2:6이라는 스코어가 워낙 충격적이었던지 박종환 감독과 악연이 있는 스타급 선수들이 고의적인 '태업'을 벌인 것 아니냐는 의혹까지 제기되었다. 그 와중에서 일부 스타급 선수들이 1991년 구성한 '열하나회'라는 친목모임이 다시 화제가 되었다. 신규 회원으로 가입하려면 기존 회원 3분의 2 이상의 찬성을 얻어야 하는 등 배타적으로 운영된 '열하나 회'라는 이 모임이 세상에 알려진 건 1996년 5월 서울에서 열린 코리아컵 때 한국 대표팀이 예선에서 가볍게 승리한 잠비아팀에 준결승에서 무기력하게 패한 직후였다. 당시 대표팀 감독 박종환은 이 모임 회원들의 음주 가능성을 언론에 흘렸으며, 이후 선수들의 음주를 목격한 시민들의 제보로 모든 것이 사실임이 밝혀졌다. 그래서 이때에 생긴 감정의 앙금이 남아 있었던 게 아니냐는 의혹이다. 한편, 축구인들은 이 모임에 대해 "현역 선수들이 사조직을 결성하는 것은 말도 안 되는 작태"라며 "이 모임의 회원과 비회원들 간의 보이지 않는 알력이 엄연히 존재하고 있는 한 한국 대표팀 특유의 조직력은 헛된 망상일 뿐"이라고 비판했다.[28]

옐로카드 yellow card　　고의로 반칙한 선수에게 주심이 내보이는 경고로 한 게임에서 2번의 옐로카드를 받으면 퇴장을 당하고 다음 경기에 한 경기 출장정지를 당한다. 노란 카드의 유래는 교통 신호등이었는데 고안한 사람은 초등학교 교사이자, 축구심판이었던 영국의 케네스 조지 아스턴이다.

오대영　　한때 거스 히딩크에게 붙여진 별명이다. 2000년 12월 대한축구협회는 1998년 프랑스월드컵에서 네덜란드를 4강으로 이끈 거스 히딩크를 새로운 감독으로 영입했는데, 그의 첫 출발은 불안하게 보였다. 2001년 1월 16일 월드컵 개막 500일을 앞둔 날, 히딩크는 KBS-TV 〈열린음악회〉에 출연했다. 여기서 그가 신청한 노래는 그의 애창곡인 프랭크 시나트라의 〈마이 웨이 My way〉였다.[29] 2001년 5월 30일 한국은 컨페더레이션스컵 대회에서 프랑스에 0:5, 8월 15일 체코와의 친선경기에서도 0:5로 패하면서 '오대영'이라는 별명을 얻었다. 비난이 빗발쳤지만, 그는 11월 18일 서울 하얏트호텔 지하 바에서 열린 자신의 55번째 생일 파티에서 〈마이 웨이〉를 불렀다.[30]

오렌지 군단   네덜란드 국가 대표팀을 부르는 말로 네덜란드 독립에 결정적인 역할을 한 인물이 빌렘 오라니에 공公이었다. 네덜란드 왕실의 혈통은 그에게서 시작된다. 오라니에는 영어로 오렌지Orange여서 이때부터 네덜란드의 상징이 되었다. 네덜란드 사람들에게 오렌지색은 힘겨운 독립의 역사를 상기시키는 특별하고 자랑스러운 색이다. 따라서 "오렌지 군단"이라는 말은 "국가와 민족의 대표" 정도의 의미를 지니고 있다. 아마도 네덜란드 국민만큼 한 가지 색깔에 대한 충성도가 높은 집단은 없을 것이다.[31]

오프사이드offside   공격팀 선수가 상대편 진영에서 공보다 앞쪽에 있을 때, 자기와 골라인의 중간에 상대팀 선수가 2명 이상 없으면 오프사이드의 위치에 있으며, 이때 후방의 자기편에게서 패스를 받으면 반칙이 된다. 원래 오프사이드가 발생한 지역을 말하는 것이나, 일반적으로는 오프사이드 반칙으로 알려져 있다. 단, 이 선수가 하프라인과 자기 팀 엔드라인 사이에 있을 경우와 골킥·코너킥·스로인된 공 또는 주심이 드롭한 공을 직접 받으려 할 때는 오프사이드가 되지 않는다. 그러나 오프사이드 위치에 있는 것만으로는 반칙이 아니다. 즉, 오프사이드는 경기자가 패스된 공을 받는 순간의 위치로 판정되는 것이 아니라, 어느 경기자가 자기편에게서 공이 패스된 순간에 있던 위치와 관계된다. 또한 자기편의 한 경기자에게서 그에게 공이 패스되거나 프리킥을 찰 때 오프사이드 위치에 있지 않은 경기자가 공이 이동하고 있는 동안에 전진해도 그로 인해 오프사이드가 되지 않는다. 오프사이드 위치에 있는 경기자가 같은 팀 경기자에 의하여 공이 터치되거나 플레이된 순간에 주심의 견해로 플레이에 적극적으로 관련되었을 때에만 처벌한다. 즉, 플레이에 간섭하거나, 상대편을 방해하거나, 그 위치에 있으면서 이득을 얻을 때의 오프사이드는 반칙이며, 만일 경기자가 골킥이나 스로인, 코너킥으로 직접 공을 받았을 때 단순히 오프사이드 위치에 있는 경우는 반칙이 아니다. 주심은 위반이 발생한 지점에서 상대팀에 간접프리킥을 부여한다. 오프사이드 반칙이 일어난 곳이 상대팀 골에어리어가 아닌 경우, 골에어리어 어느 지점에서도 프리킥을 할 수 있다. 선심들이 각 팀의 최전방 공격수를 따라 자신들의 위치를 변경하면서 주심에게 오프사이드 반칙을 알리게 되지만, 이 판정은 종종 논란의 대상이 되기도 한다. 영국에서 오프사이드 규칙은 축구가 완전히 노동계급의 스포츠로 넘어간 1925년 이후 완화되기 시작했는데, 이는 노동계급이 오프사이드 규칙을 별로 선호하지 않았다는 걸 말해준다.[32]

오프사이드 트랩offside trap   상대팀 선수로 하여금 오프사이드 반칙을 범하게 하여 공격을 무력화하려는 의도적인 전술을 말한다. 상대팀 공격수의 개인기가 출중한 경우 수비수들은 큰 부담을 가질 수밖에 없는데, 상대팀의 공격이 이루어지는 시점에서 수비수들이 수비 라인을 빠르게 위로 끌어올려 상대팀 공격수가 오프사이드 위치에 있도록 유도하는 방법이다. 하지만 자칫 실수하면 골키퍼가 상대팀 공격수와 일대일 상황에 직면할 위험이 있다. 전술적으로는 스위퍼가 없는 스리백 시스템에서 수비수들이 나란히 한 줄로 서서 수비하는 방식 또는 포백 시스템에서 양쪽 풀백과 중앙의 센터백이 모두 일렬로 수비하는 방식 등이 있다. 이는 골이 잘

나오지 않게 된 것에 대응하기 위해 오프사이드 규칙을 완화하는 차원에서 나온 것이다. 일부 전문가들은 오프사이드 트랩이 축구 상업화와 밀접한 관련이 있다고 주장한다.[33] 1994년 미국월드컵에서는 원활한 공격으로 더 많은 골이 터져나오는 것을 장려하기 위해 오프사이드 라인과 동일선상에 있는 공격자를 온사이드로 판정하게 했다.

오픈 스페이스open space 자기 팀도 상대팀도 없는 빈 공간space을 말한다. 이 공간으로 공을 보내면 동료 선수는 즉각 뛰어들어 패스한 공을 받고, 방해하는 상대팀 선수가 없는 틈을 타 효과적인 공격을 전개할 수 있다. 단순히 패스가 가능한 지역을 말할 때는 오프닝opening이라는 용어를 쓴다.[34]

온사이드onside 오프사이드가 되는 지역 이외의 전 지역, 즉 플레이를 해도 아무런 제재를 받지 않는 지역을 말한다. 따라서 오프사이드 반칙이 적용되지 않는 자기편 사이드side는 항상 온사이드다.[35]

왕실의 은총 스페인 리그엔 유독 레알Real이라는 호칭이 들어간 팀이 많다. 레알은 영어로 Royal(로얄), 즉 왕실이라는 뜻이다. 레알은 왕실의 인정을 받는 훌륭한 팀이라는 뜻으로 국왕이 사용을 허락해준 왕실의 명예로운 호칭이다. 물론 왕실이 해주는 것은 이름 외에 아무것도 없다. 레알이라는 이름을 가진 팀은 레알 마드리드, 레알 베티스, 레알 소시에다드, 레알 사라고사, 레알 무르시아, 레알 비아돌리드가 있으며 팀 로고 모두 왕관이 씌워져 있다.[36]

외팔이 영웅　1930년 우루과이월드컵은 우루과이 독립 100주년이라는 사실이 유치에 큰 몫을 차지했으나, 남미에서 대회가 열리는 데 불만을 품은 많은 유럽 국가가 불참한 반쪽짜리 대회였다. 그러나 결승에서 아르헨티나를 4:2로 누르고 우승한 우루과이에는 "외팔이 스트라이커" 엑토르 카스트로가 있었다. 그는 어렸을 때 불의의 사고로 오른쪽 팔꿈치 아래가 잘려나간 장애인이었다. 몸의 균형이 맞지 않아 비틀거리는 듯한 자세로 다른 선수들이 넘볼 수 없는 드리블과 슈팅 실력을 갖고 있었다. 그는 결승전에서 골을 기록하며 우승을 이끌어낸 우루과이의 영웅이었다.

울트라 닛폰　○ 붉은악마

울트라 운동　1990년대 이탈리아 구장에서 생겨난 운동으로 많은 추종자가 생겨났다. 이탈리아인들은 깃발과 현수막과 판지와 불과 연기를 갖고 인상적인 안무를 발전시켰다. 독일에서는 울트라팬들이 진정한 축구의 팬이라고 자처했고 팬숍에서 클럽 유니폼을 구입하는 단순한 팬들과는 거리를 두었다.[37]

울트라스ultras　이탈리아를 중심으로 한 남유럽의 축구 서포터스 또는 훌리건을 말한다. '울트라스'라는 이름은 1971년 이탈리아 제노바의 UC 삼프도리아 팬들이 만들었다. 울트라스는 과거 이탈리아에 존재하던 어떤 팬들보다 젊고 조직적이며 폭력적이다. 이들은 자신들이 지지하는 클럽과 그 클럽의 공식 서포터 그룹 모두와 뚜렷한 조직적 관계를 갖고 있으면서 자율적으로 활동한다. 모든 울트라스가 폭력적인 건 아니다. 유벤투스나 파르마를 응원하는 울트라스는 '토끼'라는 별명을 얻을 정도로 폭력과는 거리가 멀다. 이탈리아와 스페인에서는 일부 울트라스가 자신들의 클럽과 미디어에 원정 여행경비를 요구해 법적 문제로 비화된 적도 있다.[38]

워킹 풋볼walking football 브라질 축구의 별명이다. 공을 넣는 것도 부드럽지만 그 과정도 둥글다는 점에서 붙여진 별명이다. 김화성의 해설에 따르면, "삼바리듬에 맞춰 춤을 추는 리우 축제의 아가씨들처럼 부드럽고 리드미컬하다. 패스도 전혀 힘이 들어가지 않는다. 슬로-슬로-퀵. 힘들이지 않고 툭툭 차는데도 패스 하나하나가 기가 막히게 정확하다. 상대 문전을 향해 돌진하는 동료의 오른발에 얹어줄지 혹은 달려가는 속도를 감안해 머리에 맞혀줄지까지 생각해 패스한다".[39]

원 사이드 컷one side cut 마크할 때 그 상대가 패스를 보낼 수 있는 방향을 제한하는 수법을 말한다. 특히 공격수와 수비수가 3대 2로 공격하는 자의 수가 많을 때 그 공격을 막는 데 중요시된다.

월whirl 공의 위치에 따라 포지션의 위치를 바꾸는 것이다. 토털 축구의 변형으로 윌리 메이슬이 올 라운드 플레이어all round player를 요구하면서 내놓은 스타일이다. 모든 선수는 별다른 힘을 들이지 않고도 상대선수의 플레이를 방해하고 멈추게 할 수 있어야 한다는 것이다.[40] ○ 토털 축구

월드컵 규정의 변화 월드컵 규칙은 처음부터 고정적으로 정해진 것이 아니었으며, 항상 시대의 흐름에 맞게 바뀌어왔다. 그 과정 속에 때로는 기존의 규칙과 부딪히며 갈등이 발생하기도 했다. 이럴 때마다 FIFA는 적절한 규정 확립을 위해 힘써야 했다. 1970년 멕시코월드컵 이전에는 선수

교체 제도가 없었다. 그 결과 상대팀의 뛰어난 기량을 가진 선수에게 부상을 입히는 것이 하나의 전술로 자리 잡았다. 특히 펠레 같은 위대한 선수도 1962년, 1966년 월드컵에서 부상으로 인해 두 대회를 합쳐 4경기 밖에 못 뛰었다. 거친 파울이 난무하고 선수들이 제 기량을 발휘 못해 득점이 줄어든다는 것은 축구의 근간을 흔드는 것이었다. 이러한 문제점을 해결하기 위해 1970년 멕시코월드컵에서 선수 2명을 교체할 수 있는 제도가 도입되었다. 이 결과 감독들은 한층 다양한 전략을 구사하거나 선수들의 체력을 효과적으로 안배할 수 있게 되었다. 또한 옐로카드가 2장 누적 시 퇴장시키는 제도도 이때 만들어졌다. 1978년 아르헨티나월드컵 때 승부차기가 도입되었다. 1994년 미국월드컵에서 고의 백패스에 대한 제한을 두었다. 극단적 수비와 지루한 승부차기의 연속으로 시간을 끄는 소극적인 태도로 일관하여 축구의 흥미를 반감시켜 이 제도를 도입한 결과 1990년 이탈리아월드컵 당시 경기당 2.21골에서 1994년 미국월드컵에서는 경기당 2.71골로 상승했다. 또한 원활한 공격으로 더 많은 골이 터져나오는 것을 장려하기 위해 오프사이드 라인과 동일선상에 있는 공격자를 온사이드로 판정하게 했다. 1998년 프랑스월드컵에서는 연장전에서 골든골 제도가 도입되었다. 그러나 이 제도를 보완하기 위해 실버골이 도입되었으나 2004년을 기점으로 종래의 방식으로 환원되었다.[41]

월드컵 베이비   2003년 3~4월 산부인과 병원들에 때아닌 '월드컵 특수'가 터졌다. 10개월 전 한국팀의 잇단 승리로 고조된 분위기 속에서 사랑을 나눴던 부부들의 출산이 줄을 이었기 때문이다. '월드컵 베이비'였다. 한 33세 여성은 "월드컵 16강전 때 안정환 선수의 골든골이 터지는 순간 터져나온 이웃 주민들의 환호성 때문에 잠에서 깬 뒤 남편과 함께 기뻐하다 그만 아이를 갖게 됐다"며, "월드컵의 기운을 받아 우리 아이가 훌륭하게 커 줬으면 좋겠다"고 말했다.[42]

월드컵 신드롬   2002년 월드컵에서 한국이 4강에 진출하면서 한국 사회를 강타한 일련의 충격을 말한다. 그간 월드컵에 5차례 출전했지만 한 번도 이기지 못하고 4무 10패에 그쳤던 팀이 4강에 오른다는 건 분명히 상식을 뛰어넘는 일이었다. '붉은 물결'의 거리 응원도 세계를 깜짝 놀라게 했으니, 폴란드전 때 49만 8,000명, 미국전 76만 9,000명, 포르투갈전 278만명, 이탈리아전 420만 명, 스페인전 480만 명, 독일전 650만 명, 터키전 230만 명 등 연인원 2,184만 7,000여 명이 붉은 옷을 입고 거리와 광장으로 뛰쳐나왔다.[43] 붉은악마의 응원도 볼 만했다. 붉은악마는 '통천'이라 불리는 가로 60미터, 세로 40미터, 무게만 1톤에 달하는 초대형 태극기와 더불어 다양한 응원전을 선보였다. '태극기 패션'이 전국을 휩쓸었다.[44] 2002년 6월 4일 한국이 첫 상대인 폴란드를 2:0으로 꺾자, 『조선일보』는 "4일 오후 10시 20분, 한반도 전역은 황홀한 밤의 축제 속으로 빠져들었다"며 "월드컵 출전 사상 처음 거둔 짜릿한 승리, 현실로 다가온 16강 진출의 가능성에 시민들은 도저히 잠을 이룰 수 없었다"고 했다.[45] 6월 10일 2차전에서 한국은 미국과 1:1 무승부를 기록했는데, 서울시청 앞에 모인 인파는 15년 전인 1987년 6·10항쟁 이후 가장 많았다. 6월 14일 3차전에서 한국은 박지성의 결승골로 포르투갈에 1:0으로 승리해 대망의 16강전에 진출하게 되었다. 『한겨레』는 "한국 축구가 48년 만에 비원의 월드컵 16강에 오른 14일, 대한민국 전체가 마치 1미터쯤 공중에 뜬 듯했다"고 보도했다.[46] 경기가 끝난 직후 방영된 MBC 〈뉴스데스크〉는 무려 70여 꼭지에 달하는 월드컵 소식을 내보냈는데, 이 같은 '물량 공세'를 단행한 이후 시청률이 30퍼센트를 웃도는 결과가 나오자 시청률에서 크게 밀린 다른 방송사들도 물량 공세에 뛰어들어 방송사들 간 월드컵 경쟁에 불이 붙었다.[47] 6월 18일 한국은 대전에서 열린 16강전에서 이탈리아와 만났다. 붉은악마는 "Again 1966"을 내세웠다. 북한이 1966년 런던월드컵 본선에 진출해 이탈리아를 1:0으로 제치고 8강 대열에 오른 걸 상기시키는 표어였다. "Again 1966"은 성공했다. 한국은 이탈리아에 연장전 끝에 2:1 승리를 거두었다. 전국 352곳에서 열린 길거리 응원에 참여한 420여만 명은 서로 부둥켜안고 '대~한민국'을 외쳤다. 『대한매일』은 "전국은 심장이 멎는 듯 환호와 열광의 도가니에 빠져들었다"며 "젊은이들은 태극기를 휘날리며 거리를 질주했으며, 차량들도 흥거운 경적소리를 울려댔다"고 했다.[48] 영국 BBC 방송은 "월드컵 72년 사상 최대 충격"이라고 했다. 그러나 아직 '충격'은 더 남아 있었다. 6월 22일 광주에서 벌어진 스페인과의 8강전에서 한국은 승부차기로 승리해 '4강'에 진출했다. 전국은 요동쳤다. 『대한매일』은 "민주주의 상징인 광주 금남로에서 시작된 붉은 잔치의 물결은 밤새 전국으로 퍼져 나갔다"며 "승리의 감격을 억누르지 못하는 시민들로 일부 도심 차도는 '해방구'로 변했고, 수천 발의 폭죽이 터지는 바람에 거리에는 폭약 냄새가 진동했다"고 했다.[49] 정부는 선수들에게 병역 혜택을, 축구협회는 선수 1인당 3억 원의 특별 보너스를 지급하기로 결정했다. 당시 병역 미필이었던 안정환, 김남일, 이영표, 송종국, 설기현, 현영민, 차두리, 박지성, 이천수, 최태욱 등 10명이 병역특례의 수혜자가 되었다. 6월 25일 한국은 서울 상암월드컵경기장에서 열린 준결승전에서 독일에 0:1로 패했고, 6월 29일 대구에서 열린 3·4위전에서 터키에 2:3으로 패배했지만, 4강의 감격은 조금도 훼손되지 않았다. 『한겨레』 7월 1일자 사설은 "거리 응원을 통해 얻은 공동체적 경험은 우리 국민의 하나됨과 저력을 확인하는 계기가 됐다"고 말했다.

월드컵 연속 진출   2013년 6월 18일 울산의 문수경기장에서 열린 브라질월드컵 최종예선에서 이란에 1:0으로 패했지만 우즈베키스탄과 승점 14점으로 동률을 이루었으나 골득실에서 1골이 앞서 어렵게 월드컵 본선 진출 연속 8회라는 기록을 달성했다. 1986년 멕시코 대회 이후 7회 연속이자 1954년 스위스 대회를 포함해 통산 여덟 번째다. 연속 8회 이상 월드컵 본선에 진출한 나라는 한국을 포함해 6개국에 불과하다.[50]

월드컵 한·일 공동개최   1996년 봄 한국은 2002년 월드컵 유치 열기로 들끓었다. 유치 경쟁 상대가 당시 독도 문제로 몹쓸 짓을 하고 있던 일본이라 더욱 그랬다. 월드컵 개최지 선정 한 달여를 앞두고선 하루에도 수십 번씩 "월드컵 코리아. 그 감격에 MBC", "2002 월드컵은 SBS가 책임집니다"라는 방송 멘트가 홍수처럼 쏟아져나왔다. 양쪽 눈 옆에 양손을 V자로 표시하면 '2002년 월드컵은 한국에서'라는 표시로 공인되었다.[51] 1996년 5월 31일 국제축구연맹은 스위스 취리히에서 집행위원회를 열고 2002년 월드컵대회의 한·일 공동개최를 최종 확정했다. 집행위원회는 이날 오후 4시부터 국제축구연맹 본부 회의실에서 각 대륙 집행위원 21명 전원이 참석한 가운데 열린 회의에서 레나르트 요한손 유럽축구연맹 회장이 제안한 2002년 공동개최안을 한·일 당사국이 수용하는 조건으로 채택, 만장일치로 통과시켰다. 한국과 일본은 모두 국제축구연맹의 권유안을 받아들였다. 이에 따라 1일 집행위원회에서 실시될 예정이었던 개최지 결정투표는 취소되었다. 이로써 21세기를 여는 첫 월드컵인 제17회 대회는 1930년 우루과이에서 제1회 대회가 개최된 이래 아시아대륙에서 최초

로 열리게 되었으며 공동개최 역시 처음이었다.⁵²

윙RW/LW　　윙wing, 윙어winger, 윙포워드wing forward 등으로 불리는 이 포지션은 측면 미드필더와 유사하지만 공격에 더 중점을 둔 포지션을 이른다. 과거에 주로 사용되었던 W식 포지션에서는 포워드로 분류되었지만, 30년 이상의 전술 발달이 이루어지며 윙어는 좀더 필드 안쪽의 선수로 변모했다. 최근의 윙어들은 4-4-2나 4-5-1 포메이션에서는 미드필드의 한 부분으로 분류된다(하지만 공격형의 4-5-1 포메이션, 즉 4-3-3 포메이션에서는 윙포워드적인 성격이 강하다). 윙어는 드리블 등으로 상대편의 풀백을 공략하며 크로스를 올리는 것을 목적으로 배치된다. 이 포지션의 선수는 드리블 면에서 기술적으로 매우 뛰어난 선수가 많으며, 빠른 속도를 지니고 있는 경우가 많다. 2009년 6월 잉글랜드 맨체스터 유나이티드는 유럽챔피언스리그 바르셀로나와의 결승전이 막을 내린 후 선수별로 활약을 재조명했는데, 구단은 "박지성은 엄청난 에너지로 양 측면에서 상대 수비들을 위협했다. 호날두와 함께 양쪽 윙포지션을 번갈아 맡는 능력은 상대팀을 마음 졸이게 했고 다른 선수들의 경기력에 도움을 주는 그의 기술은 박지성을 맨유라는 톱니바퀴에 없어서는 안 될 존재로 만들었다"고 강조했다.⁵³

윙백WB/RWB/LWB　　윙백wingback은 공격에 중점을 둔 풀백을 말한다. 윙어와 풀백의 역할을 겸임하는 포지션이라고도 할 수 있는데, 일반적으로 3-5-2 포메이션에 기용되기 때문에 미드필더로 인식되기도 한다. 윙어와 풀백의 역할을 겸하는 윙백은 측면을 신속히 오르내려야 하기 때문에 체력이 특히 중시된다. 3-5-2 포메이션에서는 중앙 수비수 3명의 지원으로 수비보다는 공격적 플레이를 하게 되는 경우가 많다. 3-5-2 포지션은 경기 중 좌우 윙백의 이동에 따라 5-3-2, 3-5-2로 유동적으로 진형이 바뀌게 된다. 2009년 6월 『스포츠조선』은 '대표팀 포지션별 베스트 플레이어'를 꼽은 기사에서 "양쪽 윙백 가운데는 이영표와 김동진이 왼쪽에서 주전 경쟁을 펼치는 사이 오범석이 오른쪽에서 확고부동한 자리를 차지했다. 상대 공격을 혼쭐내는 투지만큼은 허정무호에서도 최고다"고 평가했다.[54] ○ 백, 센터백, 풀백

유벤투스 토리노　　　○ 베를루스코니 신드롬

이회택　　　○ 양지팀, 축구영웅

인사이드 킥inside kick　　　발의 안쪽 면을 이용해 공을 차는 방법을 말한다. 짧은 거리에 있는 같은 팀 선수에게 땅볼로 패스하거나 페널티킥 등 골 가까이에서 슈팅을 할 때 사용한다. 축구에서 가장 기본적인 킥으로, 공의 닿는 면적이 크므로 비교적 정확도가 높다.

임시축구리그　　　제2차 세계대전 당시 독일이 우크라이나 수도 키에프를 점령하고 정상화 조치의 일환으로 임시축구리그를 개최했다. 당시 키에프에 있는 포로수용소에는 유명한 축구 클럽 디나모 선수들이 8명이 수감되어 있었는데, 이들은 FC 스타르트 소속으로 합류하여 독일 병사팀과 시합을 했다. FC 스타르트는 별로 힘들이지 않고 5:1로 승리했다. 이에 분개한 독일인들은 이 결과를 비밀에 부치고 당시 독일의 최강팀인 플라엘프 팀을 특별히 데려와 FC 스타르트와 대결을 했다. FC 스타르트는 3:1로 앞선 채 전반을 끝냈다. 그러자 나치 친위대 장교가 FC 스타르트 라커룸에

나타나 후반전에 어떻게 플레이를 해야 하는지를 분명하게 지시했다. 후반전에 우크라이나인들은 전혀 주눅 들지 않고 독일 선수들을 조롱하기까지도 했다. 클라멘코라는 젊은 선수는 드리블을 하여 독일 수비수 모두를 제치고 골키퍼까지 제친 다음 골대 앞에 멈춰섰다. 그러고는 공을 다시 필드로 차내 버렸다. 이 순간 FC 스트라트는 5:3으로 이기고 있었다. 90분이 다 지나가지 않았는데도 친위대 심판은 종료 휘슬을 불었다. 독일 팀에 더 이상 치욕을 안겨주기 않기 위하여 서둘러 종료를 한 것이다. 그 게임 후 디나모 출신 선수 8명 중 4명이 살해되었다. 1942년 전쟁 중 벌어진 이 사건으로 디나모 키예프는 오늘날까지도 신화적 명성을 이어나가고 있다.[55]

잉글랜드 축구 정체성 논란   대부분의 축구 강국에서 축구 열기는 지역감정에 크게 의존하고 있다. 잉글랜드, 스코틀랜드, 북아일랜드, 웨일스 4개 지역으로 이루어진 영국은 각 지역이 월드컵대표팀을 따로 내보내는 건 물론이고 상호 경쟁심이 필사적이다. 예컨대, 월드컵축구 예선에서 스코틀랜드와 독일의 경기가 열리면 잉글랜드인들은 단연 독일을 응원한다고 한다.[56] 2009년 5월 10일 축구 종가 잉글랜드를 대표하는 맨체스터 유나이티드가 맨체스터 시티와의 홈경기에 선발 11명을 모두 외국인으로 채우면서 잉글랜드 축구의 정체성 논란이 일었다. 이는 100년이 넘는 클럽 역사상 처음 있는 일이었다. 이를 두고 자연스러운 현상이라는 의견과 축구 종가의 자존심을 지켜야 한다는 비판이 맞섰다. 이날 선발에는 박지성(대한민국), 크리스티아누 호날두(포르투갈), 카를로스 테베즈(아르헨티나), 디미타르 베르바토프(불가리아) 등이 포함되었지만, 잉글랜드 출신은 한 명도 없었을뿐더러 11명의 국적도 모두 달랐다. 물론 선발 명단에 라이언 긱스(웨일스), 대런 플레처(스코틀랜드), 조니 에반스(북아일랜드)도 있었지만 이들은 잉글랜드인이 아니었다. 영국은 한 국가지만 축구협회는 잉글랜드, 스코틀랜드, 웨일스, 북아일랜드가 엄밀히 구분되어 있고 국제축구연맹도 이를 인정하고 있다. 이와 관련, 조미덥은 다음과 같이 말한다.
"잉글랜드는 원래 축구 종가라는 자부심이 강해 외국인에게 개방적이지 않았다. 일례로 2001년 스웨덴의 에릭손을 국가대표 감독으로 앉힐 때에도 '외국인 감독은 안 된다'는 격렬한 저항을 겪어야 했다. 하지만 클럽 소유자가 몇 년 사이 미국인, 러시아인 등에게 넘어가면서 국수주의가 허물어졌다. 새로운 소유주들이 막강한 자본력으로 세계 최고 수준의 선수들을 모으면서 프리미어리그는 올해 유럽 챔피언스리그 4강 중 3개 팀을 배출할 정도로 수준이 올라갔다. 그에 따라 잉글랜드 팬들도 외국인 선수가 늘어나는 것을 개의치 않는 분위기다. 유럽축구연맹UEFA 사무관 데이비드 테일러는 『가디언』과의 인터뷰에서 '잉글랜드에서 외국인의 비중이 늘어나는 것은 놀라운 일이 아니다. 이탈리아와 스페인에서도 볼 수 있는 자연스러운 현상'이라고 주장했다. 그러나 다른 의견도 많다. 리그 수준은 세계 최고가 되었지만 정작 잉글랜드 선수들이 뛸 기회가 줄어들면서 대표팀 성적은 곤두박질쳤다. 2006년 월드컵에서는 8강에 만족해야 했고 2008년 유럽선수권에서는 예선 탈락에 그쳤다. 프랑스 출신인 미셸 플라티니 UEFA 회장은 11일 영국 『데일리메일』과의 인터뷰에서 '최근 잉글랜드 축구는 정체성을 잃어버렸다. 절반 이상의 구단이 외국 자본에 잠식당했고 선수는 물론 감독, 코치도 외국인이 대다수다'라고 꼬집었다. 제프 블라터 FIFA 회장은 이런 경향을 극복하기 위해 '6+5 규정' 도입을 주장해왔다. '6+5 규정'은 선발 선수 중 최소 6명은 국내파로 짜야 한다는 규정이다. 맨유의 퍼거슨 감독도 공공연히 이에 동의한다는 의사를 표시하곤 했다."[57]

잉글랜드 프로축구의 태동 럭비가 대세였던 잉글랜드에서 점점 많은 럭비클럽이 수익성이 좋고 흥미로운 FA(잉글랜드 축구협회)로 개종했다. 혜안을 지닌 찰스 올콕은 1881년 풋볼 매뉴얼지에 "축구 경영을 담당한 사람들이 프로선수라는 주제에 진지하게 주목해야 할 시대가 다가오고 있음을 부인할 수 없다"고 기고했다. 그러나 FA 지도부의 잰틀맨들은 이러한 전개를 막고자 했다. 1882년 FA는 프로선수를 공식적으로 금지시켰으나 이러한 시대가 도래하는 것을 막을 수 없었다. 그리하여 1885년 프로페셔널리즘은 합법화되었다. 그러나 클럽들이 지속적으로 수입을 얻기 위해 미국 프로야구의 수입모델을 모방했다. 컵 시스템의 가장 큰 문제점은 클럽이 단 한 번이라도 패하면 그 시즌 남은 기간 흥미와 수입성이 떨어지는데, 이를 개선하기 위해 모든 팀이 서로를 상대로 전반기와 후반기 한 차례씩 경기를 하고 이를 통해 미리 정해진 수의 경기가 각 클럽에 보장되는 방식이었다. 첫 시즌에는 잉글랜드 중부와 북부의 12개 클럽이 경쟁했다. 경기당 4,500명, 리그 전체 60만 명 이상이 경기장에 찾아와 흥행에 대성공을 거두었다. 이 시기에 탄생한 클럽들의 구단주는 도시의 시민계급인 중산층이 지배했다. 그러니까 초기 클럽들은 노동자 공동체가 아니라 시민들의 단체였다. 이때 당시 클럽의 탄생에 교회의 역할이 막대했다. 축구를 하고자 하는 젊은이들을 교회로 데려와 교육과 선교를 동시에 달성할 수 있었다. 애스턴 빌라는 1874년 빌라 크로스 웨슬리언 채플 회원들이 설립했고, FC에버튼은 1878년 세인트 도밍고즈 교회, 볼튼, 울버햄튼 원더러스, 버밍엄, 맨체스터 시티, 리버풀, 풀햄, 사우샘프턴에서 여러 클럽이 교회와 연관을 맺으며 창설되었다. 또 다른 방식은 기업이라는 새로운 환경에서 탄생했는데 아스널은 1886년 무기 제조업체 울위치 아스널 노동자들이 창설했고 맨체스터 유나이티드는 1878년 철도 노동자들이 창설했다.

클럽 탄생의 배경에 가장 직접적인 영향을 미친 장소는 바로 '펍'이었다. 펍 사장들이 직접 클럽을 창설한 팀은 웨스트 브로미치 앨비언, 노팅엄 포레스트, 맨체스터 시티, 블랙번 로버스 등이다.[58]

잉빠 잉글랜드 빠돌이. 잉글랜드 프리미어리그에 푹 빠진 마니아를 장난스레 일컫는 말이다. 신윤동욱은 잉빠의 탄생 배경에 대해 다음과 같이 말한다. "아시아에서 가장 대중적인 스포츠 채널인 '스타 스포츠'는 줄창 프리미어리그를 중계한다. 프리미어리그는 마케팅 차원에서 아시아 시청자들을 의식해 아시아의 저녁 시간에 맞추어 경기 시간을 조절했다. 동남아시아에서는 10~12시께 주요 경기를 볼 수 있다. 한국 시각으로는 밤 12~2시쯤 된다. 하지만 프리메라리가, 세리에A를 보려면 눈을 부비면서 새벽 3~5시까지 기다려야 한다. 아시아인이 프리미어리그에 중독된, 잉글랜드에 매료된 가장 큰 이유다. 한국 축구 선수들의 영국병도 중계와 무관하지 않다."[59]

FUNNY FOOTBALL
DICTIONARY

ㅈ
★

장덕진 ○ 축구의 노래

장면 총리와 김용식 감독 "당장 경기를 중단하시오."(장면) "못합니다."(김용식) "문제가 커질 수 있기에 하는 소립니다."(장면) "더이상 몰상식한 소리 하지 마시오."(김용식) "아니 수상 각하께 그런 무례한 말이 어디 있소."(장면) "무례한 건 내가 아니고 그 쪽이오."(김용식) 1960년 11월 6일 서울 효창운동장에서 벌어진 장면 총리와 김용식 축구국가대표팀 감독 간의 대화 내용이다. 1962년 칠레월드컵 예선전에서 일본과의 대결을 앞두고 미수교국인 일본의 국기 게양과 국가 연주가 문제였다. 그러나 대승적 차원에서 해방 이후 일본 국기와 국가가 연주된 역사적 순간이었다. 2만 석의 관중석이 수용 인원을 초과하여 조금의 여백도 보이지 않았다. 경기는 전반 11분 헤딩슛을 하려고 뛰어오른 문정식이 일본 수비수와 부딪혀

163

곧바로 병원으로 이송되었고 교체선수 제도가 없던 시절이라 10명으로 싸운 한국은 일본 선수의 헤딩골로 1:0으로 지고 있었다. 그러나 15분 후 정순천의 동점 헤딩골로 균형을 맞추자 관중들은 흥분했고 관중들의 흥분 상태는 도를 넘었다고 판단한 장면 총리가 김용식 감독을 로얄석으로 불러 경기를 중단시켰으면 좋겠다고 언급한 것이다. 후반전에서 한 골을 더 뽑은 대표팀은 일본을 2:1로 물리쳤고, 일본에서 치러진 2차전은 2:0으로 승리해 유고슬라비아와 최종전을 치르게 되었다. 유고슬라비아와의 대전은 한국이 자초한 일이었다. 1954년 스위스월드컵에서 2경기 무득점에 16실점으로 무너지자 FIFA는 아시아와 아프리카의 수준이 크게 떨어져 대회의 질 하락을 우려해 아시아와 아프리카 최종 승자와 유럽에선 탈락 1위팀 간에 홈앤드어웨이로 최종 진출팀을 가리게 했다. 그러나 새로 정권을 잡은 쿠데타세력은 공산권인 미수교국 유고슬라비아와의 경기를 포기하려 했으나 당시 축구협회 회장이던 장기영(한국일보 사장)이 박정희를 설득하여 천신만고 끝에 시합을 할 수 있었다. 1차전 유고슬라비아 원정에서 5:1, 서울에서 치러진 2차전도 3:1로 지고 말았다.[1]

전全조선도시대항축구대회 1938년 4월 조선일보사가 주최한 축구대회다. 제1회 대회엔 7개 도시팀이 참가했는데, 함흥이 최강자로 떠올랐다.[2] 제3회 대회엔 경성, 평양, 대구, 함흥, 철원, 광주廣州, 전주, 신의주, 홍원, 인천, 원산, 마장, 덕원, 광주光州 등 14곳이 참가했다. 조선일보사는 호외까지 발행해 "모두가 제 고장의 영예를 걸머지고 반드시 이긴다는 굳은 결심의 빛이 선수들의 얼굴에 역력합니다"라면서 "이런 강한 팀만 모인 축구대회라 갈 맛도 있고 또 정신 기술 두 방면으로 약진에 약진을 거듭하고 있는 축구 조선의 한 해 동안의 수확과 성장도 과연 어떠할까 점칠 수 있습니다"라고 했다.³ 1941년 4월 제4회 대회는 조선총독부 기관지인 매일신보사와 조선축구협회가 공동주최했다. 제5회 대회는 1942년 5월에 열렸으나, 이 대회를 끝으로 축구를 포함하여 모든 스포츠 경기가 금지되었다. 일제가 학생들을 근로동원과 군사훈련을 시키면서 스포츠 단체마저 해체되었다.⁴

전숲조선축구대회   1921년 2월 11일~13일 3일간 배재고보운동장에서 조선체육회 주최 제1회 전숲조선축구대회가 개최되었다. 3개월여 전인 1920년 11월 4일 배재고보운동장에서 제1회 전조선야구대회가 열린 것도 자극이 되었다. 전조선축구대회가 열리자마자 첫날부터 만원을 이루었다. 열기가 너무 뜨거웠던 탓이었을까? 대회 첫날 학생부 세 경기 모두 심판 판정에 불복해 기권으로 끝났으며, 일반부도 마찬가지였다. 대회 이튿째 청년단 준결승전인 배재구락부와 평양숭실구락부의 대결에서도 심판 판정 시비로 양팀 응원단 사이에 편싸움이 일어나 우승팀마저 가려내지 못하고 끝나고 말았다.⁵ 전조선축구대회는 이후로도 한동안 계속 열렸으며, '경평축구대항전'과 '전조선도시대항축구대회'가 축구 열기를 이어받았다.

J리그   일본 프로축구리그로 1993년 5월에 시작되었다. 일본 축구는 1964년 도쿄올림픽에서 4강에 진출했고 4년 후 멕시코올림픽에서는 동메달을 따는 등 맹활약을 했지만, 1970년대와 1980년대에 골프와 테니스 붐에 밀려 침체했다. 그러다가 지방정부들이 지역공동체의 화합을 도모하기 위한 수단으로 축구에 투자하기 시작했다. 이게 바로 J리그의 탄생 배경이 되었다. J리그는 젊은 여성 팬을 겨냥한 마케팅 공세를 폈으며, 경기를 좀 더 재미있게 만들고자 경기 규정도 일부 수정했다. 예컨대, 유럽과 달리 모

든 경기에 먼저 골을 넣는 쪽이 이기는 연장전 방식을 도입했으며, 30분의 연장전에도 양팀 모두 점수를 못 내면 승부차기로 승자를 결정했다. 여기에 세계 정상급 선수들을 대거 영입했으며, 스폰서십을 도입하여 물량 공세를 폈다. 이런 일련의 공격적인 마케팅으로 J리그는 큰 성공을 거두어 일본 축구의 질을 한 단계 높이는 데에 크게 기여했다.[6] J리그는 1999년부터 1·2부 리그로 나눠 승강제를 도입했다. 1부 리그는 18개 팀이 홈앤드어웨이로 경기를 치러 우승팀을 겨룬다. 최하위 두 팀(17·18위)은 이듬해 2부 리그로 강등된다. 2001년부터 지방도시 클럽의 활성화로 지역 주민에게 '내 고장 팀'이라는 인식을 심어줘 제2의 중흥기를 맞았다.[7]

조기축구회　1972년 4월부터 대대적으로 전개된 새마을운동에는 새마을축구대회가 따라붙었다. 매월 1일과 15일 아침 청소를 하면서 조기축구를 하는 붐이 조성되었으며, 전국 방방곡곡에 걸쳐 조기축구회가 조직되었다.[8] "새마을운동은 축구로부터"라는 슬로건이 말해주듯이, 조기축구회는 새마을운동처럼 행정적 동원망을 타고 이루어진 경우가 많았다. 이미 1969년 초등학교 학생을 대상으로 조직된 일요축구회 운동에도 박차가 가해져 1973년까지 5년간 3만 명에 육박하는 학생들을 대상으로 교육을 실시했다. 또 1970년대 초부터 추진되어온 마을 대항과 직장 대항 축구대회에도 가속이 붙어 전국에 걸쳐 축구를 하지 않는 단체와 학교가 거의 없을 정도였다. 전국의 새마을 지도자로 구성된 팀들이 참가하는 '대통령하사기쟁탈 전국새마을축구대회'도 개최되었다. "건전한 정신과 협동 인화를 계도하여 국민 총화 단결을 촉진하는 데 기여"하고 "국민 체위 향상"에 이바지하는 걸 목표로 내세운 조기축구회는 1978년에 이르러 공식 결성된 팀만 전국에 걸쳐 1,000여 개가 넘었고 회원 수 5만 명을 웃돌게 되었다.[9]

좌익 축구 우익 축구   축구는 정치 이념과 상관관계가 없다. 그러나 그간 월드컵에서 우승한 나라들을 굳이 이념적으로 분석한다면 좌익 축구는 아름답게 승리하는 축구로, 우익 축구는 승리하기 위해서라면 수단을 가리지 않는 축구로 설명할 수 있다. 지난 세계 축구 역사를 살펴보면 축구 강국들은 어떤 축구 노선을 밟아왔는지 알 수 있다. 브라질은 좌익, 이탈리아는 우익, 독일은 중도실용 축구를 했다. 아르헨티나는 좌우가 대립하며 축구를 해왔고, 프랑스는 이 모든 것이 혼재된 축구를 구현해왔다. 브라질 축구는 호나우두, 호나우디뉴, 네이마르 등 개인기 좋은(테크닉 중시) 축구 스타가 거듭 등장했고, 축구에 '미친' 팬들(열광적인 신자가 많다)을 기반으로 여러 번 정상의 자리를 차지해왔다. 이탈리아 축구는 철벽 수비를 자랑하는 빗장 축구, 즉 카테나치오(수비부터 시작한다)를 창시했다. 독일 축구는 다양한 축구 철학을 번갈아가며 채택해왔다. 어느 것이 더 나은지의 문제를 뛰어넘는 합리성이 독일 축구에도 수용되었고, 독일 축구는 그 어느 국가보다 기복 없이 꾸준히 세계 상위권을 차지해왔다. 좌파 축구의 원류는 스코틀랜드다. 19세기 잉글랜드의 힘이 넘치는 플레이에 대항하기 위해 숏패스를 많이 구사하는 스타일을 만들어냈다고 한다. 기술의 축구로 체력의 축구를 넘어서려 했던 것이다. 이후 유럽과 남아메리카로 건너간 영국인 코치가 스코틀랜드 축구 스타일을 전래·보급했다. 이어 우파 축구가 융성하기 시작한 시기는 이탈리아의 카테나치오가 떠오른 1960년대다. 이탈리아 축구는 수비 중앙에 자유롭게 임무를 수행하는 리베로 선수를 배치해 수비에서 우위를 점하는 것은 물론 엄격한 규율, 강한 체력, 자기희생 등을 강조하는 완성도 높은 우익 축구로 유럽 축구의 판도를 뒤흔들었다. 그러나 가장 합리적으로 최상의 결과를 이끌어낼 수 있는 중도 축구가 있다. 중도 좌익 감독의 대표격은 오랜 시간 잉글랜드 프리미어리그 최강팀 맨체스터 유나이티드 FC를 이끈 '알렉스 퍼거슨'이다. 대표적인 중도 우익 감독으로는 FC 인터 밀란, 레알 마드리드, 첼시 FC 등 유럽 프로축구 강팀을 잇따라 맡았고 현재 맨체스터 유나이티드 FC 감독으로 있는 '조세 무리뉴'가 꼽힌다. 우익적 축구 정신에 좌익적 축구 전술이 탑재되기도 하고, 좌익적 축구 정신에 우익적 축구 전술이 녹아들기도 한다. 세계 축구의 중심인 유럽 축구의 역사는 먼저 등장한 좌익 축구와 이후 등장한 우익 축구의 흥망성쇠의 반복으로 설명할 수 있다. 그런데 두 축구가 뿌리부터 완전히 다른 것은 아니다. 실은 좌익 축구의 원류인 스코틀랜드의 숏패스를 기반으로 역시 우익 축구의 융성을 이끈 이탈리아의 카테나치오가 나왔다. 단단히 수비하려면 정밀한 숏패스는 필수였다. 이렇게 좌익 축구와 우익 축구는 대립하기보다는 서로의 장점을 취하는 융합의 방향으로 나아가고 있다. 축구도 좌익과 우익, 양 날개로 나는 셈이다.[10]

줄리메컵   월드컵 우승팀에 수여하는 트로피다. 월드컵의 아버지라 할 수 있는 프랑스의 줄 리메는 1930년 제1회 우루과이월드컵을 앞두고 줄리메컵을 기증하면서 "어느 나라든지 먼저 세 차례 우승하는 나라가 이 컵을 가져가 영원히 보관했으면 좋겠다"는 뜻을 밝혔다. 이에 따라 세 차례 우승국은 이 컵을 영원히 보관하게 된다. 브라질은 1958년 스웨덴월드컵, 1962년 칠레월드컵, 1970년 멕시코월드컵에서 우승함으로써 이 컵을 영구보관하게 되었다. 브라질이 영구보관하고 있는 첫 번째 줄리메컵은 프랑스 조각가 아벨 라플레르가 만든 것으로 팔각형 받침에 날개 달린 승리의 여신을 표현한 약 1.5킬로그램에 달하는 순금 조각상이다. 1966년 런던에서 한 차례 도난당한 적도 있다. 줄리메가 회장을 맡았던 1921년부터 1954년 사이에 국제축구연맹은 국제연합의 발전에 비견될 만큼 비약적인

발전을 거두었다.[11]

중국 축구 굴기   중국 축구는 아시아에서조차 2류 수준을 벗어나지 못하고 있다. 중국 국가 주석 시진핑은 열렬한 축구 팬이다. 시진핑은 2013년 중국의 최고 지도자에 등극한 뒤, 중국 축구 굴기 정책을 펼쳤다. 그가 부임한 이후 그의 축구 사랑은 대대적인 중국 축구리그에 대한 기업들의 투자를 종용했고, 중국 기업들도 이에 화답했다. 중국 굴지의 부동산 그룹인 헝다, 중국 1위 석탄 기업인 선화, 중국 최대의 가전 유통업체인 쑤닝 등은 축구 굴기 정책 이후 막대한 투자를 했다. 중국 굴지의 기업들의 막대한 투자는 단시간에 중국 축구에 많은 발전을 가져왔다. 특히 세계적인 스타들이 중국 리그로 진출하는 것은 이제 '식상한' 가십거리로 여길 정도다. 2016년에만 하미레스(前 첼시, 이적료 430억), 제르비뉴(前 AS로마, 이적료 230억), 헐크(前 제니트상트페테르부르크, 이적료 700억) 등 세계 최고 수준의 선수들이 중국 리그에 입성했다. 펠릭스 마가트(산둥루닝), 루이스 펠리페 스콜라리(광저우에버그란데), 스벤 예란 에릭손(상하이상강), 페예그리니(허베이화샤샹푸) 등 세계에서 내로라하는 감독들 역시 중국 리그에서 활약한다. 하지만 '머니 파워'가 언제나 통하는 건 아니다. "돈을 버는 것 이상으로 중요한 목표가 있다"며 중국 축구의 러브콜을 거절한 축구 스타들도 다수 존재한다. 대표적인 인물이 맨체스터 유나이티드(잉글랜드)에서 활약 중인 장신 공격수 즐라탄 이브라히모비치(스웨덴)다. 2016년 여름 나폴리를 떠나 유벤투스(이탈리아)로 건너간 골잡이 곤살로 이과인(아르헨티나)도 천문학적 연봉의 달콤한 유혹을 이겨냈다. 중국 축구의 '화려한 유혹'은 공격수에 국한되지 않는다. 잉글랜드 국가대표 출신 베테랑 수비수 존 테리(첼시)는 2016년 여름 중국의 한 1부리그 팀에서 "2,000만 파운드

(283억 원)의 연봉을 보장할 테니 당장 계약하자"는 제의를 받았지만 거부했다. 최근에는 FC 바르셀로나의 베테랑 수비수 하비에르 마스체라노(아르헨티나)의 수퍼리그행 거부 소식이 유럽축구계의 화제가 되었다. 그러나 아시아축구연맹 챔피언스리그에서의 성적은 중국 축구의 성장을 단적으로 보여준다. 단순한 아시아 축구 클럽 팀들의 경쟁뿐 아니라 국가적 자존심이 걸린 ACL에서는 한국, 일본, 중동 축구가 좋은 성적을 거두는 것이 다반사였다. 하지만 본격적인 중국의 축구에 대한 투자가 시작된 2013년을 시작으로 세 차례의 대회 중 두 번이나 중국의 광저우 헝다가 우승(2013, 2015년)을 차지했다. 실제로 중국 리그의 평균 관중 수는 2015년 2만 2,530명을 기록하여 2011년의 1만 7,000명 수준에서 큰 폭으로 증가한 것을 알 수 있다. 특히나 광저우 헝다는 4만 명에 육박하는 평균 관중 수를 기록하고 있다. 단순히 관중 수가 축구 인기의 절대적 지표로 볼 수 없겠지만, 불과 몇 년 사이에 큰 폭으로 상승한 것은 분명 중국 내에서의 인기 상승을 의미한다고 알 수 있다. 불과 몇 년 사이에 중국 내 농구의 아성을 무너뜨릴 수준으로 성장한 것이다. 또한 중국은 유럽의 명문구단을 사들이거나 지분 참여를 통하여 세계축구계의 지각변동을 일으키고 있다. 전 이탈리아 수상 실리오 베를루스코니가 소유한 이탈리아 명문구단 AC밀란을 부동산 그룹 헝다가 컨소시엄을 구성해 7억 4,000만 유로(약 9,129억원)에 사들였다. 또한 가전 유통업체 쑤닝은 AC밀란의 라이벌 인터 밀란을 2억 7,000만 유로(약 3,571억 원)에 신주 등을 인수하는 조건으로 인터 밀란 지분 70퍼센트를 인수했다고 발표했다. 그리고 중국 투자가 궈오찬라이는 EPL의 WBA(웨스트 브롬위치)를 인수했으며, 중국미디어캐피탈이 맨시티의 지분 13퍼센트를 4억 달러에 인수한 바 있다. 중국의 대표적인 부동산 기업인 완다그룹도 스페인 아틀레티코 마드리드의 지분 20퍼센트를 보유

하고 있으며 2016년 1월에는 중국 완구기업 라스타가 스페인 프리메라리가 구단 RCD 에스파뇰의 지분 54퍼센트를 인수했다. 한편 중국은 2050년까지 축구 강국을 목표로 하고 있으며 이를 위해 2020년까지 축구 선수 5,000만 명을 양성한다는 방침이다.[12]

지단의 병문안   브라질 사람들은 매우 낙천적이다. 브라질 선수들은 대부분 클럽팀 동료들과 원만하게 지내고 화를 덜 내는 편이다. 또 브라질인들은 상대방의 호의에 쉽게 감동하는 경향이 있다. 호나우두가 이탈리아의 인터 밀란에서 뛰던 시절 큰 부상을 당하자 많은 선수가 그를 찾아왔다. 그러나 지네디 지단이 병문안을 올 줄은 호나우두도 미처 예상하지 못했다. 지단은 프랑스월드컵 결승전에서 브라질을 상대로 2골을 터뜨리며 우승을 차지한 터라 호나우두에게는 원수나 마찬가지다. 그런 지단이 멀리서 비행기를 타고 찾아오자 감격한 호나우두는 "지단이 활동하는 팀에서 나도 뛰겠다"라고 말했는데 부상에서 회복한 후 정말로 레알 마드리드로 이적해 지구방위 특공대를 만들었다.[13]

직접프리킥 direct free kick   ○ 프리킥

FUNNY FOOTBALL
DICTIONARY

ㅊ
★

차범근 대통령론   1998년 프랑스월드컵 아시아지역 예선전에서 한국 대표팀이 승승장구하자 대표팀을 지도한 차범근의 인기도 상승일로를 달렸다. 한국의 언론들은 그를 일컬어 '솔선수범으로 세운 감동의 지도력'이라는 찬사를 아끼지 않았고, 일부 극성팬들은 '차범근 대통령'이라는 말까지 서슴지 않았다. 그러나 이 같은 인기도 잠시였다. 월드컵 예선전에서는 파죽지세의 기세로 밀어붙이던 대표팀이, 1998년 3월 열린 제4회 다이너스티컵 국제축구대회에서는 졸전拙戰을 면치 못하자 그에 대한 경질론이 거론되었다. 차범근의 진짜 시련은 1998년 프랑스월드컵 본선(6월 11일~7월 12일)이었다. 6월 14일 멕시코와의 대전에서 한국은 1:3으로 패배했으며, 6월 21일 거스 히딩크 감독이 이끄는 네덜란드에 0:5로 패배했다. 네덜란드에 패한 그날 밤 차범근은 전격 해임되었다. 6월 25일 밤 김평석 코치가 감독 대행을 맡아 치른 벨기에전에서는 1:1 무승부를 기록했다. 이로써 한국팀은 1무 2패로 예선 탈락했다. 1998년 프랑스월드컵이 낳은 최대 비극의 주인공은 차범근이었다. '차범근 대통령'론이 엊그제 같았는데, 이제 그는 어느새 비난의 대상이 되었다.[1] 축구에 관한 한 조변석개朝變夕改하는 여론을 잘 보여준 사건이었다.

차붐Cha Boom 1980년대에 독일에서 활약한 축구 선수 차범근을 유럽인들이 부른 이름이다. 차범근은 1953년 5월 22일 경기도 화성 출생으로 경신중·고교와 고려대학교 체육학과를 졸업했다. 그는 어릴 적부터 스포츠에 뛰어난 재능을 보였고, 그런 아들은 아버지에게 늘 자랑의 대상이었다. 경기도 화산초등학교 시절부터 축구를 시작한 차범근은 졸업 후에도 축구를 계속하고 싶은 욕심에 서울 영도중학교에 진학했다. 그러나 불행하게도 그가 입학하던 해에 영도중학교 축구부가 해체되는 일이 벌어졌다. 하지만 차범근은 낙담하지 않고 체력이라도 키우겠다는 목적으로 필드하키 선수생활을 하는 등 축구에 대한 열정을 버리지 않았다. 그의 부모님은 가난한 살림에도 밭까지 팔아가며 영도중학교 3학년 때 그를 경신중학교로 전학시켰다. 매일매일 계속되는 고된 훈련 탓에 영양실조로 쓰러지는 일도 있었지만, 늦게나마 다시 축구를 할 수 있다는 사실은 그에게 무척 큰 기쁨이었다.[2] 차범근은 1970년, 청소년국가대표로 선발되어 이듬해까지 활약했다. 경신고를 졸업하기도 전인 1972년에는 고등학생으로는 처음 국가대표팀에 발탁되어 1979년까지 국가대표선수로 활동했다. 그는 1972년 첫 A매치에 출전해 독일에서 선수로 활동하던 1986년까지 모두 127회 이상 출전해 57골을 넣었고, 한국 축구 선수 중 최다 A매치 출장 기록을 가지고 있다.[3] 차범근은 고려대학교 2학년 시절 미팅에서 현재의 부인 오은미를 만났다. 연세대학교 신입생 오은미는 차범근이 소개받기로 한 친구가 갑자기 시골집에 내려갔다는 걸 알려주기 위해 나왔다고 했다. 그러나 오은미에게 첫눈에 반한 차범근은 다음 날 그녀를 본 지 24시간이 채 지나지도 않았는데 신촌으로 달려가 "결혼하자"고 프러포즈를 했다. 오은미는 차범근의 외모에 다소 실망했으나 점차적으로 자신을 이해해주는 그에게 사랑을 느끼기 시작했다고 한다. 이후 4년 동안 단 하루도 전화와 편지를 걸러본 적이 없을 정도로 애정 공세를 편 덕택이었을까. 공군에 복무하던 차범근은 1977년 1월 7일 결혼에 성공했으며, 차하나, 차두리, 차세찌 등 2남 1녀를 두게 된다.[4] 한국에서 그의 명성은 날이 갈수록 높아갔지만, 정작 그는 한국이라는 좁은 무대에서 활동하는 것에 늘 만족하지 못했다. 1970년대 초반 월요일 밤마다 MBC-TV에서 방영하는 독일의 분데스리가 축구는 그를 사로잡았다. 마침내 차범근은 독일행을 결심했다.[5] 1976년 10월 공군에 입대해 사병으로 군 복무를 마치고, 1978년 12월에 독일 분데스리가 SV 다름슈타트 98로 이적했지만 병역 관련 문제로 계약이 파기되었다. 당시 차범근은 공군팀 전력 강화를 꾀하던 참모총장의 권한으로 2년 뒤 전역을 약속받고, 공군에 입대했다. 약속된 1978년 12월 복무 기간을 마쳤다고 생각하고, 특별 휴가를 받아 독일로 떠나 SV 다름슈타트 98 입단 계약을 체결하고 12월 30일 VfL 보훔과의 리그 경기에 출전하며 좋은 활약을 펼치며 분데스리가 데뷔전을 성공적으로 끝마쳤다. 그러나 공군의 입장 변화로 1979년 1월 5일 다시 귀국한 후, 복귀해서 독일로 다시 나가지 못하고 1979년 5월 31일 만기 전역했다. 병역 관련 문제를 해결한 후, 1979년 7월 분데스리가 아인트라흐트 프랑크푸르트에 스카우트된다. 그는 우여곡절 끝에 데뷔 첫해인 1979년 12골을 넣으며 단숨에 득점 7위에 올랐다. 그리고 1980년 팀을 UEFA컵 챔피언 자리에 올려놓았고, 이듬해인 1981년에는 팀이 DFB-포칼 우승컵을 드는 데 공헌했다. 1983년

7월에는 분데스리가 바이어 04 레버쿠젠으로 이적하여 1988년에 다시 한 번 UEFA컵에서 우승했다. 이 우승으로 차범근은 각기 다른 두 팀에서 UEFA컵 우승을 차지한 9번째 선수가 되었다. 이후 차범근은 서독 아인트라흐트 프랑크푸르트 프로축구단과 레버쿠젠 축구단을 거치면서 '갈색폭격기'로 명실 공히 독일 최고의 스트라이커로 자리매김했다.[6] 차범근은 1989년 독일 선수생활을 마감하기까지 10년 동안 308경기에 출전해 모두 98골을 기록했다. 또 1980년과 1988년 그가 속해 있던 프랑크푸르트와 레버쿠젠을 각각 UEFA컵 정상에 올려놓았으며, 프랑크푸르트에 있던 1980년에는 유니세프 기금 마련 세계 축구선발팀에 뽑히기도 했다. 특히 UEFA컵 결승에서 보루시아 도르트문트와의 경기에서 그를 전담 마크하던 독일 축구의 영웅 마테우스를 제치고 결승골과 어시스트를 기록했다. 이에 마테우스는 "나는 아직 어리다. 하지만 차붐은 세계 최고의 공격수다"라고 말했다. 당시 서독 감독인 데르발에게 귀화 제의를 받기도 했다. 당시 언론들은 다음과 같은 기사를 실었다. "차붐 팀 창단 후 첫 UEFA 우승을 두 번이나 이끌다. 그는 프랑크푸르트와 레버쿠젠의 영웅이자 분데스리가 최고의 스타다."(독일 『키커지』) "5월 22일은 맨유의 60년대 전성기를 이끈 조지 베스트와 레버쿠젠의 영웅 차범근의 생일이다."(2002년 5월 독일 언론) 그는 1986년 멕시코월드컵 국가대표를 끝으로 은퇴하고 지도자의 길을 걷다가 1998년 프랑스월드컵 대표팀 감독으로 참가했다가 예선전에서 연이은 참패로 도중에 경질되는 사상초유의 수모를 겪기도 했다. 그 후 해설자로 활약하면서 아들 차두리가 국가대표로 참여한 2002년 한일월드컵의 해설을 맡는 기쁨을 맛보기도 했다. 그는 대회 기간에 독일의 플레이를 지켜보면서 이건 독일 축구가 아닌 녹슨 전차와 같은 플레이라고 맹공을 가하자 당시 독일 감독인 루디러는 "차"가 레버쿠젠 시절 약을 많이 먹어 머리가 돈 모양이라고 응수했다. 나중에 둘은 화해를 했지만 그만큼 누구보다도 독일 축구에 애정을 가진 차범근의 우정어린 비판이었다. 1980년대 에버튼의 감독이었던 퍼거슨은 차범근의 플레이를 보면서 "동양인도 저렇게 축구를 잘할 수 있구나"라며 그동안 자신이 가진 편견을 깼다고 했다. 그는 지금도 유럽에서 인구에 회자되는 불세출의 스타다.[7]

챔피언십리그　ㅇ 프리미어리그

척구　　개화의 물결을 타고 1895년 5월 서울에 관립외국어학교가 설립되었는데, 이 학교에 초빙된 외국인 교사들이 선보인 서양식 축구는 조선의 전통축구인 축국과의 구분을 위해 척구라 불렀다. 외국어학교 출신들이 결성한 대한척구구락부는 그 발족 취지에서 당시 친러파니 친일파니 친청파니 젊은이들 간에 갈등 반목이 심한 데 대한 화합 수단임을 명시했다.[8]　ㅇ 축국

초창기 축구와 저널리스트　　축구라는 세계가 정착되는 데는 당시 성장하던 대중매체가 결정적 역할을 했다. 1876년 영국에서 의무교육이 도입되면서 문맹이 사라지고 축구에 대한 무수한 독자들이 생겨나고 축구를 둘러싼 토론은 지속적으로 새로운 영양분을 공급받았다. 1875년 맨체스터에서 창간된 『어슬레틱뉴스』는 지도적 스포츠 잡지로 성장했다. 1891년 발행 부수는 5만 부에 이르렀고 1부와 2부 리그 모든 경기에 대해 빼놓지 않고 500자 르포를 실었다. 또한 『블랙번 이브닝 익스프레스』는 5시 40분 경기 사전 분석, 6시 30분 스페셜, 7시 엑스트라 스페셜, 7시 45분 축구 결산 판을 통해 축구가 얻은 공공성은 축구 인기를 치솟게 하는 데 핵심적 역

할을 했고 동시에 축구가 지닌 뉴스 가치와 사회적 의미를 보여주었다.⁹

초창기 프로축구 선수연봉 1899년 영국에는 어림잡아 1,000명의 프로선수들이 활약했다. 아직 그들은 축구로 입신양명하여 출세하거나 신분상승을 이룰 수 있는 스타는 아니었다. 잉글랜드 프로선수는 수입 면에서 본다면 공장에서 일하는 동료와 비슷한 고만고만한 수준이었다. 1901년 봉급상한선이 주당 4파운드로 확정되었을 때 프로선수의 연봉은 평균 144파운드였다. 이 시기에 고참 노동자의 연봉이 130파운드였다. 그래서 당시의 프로선수들은 밥벌이를 하는 동기는 꼭 많은 수입을 얻고자 함이 아니고 육체노동보다 덜 힘든 일을 하고자 함이었다. 그 밖에도 동료와 팬들 사이에서 이름을 얻고 명예를 높일 수 있는 희망도 그들을 유혹했다. 그러나 그들의 삶은 이중적이었다. 사업가(구단주)에게는 거의 노예나 다름없었다. 1891년 한 신문광고(프로선수 매매난)에는 "163번 오른쪽 혹은 왼쪽 수비수 내가 고용했던 선수 중 가장 유망한 젊은이 중 한 사람 프로필: 키 180센티미터, 몸무게 76킬로그램, 나이 20세, 젊은 거인이 당신을 기다립니다. 훈련시킬 가치가 있는 망아지입니다"라고 되어 있었다. 다른 한편 프로선수가 벌어오는 이적료도 그가 자기 능력에 대해 자부심을 가질 만한 증거였다. 1892년 스타플레이어 윌리 그로브스가 100파운드에 웨스트 브롬위치 알비온에서 아스톤 빌라로 이적하여 센세이션을 일으켰다. 그런데 1905년 2월 미들스브로는 이보다 10배 높은 금액 1,000파운드를 들여 선덜랜드의 스타 알프 커먼을 데려왔다. 그렇다고 겨우 13년 만에 프로선수 지위가 10배가 된 것은 분명 아니다. 그러나 선수들 가치가 올라가는 것은 축구가 사회적으로 중요한 요소가 되고 있음을 보여준다. 물론 상류층이 프로선수들을 최종적으로 받아들이기까지는 그 후로도 오랜 시간이 걸렸다. 프롤레타리아 스포츠인 축구의 사회적 지위가 급부상한 것은 1965년 2월 23일이다. 드리블의 제왕 매튜스가 여왕에게 귀족 작위를 받아 스탠리 경이 되었다. 처음으로 기사 작위를 받은 이 프로선수와 더불어 축구는 마침내 사회적으로 자리를 잡게 된 것이다.[10]

축구공의 변천사   초기 축구공은 돼지 오줌보였는데 오줌보는 발로 차면 떨리면서 날아가고 풍선처럼 갈지자로 비틀거리며 공기를 가로지른다. 무게가 가볍고 비행궤도가 일정치 않아 돼지 오줌보는 경기자들 간의 실력 차이를 없앴다. 아무도 통렬한 강슛을 쏠 수 없고 우아하게 드리블을 하거나 패스도 할 수 없다. 그 후 1862년부터 인조 고무 방광으로 둥근 공들이 생산되었다. 물론 그 공들도 완벽하지가 않았다. 가죽 조각을 꿰맨 지점에 단추가 양쪽으로 있었다. 1866년 3월 세필드와 런던 선발팀의 경기에서 릴리화이트 No 5라는 공이 사용되어 1871년 시작된 영국FA컵 공인구가 되었다. 그러나 그 공들은 공기 밸브가 없어 그 부분을 끈으로 묶어야 했기 때문에 이 공기 주입구의 옹이는 공이 굴러갈 때 고르지 않고 특히 헤딩할 때 종종 부상을 야기했다. 우루과이와 이탈리아에서 열린 제1회, 제2회 월드컵에서는 12개 혹은 18개의 띠로 만든 옹이 공을 사용하여 헤딩골이 상당히 드물었다. 1938년 프랑스월드컵에서 처음으로 밸브가 달린 매끈한 공을 사용하여 총 84골 중 헤딩골이 17골에 달했다. 밸브 발명 이후에 문제는 가죽이었다. 가죽공은 비가 오면 물을 완전히 흡수하여 공이 경기 내내 점점 무거워져 갔다. 1963년 아디다스사는 시합 구 생산을 하면서 FIFA와 독점계약을 하고 1970년 멕시코월드컵부터 공인구가 사용되었는데 당시 공인구는 텔스타 등장으로 최근의 공 형태가 보편화되었다. 1974년 독일월드컵 또한 텔스타가 사용되었으며 1978년 아르헨티나

월드컵에서는 탱고 리버플레이트가 사용되었다. 이 공인구는 축구공 디자인의 혁명을 이끌어냈으며, 이러한 탱고 디자인은 1998년까지 계속된다. 1982년 스페인월드컵에서는 탱고 에스파냐가 사용되었는데 이 공은 최초의 방수 가죽을 사용하고 가죽과 폴리우레탄이 결합된 최초의 공이다. 1986년 멕시코월드컵에서는 아즈테카라는 최초로 합성섬유로 만든 공이 주로 사용되었다. 그러나 선수들 중에서도 골키퍼들은 이 공을 싫어했다. 이전의 가죽공은 허공에 오래 머물러 있어 잡기가 쉬웠는데 폴리우레탄과 네오플랜 소재로 만든 이 공은 예측 불가능한 비행궤적과 엄청난 속도로 직선이 아닌 예측불가능하게 퍼덕이기까지 했다. 1990년 이탈리아월드컵에서는 에트루스코 유니코라는 공인구로 리우레탄 폼Foam이라는 내부층을 가지고 완전 방수 효과와 빠른 속도를 지향했다. 1994년 미국월드컵 공인구인 퀘스트라는 기술적인 실수를 야기할 정도로 공이 구르는 방식이 예전의 공과는 상당한 차이가 있었다. 1998년 프랑스월드컵 트리콜로는 축구 역사상 처음으로 사용된 컬러 공이며, 신택틱 폼syntactic foam이라는 신소재를 사용해 기존의 축구공보다 반발력을 높였다. 또 표면을 최대한 매끄럽게 가공해 공기의 저항을 최소화하는 한편, 발로 차는 순간 전달되는 에너지를 공에 골고루 분산시킬 수 있도록 제작해 공의 스피드와 방향성을 향상시킨 것이 특징이다. 2002년 한일월드컵의 공인구인 피버노바는 너무 가볍고 너무 빠르고 너무 변덕스럽다는 것이 흠이었다. 2006년 독일월드컵 공인구인 팀 가이스트는 그 이전의 문제들을 개선하여 둥글고 바람이 덜 빠지고 변형이 적고 균형이 잘 잡혀 정확한 킥을 가능하게 하여 비행력과 탄력이 좋았다. 2010년 남아공월드컵 공인구 자블라니는 남아공 공용어인 줄루어로 '축하하다'는 뜻이다. 이 공에는 11가지 컬러를 사용했다. 이는 11개 부족과 11개 공용어를 쓰는 남아프리카공화국을 상징

한다. 공 표면의 특수 미세 돌기를 이용하여 키커의 발에 공이 달라붙게 고안했다. 평면 조각을 이어서 만든 전통적 축구공과 달리 구형으로 8개의 패널을 찍어내 이를 이어 붙이는 공법을 사용함으로써 역대 공인구 중 가장 둥근 공이라는 평가를 받았다. 2014년 브라질월드컵 공인구 브라주카는 브라질 사람과 낙천적인 브라질 사람 특유의 삶을 뜻하며 빨강, 초록, 파랑 등 원색이 들어갔으며, 구불구불한 공의 문양은 브라질을 가로지르는 아마존강과 브라질 원주민이 사용하는 전통 팔찌인 소원 팔찌를 형상화했다. 브라주카는 사각형의 돌기를 갖고 있으며, FIFA 역대 공인구 중 가장 적은 6조각으로 만들어졌다. 조각 수가 적을수록 공이 구형에 가까워지기 때문에 공을 다룰 때 더 정확한 슈팅과 패스를 만들어낼 수 있다.[11]

축구구국론   일제강점기 시절 축구를 통한 체력 증진으로 민족을 구하자는 주장이다. 1920년 7월 13일 동아일보사와 문화민족주의자들의 후원과 『동아일보』 주필 장덕수가 90여 명의 발기인 모집에 앞장섬으로써 조선체육회가 발족했는데, 『동아일보』 7월 16일자는 기념 사설에서 "민족의 발전은 건장한 신체로부터" 나온다고 했다.[12] 월간 『개벽』 1920년 11월호엔 「사나이거든 풋볼을 차라」라는 기사가 게재되었다. 이 글은 조선 사람이 어렸을 때부터 업혀 길러지고 꿇어앉는 습관이 있어서 다리도 짧고 양복을 입어도 폼이 안 난다고 지적하면서, 축구를 하면 다리가 길어지고 튼튼해져서 민족적인 신체 결함을 고칠 수 있다고 주장했다.[13] 이런 구국론은 1970년대까지 계속되었다. 한 여성은 월간 『축구』 1978년 3월호에 쓴 「축구의 매력」이라는 글에서 국가대표팀 경기를 "우리 민족의 일체감 그것이다"라고 규정한 뒤, 응원하는 관객들도 "저마다 민족적 영웅"이 되어 "우리가 져도 좋다는 사람이 있다면 민족 반역자로 몰매를 때려"도 좋다고

주장했다.[14]

축구 금지령 중세 영국의 도시와 마을에서는 인근 지역 마을들과 정기적으로 축구 경기를 치렀는데 이때의 축구는 이종 격투기 수준이었다. 발차기, 주먹질, 이빨로 상대방 물기, 눈 찌르기 등 온갖 폭력이 난무했으며 심지어 주머니와 옷소매마다 무기로 쓸 쇠붙이가 감춰져 있었다. 게임에는 수백 명의 사람이 참가했고 아침에 시작된 경기는 날이 저물 때까지 계속되었다. 경기가 끝나면 사망자들의 시체와 불구가 된 부상자들이 즐비했다. 승부의 동기가 너무 강력하여 한 번 대결했던 상대는 승패를 떠나 무조건 복수해야 하는 원수가 되었다. 그러자 1331년 잉글랜드 국왕 에드워드 3세가 축구를 금지하는 법률을 통과시켰고 1424년 스코틀랜드에서는 국왕 제임스 1세가 의회에서 어떠한 사람도 축구를 할 수 없다고 선언했다. 잉글랜드 여왕 엘리자베스 1세는 축구 선수들을 일주일 동안 감옥에 가두고 교회에서 고해성사를 하게 했다. "축구라는 잔인한 행동을 저지른 죄를 씻으라는 의미였다."[15]

축구섹스론 축구의 많은 부분이 섹스의 은유라는 주장이다. 이와 관련해 이만우는 "모든 '차기'의 궁극적 목적은 타자로의 침투, 특히 성스럽거나 또는 구멍에 의해 금지된 지대로의 침투이다"며 다음과 같이 말한다. "영어의 은어隱語로 '득점scoring'은 여성에 대한 남성의 성적 정복을 의미하기도 한다. 실제로 축구의 전술 시스템(4-4-2이든 3-5-2이든 간에)은 상대 선수들의 침입에 대항하여 방어된 공간(구멍)에 주체들(우리 편 선수들)을 배치하는 것이다. 또한 역설적으로 자연적 장애물인 골포스트와 그물은 공간을 정의하고 구멍의 속성을 강화하는 것으로 생각된다. 여기서 확인되는 것은 성적이고 마술적인 흥분을 포함하는 방식으로 성취된 원초적 공격성의 '승화sublimation'이다. 바로 이 승화는 터부의 첫 번째 의미 작용이자, 몸 활동을 '통제'의 방식으로 제한함으로써 당파주의적 열정을 유지·지탱하는 것이다."[16]

축구 용어 콩글리시   우리가 알고 있는 축구 용어는 대부분 일본식 영어가 많다. 야구계는 일본식 용어를 추방하기 위해 아나운서나 해설자들이 대부분 정확한 용어를 쓰려고 노력했으며 많은 진척을 이루었다. 예를 들면 데드볼이라는 용어를 힛 바이 피치드 볼hit by pitched ball, 사이클 히트를 히팅 포더 사이클hitting for the cycle 등 꾸준한 노력을 해왔으나 거기에 비하면 축구계는 아직도 일본식 용어를 아나운서나 해설자들이 남발하고 있다. 한때 1970년대 유신독재시절에 축구 용어를 순수한 한글식으로 바꾸는 작업이 진행된 적도 있었다. 코너킥을 모서리 차기, 골키퍼를 문지기 선수 등 결국 어색한 나머지 자연스럽게 그러한 용어는 폐기되었다. 그러나 우리는 축구 종가에서 사용하는 원칙만큼은 알고 있어야 하기에 그간 잘못된 표기를 나열해보았다. 헤딩heading은 헤더header, 핸들링handling은 핸드볼handball, 골 세레머니goal ceremony는 골셀리브레이션goal celebration, 백넘버back number는 유니폼 넘버uniform number, 골게터goal getter는 스트라이커striker, 센터링centerring은 크로스cross, 드로잉throwing은 드로인throw in, 자살골은 자책골own goal, 골인goal in은 골a goal, 킬 패스kill pass는 킬러패스killer pass, 해드트릭head trick은 햇트릭hat trick, 업사이드up side는 오프사이드off side, 드리볼driball은 드리블dribble, 발리슈팅volley shooting은 하프발리half volley, 선심linesman은 부심assistant referee, 루즈타임lose time은 로스타임loss time, 로스트 타임lost time은 애디드타임

added time 혹은 인저리 타임injury time, 오버헤드킥overhead kick은 바이시클 킥bicycle kick 혹은 시저스 킥scissors kick, 포백four back과 쓰리백three back 은 플랫4flat four와 플랫3flat three, 원톱one top과 투톱two top은 론lone과 더 블double, 볼 리프팅ball lifting은 키피업keepy up, 맨투맨man to man은 원엔원 one and one로 사용해야 한다.[17]

축구영웅 2005년 3월 17일 대한축구협회가 한국 축구 123년의 역사를 대표할 만한 명예로운 축구 인사 7명을 발표했는데, '축구 명예의 전당'에 헌액된 이들을 가리키는 말이다. 선수 부문에 고 김용식 옹, 홍덕영 옹, 이회택 대한축구협회 부회장, 차범근 수원 삼성 감독을, 공헌자 부문에 김화집 옹과 거스 히딩크 2002년 한일월드컵 한국 국가대표팀 감독, 정몽준 당시 대한축구협회 회장이다.[18] 한 신문은 이회택의 전성기였던 1970년 시절을 이렇게 회고했다. "그 무렵 마을 공터나 초등학교 운동장에서 벌어지던 동네축구에서 제법 폼 나게 단독 드리블을 할 참이면 어김없이 돌아오는 핀잔이 네가 이회택이냐였다. 소 뒷걸음질 치다 쥐 잡는 격으로 어쩌다 상대편의 결정적인 공격을 가로막았을 때는 이회택도 막을 수 있겠다는 어설픈 찬사를 받았다. 축구가 대중의 울분을 풀어주는 유일무이한 스포츠이던 시절, 이회택은 최고의 공격수, 불세출의 스타플레이어이자 살아 있는 신화였다."[19]

축구와 섹스 1987년 12월 12일 독일 국가대표팀은 브라질에서 친선경기를 했는데, 브라질이 1:0으로 리드하고 있을 때 독일이 선수교체를 했다. 미하엘 프론체크 대신 프랑코 포다가 투입되고 장내 아나운서의 멘트가 있자 2만 관중이 일제히 폭소를 터뜨렸다. 프랑코 포다는 포르투갈어로

"공짜로 섹스하다"를 뜻하기 때문이다. 축구가 지닌 매력은 골대로 슈팅하는 것이다. 골이 들어가기까지의 움직임도 쾌감을 주지만 공이 네트에 꽂힐 때 선수는 오르가슴을 느낀다. 독일의 위르겐 클린스만은 "압력은 골을 넣을 때 폭발한다. 미칠 듯한 필링"이라고 말했다. 그리고 섹스와 비슷하다고 말했다. 관중은 잔디 위의 일을 훔쳐보는 관음증 환자이고, 최소한 환호를 사정射精할 수 있다. 1998년 프랑스월드컵 직전 여론조사에서 슈퍼모델 클라우디아 시퍼와 하룻밤을 보내는 것과 잉글랜드 대표팀 경기를 보는 것 중 2/3는 시퍼에게 관심이 없다고 답했다. 뮌헨 1860의 열렬한 어떤 팬은 선수들의 훈련을 지켜보다가 아들이 헐레벌떡 뛰어와 말을 더듬거렸다. "아빠 부룬, 부룬넨마이, 부룬넨마이어가……." 아버지는 아들을 꾸짖었다. "제발 제대로 말하라고!" "부룬넨마이어 선수가 엄마하고 같이 침실에 있어요!" "천만다행이구먼." 아버지는 안도했다. "부상당한 줄 알았거든." 진짜 팬은 축구가 여자보다 중요했다. 브라질 속담에 아내를 바꾸는 것은 그럴 수 있지만, 클럽을 바꾸는 것은 있을 수 없는 일이었다. 예전에는 모든 감독이 경기 전 섹스를 금했지만 이를 비웃는 사나이가 나타났다. 맨유의 조지 베스트는 라커룸에서 무수한 여성팬과 성관계를 맺으며 동료들에게 옷장과 커튼 뒤에서 성행위를 지켜보게 했다. 그리고 네덜란드는 1974년 뮌헨월드컵에서 결승전 전날 호텔에서 선수들의 부인과 섹스를 허용했다. 브라질의 호마리우는 "좋은 공격수는 경기 전날 멋진 섹스를 해야만 골을 넣을 수 있다"라는 모토를 내걸고 1994년 미국월드컵 우승을 차지했다.[20]

축구의 노래   1970년 축구협회가 만들어 보급한 노래다. 〈축구의 노래〉(김동진 작곡, 박목월 감수) 가사는 이렇다. "마을마다 직장마다 울려 퍼지네 / 볼을 몰고 차고 뛰는 즐거운 함성 / 강철 같은 투지로 슛하면 골인 / 승리 속에 젊은이 영광 있으라 / 골을 향해 돌진하는 우리 용사들 / 맺어지는 우정이여 겨레의 힘이요 / 세계정상 노리는 대한의 축구."[21] 이 노래가 나오게 된 배경은 1969년 축구협회 재무이사가 된 재무부 이재국장 장덕진과 관련되어 있다. 그는 대통령 부인 육영수의 인척으로 이른바 '실세'였다. 장덕진의 적극적 권유로 1969년 1월 상업은행 축구팀이 창단되었다. 이후 주택은행, 신탁은행, 외환은행, 제일은행, 조흥은행, 한일은행, 중소기업은행, 농업협동조합중앙회, 자동차보험 등이 잇따라 축구팀을 창단함으로써 금융단 축구팀의 전성시대를 열게 되었다.[22] 장덕진은 1970년 1월 15일 축구협회장에 취임해 1972년 1월 25일까지 제31대 회장 임기를 채웠고 연임해 제32대 회장으로 1973년 8월 19일까지 한국 축구를 이끌었다. 그는 1973년 8월 농수산장관을 맡기까지 축구 발전에 큰 기여를 했다.[23]

축구의 여성화 ○ 열정의 사유화

축구의 위엄　FIFA 보고서(빅카운트)에 따르면 2000년 남녀 축구 선수는 약 2억 4,200만 명이다. 약 2,000만 명의 여자 선수가 클럽에 소속되어 뛰고 있으며 세계에서 가장 인기 있는 여자 스포츠이기도 하다. 2005년 FIFA는 206번째와 207번째 축구협회를 거느리며 UN보다 많은 회원국을 가지게 되었다. 2014년 리우월드컵의 관중 수는 340만 명이고, 전 경기를 통틀어 400억 명이 월드컵을 텔레비전으로 시청하고 그중 16억 명이 한날한시에 결승전을 시청했다. 이 지구상에서 살고 있는 사람들의 4분의 1이 90분 동안 같은 일(축구 경기 시청)을 했다.[24]

축구의 포르노그래피   축구 경기를 텔레비전 생중계로 보는 것과 경기장에서 직접 관람하는 것과의 심리 공간적 분할이 뒤섞여 버린 '과도현실hyperreality'에 의해 나타나는 현상을 말한다. 텔레비전은 수많은 카메라를 통해 경기를 자세하게 보여주지만 필요 없는 것까지 보여주기도 하며 특정 장면을 드라마로 만들어 감정적 흥분을 극대화하기도 한다는 것이다. AC밀란의 소유주인 동시에 미디어 재벌이기도 한 베를루스코니는 사람들은 축구를 텔레비전을 통해 생중계로 시청하는 것을 좋아한다며 축구장 입장을 무료로 하자고 주장하기도 했다. 축구의 포르노그래피를 지지하는 주장으로도 볼 수 있겠다.[25]

축구장의 상점화   축구장의 공간이 여러 가지 상품을 판매하는 상업공간으로 변하는 현상을 말한다. 축구팬들에게 클럽의 자세한 역사를 소개하는 특수박물관을 축구장 내에 설치하는 축구장의 박물관화museumification 현상도 동시에 일어나고 있다.[26]

축구종교전쟁론   축구는 일종의 종교요 전쟁으로서 사실상의 '종교전쟁'이라는 주장이다. 강준만은 다음과 같이 주장한다. "스포츠는 사람을 미치게 만든다. 모든 스포츠 가운데 사람을 가장 미치게 만드는 종목은 단연 축구다. 축구의 구조가 그렇게 돼 있다. 축구는 종교요 전쟁이다. 축구의식儀式은 종교의식과 매우 비슷하다. 경건과 열광이 교차한다. 축구가 종교가 아니라면, 적어도 주술呪術인 건 분명하다. 선수들은 '징크스'라는 말을 쓰곤 하지만, 골을 넣은 후 기도하는 선수들의 모습은 축구장 분위기에 잘 어울린다. 축구는 매우 전투적인 경기다. 기본 구조가 사냥과 비슷하다. 이는 언론 보도에서도 잘 나타난다. 한 조사에 의하면 1998년 프랑스월드컵 보도에서 사용된 전투적 표현은 103가지나 되었는데, 대표적인 예로는 붉은 군단, 대포, 용병술, 주무기, 사령탑, 복병, 고지, 주포, 사단, 군단, 전차군단, 병기, 신호탄, 별들의 전쟁, 핵폭탄, 시한폭탄, 특급저격수, 탱크 등이었다. 그라운드 밖에서도 훌리건들이 전투를 벌인다. 39명이 죽고 454명이 부상을 입은 1985년 헤이젤 참극, 265명의 사상자를 낸 1989년 힐스보로 참사는 모두 영국의 악명 높은 훌리건들에 의해 촉발된 것이다. 328명의 사망자를 낸 1964년 페루-아르헨티나전 폭동, 2,000~3,000명의 사망자를 낸 엘살바도르-온두라스 전쟁으로 비화된 1969년 월드컵 예선경기 등도 축구의 본질적인 전투성을 말해주는 사건들이다."[27] 축구 자체가 종교는 아닐지 몰라도, 영국을 비롯한 많은 나라에서 축구가 진짜 종교전쟁의 매개가 되는 경우는 많다. 스코틀랜드 사회학자 리처드 줄리아노티에 따르면, "대부분의 '현대' 사회나 축구클럽들에서조차 종교적 불관용과 편견은 여전히 선수와 팬, 감독들 사이에 배양되는 내부적 단결에 크게 이바지하고 있다. 사회학자와 역사학자는 북아일랜드와 스코틀랜드의 경우처럼 축구에 나타나는 종교적 충돌에 특별히 주목한다. 인류학자들은 그 대신에 축구에 의해 생명을 얻는 다양한 종교적 관습과 가치체계에 많은 관심을 보인다."[28] ○ 엘살바도르-온두라스 전쟁, 헤이젤 참사, 힐스보로 참사

축국蹴鞠 **1** 『삼국사기』와『삼국유사』에 전하는 신라시대의 공차기 놀이다. 삼국통일의 주역인 신라의 김유신과 김춘추가 농주弄珠를 가지고 노는 축국을 했다는 것이다. 축국은 둥근 놀이기구, 이를테면 가축의 방광이나 태반에 바람을 넣어 차거나 던지는 놀이였을 것으로 추측된다. 같은 무렵의 당나라 문헌에 보면 넓은 빈터에 몇 길(장) 되는 장대를 양편에 꽂고 그 장대 위에 망을 친 다음, 7~9명씩 짝을 지어 공을 차는데, 그 망 위에 공

을 없는 편이 득점을 하는 것으로 되어 있다. 이규태는 신라의 통일이 바로 이 축국에서 비롯되었다고 주장했다. "신라 통일의 쌍벽은 김춘추와 김유신이다. 이 통일공신이 손을 잡고 유대를 맺게 된 계기가 축국이기 때문이다. 이들이 젊었을 때, 어느 날 김유신의 집 앞에서 서로 반대편이 되어 축국 시합을 했던 것 같다. 김유신이 태클하는 바람에 김춘추의 옷고름이 떨어져 나갔고 반칙을 범한 김유신은 그 길로 김춘추를 집에 데리고 들어가 누이동생인 문희로 하여금 옷고름을 꿰매게 했다. 이것이 김춘추와 문희를 꿰맨 것이 되고 더 나아가 김춘추와 김유신을 꿰맨 것이 되었으며 더 나아가 신라통일의 대업을 꿰맨 것이 되었던 것이다." 조선시대 정조 때에 간행된 『무예도보통지』에 따르면, "國鞠은 곧 구毬, 球라는 글자이므로, 축국은 공놀이인 것이다. 옛날에는 털을 모아 묶어서 만든 공을 사용했는데, 지금은 뱃속의 어린애를 싸고 있는 삼胎 같은 것을 사용한다. 생각건대, 이것은 즉 소의 오줌통으로 만든 공일 것이다. 이 속에 공기를 불어넣어 찬다."[29] ○ 척구

축국蹴鞠 2 2004년 7월 17일 FIFA 제프 블래터 회장이 중국을 축구의 진정한 발상지라고 공식 승인했다. 중국 신화 속의 제왕 황제는 세계 최초의 축구 선수다. 기원전 2967년 축국을 발명했다. 기원전 8세기와 5세기 사이에 산둥성 임치에서 인기를 누렸고 한대부터 전승되었다. 털이나 깃털을 채운 가죽 공을 발로 힘차게 찼으며 슈팅 자세는 오늘날 선수에게도 모범이 될 수 있었다. 한나라 무제武帝도 축국을 즐겼다고 한다. 중립적 지도자가 선수들이 규칙을 준수하게 하고 각 팀은 6명으로 구성되었다. 축국이 가지는 우주론적·정치적인 상징도 분명하다. 둥근 공은 하늘을 상징하고 네모난 필드는 땅을 상징하고 12명의 선수는 열두 달을 상징했다. 축

국은 중국 역사에서 정권이 바뀌어도 계승 발전되었으나, 송나라 말기 1334년의 어느 글에서는 오로지 돈이 썩어나는 자들이나 할 일 없는 자들이 축국을 즐길 뿐 관리들은 그렇지 않다고 했다. 공차기는 이제 단지 오락을 위한 경박한 일로 여겨지고 마침내 명나라를 창건한 주원장은 병사들에게 이 스포츠를 금지했다. 축국의 몰락은 군인 사회에서 문민 사회로 바뀌면서 설 자리를 잃었고 주자학은 육체적 훈련에 큰 의미를 두지 않았다. 축국의 르네상스는 지나갔고 17세기 말 중국의 대권을 잡은 만주족은 민간인에게 공놀이 같은 신체 단련을 금지시켰다. 그러나 축국은 다른 아시아 국가에서 보존되었다. 6세기경에 중국에 있던 일본 유학생과 외교관들에 의해 일본으로 전파된 축국은 '게마리'란 이름으로 행해졌다.[30]

취리히의 치욕 한국의 월드컵 첫 도전은 1954년 6월 스위스 취리히에서 열린 제5회 월드컵대회였는데, 이 대회에서 한국이 헝가리와 터키에 각각 0:9, 0:7로 패배한 사건을 말한다. 한국팀은 당시 '우물 안 개구리'였던지라 비행기 예약도 제대로 못해 6월 17일이 첫 경기인데도 15일 밤늦게 스위스 취리히에 도착했다. 17일 헝가리와 붙었는데, 당시 헝가리는 1952년 헬싱키올림픽을 제패하는 등 결승에서 서독에 2:3으로 패할 때까지 32전 무패를 자랑하는 세계 최강팀이었다. 한국 선수들이 너무도 불쌍했던지 장내 아나운서는 "전쟁을 치른 한국팀에 성원을 보내자"며 선물을 보내줄 것을 관중에게 호소했다. 다음 날부터 한국 선수단이 묵고 있는 호텔에 선물꾸러미가 쌓이기 시작했다. 그런 성원에도 한국팀은 20일 터키전에서도 0:7로 대패하고 말았다. FIFA는 한국의 참패를 보고 아시아지역 축구가 수준 이하라고 판단, 이 지역 출전국 수를 1개국으로 제한하게 되었다.[31] ○ 런던의 치욕, 도쿄의 치욕, 테헤란의 치욕

침대축구　중동 국가나 중동 클럽들이 잘하는 행위이며 자신들이 앞서고 있거나 유리하다 싶은 상황에서 작은 몸싸움이나 경합 장면에서 고의적으로 넘어지고 심지어 눕는 행동까지 하면서 시간을 흘려보내는 경기를 말한다. 그러나 자신들이 지고 있을 때에는 침대 축구를 하지 않는다. 그동안 한국팀은 중동 팀들을 상대로 침대축구에 고전을 면치 못했다. 2016년 9월 6일 시리아와의 러시아월드컵 최종 2차전에서 시리아는 새로운 유형의 침대축구를 선보였다. 그간 침대축구는 골키퍼를 제외한 선수들의 전유물이었으나 시리아는 골키퍼가 노골적으로 침대축구를 펼치자 그라운드 밖으로 내보내지도 못하는 상황이 연출되면서 침대축구를 한 시간보다 인저리 타임이 상대적으로 부족해 0:0으로 끝나고 말았다. 침대축구를 격파하는 길은 빠른 시간 내에 선취골을 터트리는 방법밖엔 답이 없다. 결국 침대축구는 전반적으로 아시아 축구의 질을 떨어뜨리는 세계적인 흐름에 역행하는 비신사적인 행동이다.

FUNNY FOOTBALL
DICTIONARY

F
★

카나리아 군단　　브라질 국민들은 역사상 최악의 경기로 1950년 브라질월드컵 결선리그 최종전을 꼽았다. 당시 브라질은 결승전이나 마찬가지였던 우루과이와의 경기에서 1:2로 역전패를 당했다. 이른바 '마라카낭의 비극'이라 불리는 경기다. 당시 브라질은 패배 이후 선수들이 범죄자 취급을 받는 등 수많은 후유증을 남겼다. 당시 상하의 모두 흰색이던 대표팀 유니폼이 현재의 카나리아 옐로로 바뀐 것도 마라카낭의 비극 때문이었다. 마라카낭에서 충격의 패배를 당한 브라질은 유니폼을 모두 수거해 소각했고, 마라카낭의 기억을 지우기 위해 노란색 상의와 파란색 하의로 이루어진 지금의 유니폼으로 교체했다. 그로부터 64년 후 2014년 브라질월드컵에서 미네이랑 경기장에서 열린 독일과 준결승전에서 1:7로 대패를 당했다. 또 한 번 월드컵 무대에서 되풀이된 역사였다. 심지어 1950년보다 끔찍한 결과에 브라질 국민들은 망연자실했다. 우승을 꿈꾸던 브라질의 몰락과 미네이랑의 비극에 팬들은 분노를 넘어 비통함을 감추지 못했다. 스콜라리 감독은 "패배는 모두 내 책임"이라며 고개를 숙였고 선수들도 "팬들에게 죄송하다"며 어깨를 떨구었다. 하지만 남겨진 상처는 컸다. 끔찍한 패배를 목격한 전 세계 축구팬들은 "이제 유니폼을 어떤 색깔로 바꿀 것인가"라고 묻고 있다. 과연, 64년 만의 수치스러운 패배에 카나리아 군단은 해체될 것인가?[1]

카르톨라스cartolas   브라질에서 원래는 '큰 모자들'이란 뜻으로 브라질 축구를 좌지우지하는 최상층 축구업자들을 말한다. 이들은 아마추어 조직의 일부이므로 일반적으로 급여를 받지 않지만, 실제로는 팀의 재정에 관여하는 것으로 자신의 노고를 보상받는다. 브라질 축구협회 회장직을 역임했고 국제축구연맹 회장이기도 했던 주앙 아벨란제는 "나는 월급은 받지 않습니다. 그저 그럭저럭 살기에 모자람이 없는 수당을 받을 뿐이오"라고 말했는데, 바로 아벨란제가 전형적인 카르톨라스다. 카르톨라스의 부패는 악명이 높아 브라질 축구를 좀 먹는 이유로 지목되고 있다. 브라질의 유명 선수들이 모두 유럽으로 진출하는 건 꼭 돈 때문만이 아니라 이들의 횡포가 지긋지긋해서다. 이와 관련, 1998년 호나우두는 기자들에게 "어떤 조건을 제공한다 해도 다시 브라질로 돌아가지 않을 겁니다"라고 말한 바 있다.[2]

카테나치오catenaccio   카테나치오는 수비를 중시하고 지능적인 반칙으로 상대 공격을 막는 축구 전술이다. 이탈리아어로 '빗장'이라는 뜻을 가지고 있기 때문에 '빗장 수비'라고도 한다. 최종 수비의 유기적인 움직임을 강조해 상대방의 득점을 막는 방식이다. 1960년대 인터 밀란의 감독이던 엘레니오 에레라가 도입해 리그 경기에서 수많은 1:0 승리를 이끌어 냈다. 오늘날, 특히 유럽에서는 '상대방의 실책에 편승해 득점한 다음, 지지 않기 위해 공격은 하지 않고 지키기만 하는 재미없는 축구'라는 부정적인 뜻으로 사용되기도 한다. 미국 저널리스트 프랭클린 포어Franklin Foer는 카테나치오의 문제에 대해 다음과 같이 말한다. "득점의 기회가 적고 실책도 거의 없는 상태에서, 선수들은 상대를 앞지르기 위해 뭐든 해야만 한다. 이런 까닭에 이탈리아 축구를 생각하면 어느새 '맘마 미아mamma mia(세상에 이럴 수가, 어머나)' 하며 양손을 분주하게 움직이며 심판에게 항의하는 인상 깊은 장면이 떠오르는 건지도 모르겠다. 근래 들어 구식 카테나치오 스타일은 좀더 공격적으로 많이 바뀌긴 했지만, 그들만의 독특한 색깔은 여전히 남아 있다. 이탈리아 축구에서는 아직도 '항의'와 '책략'이 승부에 결정적인 역할을 한다. 그들은 모든 심판의 모든 판정에 대해 공정성 시비를 하고 그렇게 함으로써 이후의 다른 경기에서 심판의 만회 판정을 이끌어낼 수 있다고 생각하는 것이다."[3]

K 리그 한국프로축구연맹이 주관하는 프로축구리그로 1983년의 수퍼리그가 모태가 되었다. 1984년 현대와 LG가 창단되면서 1987년부터 순수 프로팀인 대우·포항제철·유공·현대·LG의 5개 프로팀으로 경기를 치렀다. 1989년 일화팀이 창단되었고, 1994년 전북, 1995년 전남, 1996년 수원, 1997년 대전 시티즌이 창단하고, 1996년 지역연고제를 도입하면서 본격적인 프로축구리그로 자리 잡았다. 2003년 대구 FC와 광주 상무가, 2006년 경남 창원을 연고지로 경남 FC가 창단되어 총 14개 팀이 있다. 1999년 최초로 200만 명의 관중을 돌파하고, 2005년엔 역대 최다 관중인 287만 3,351명의 관중이 경기장을 찾았다. 각 구단별로 최소 약 30명에서

최대 약 45명의 선수를 보유하고 있으며, 3명씩의 외국인 선수를 보유하고 있다. 외국인 선수는 한 경기에 한 팀에서 3명씩 출전할 수 있으며, 군 복무 중인 상무 소속 선수들로 구성된 광주 상무팀은 외국인 선수를 보유하지 않는다. 경기 방식은 홈앤드어웨이 방식으로 수요일과 토요일과 일요일에 경기를 치르는 것을 기본으로 하며 승리한 팀에는 승점 3점을, 무승부를 기록한 팀에는 승점 1점을 부여한다. 대회 방식은 정규리그 외에 컵대회를 운영하고 있으며, 올스타전 같은 이벤트성 경기도 개최된다. 정규리그 우승팀은 우승 다음 연도에 FA컵 우승팀과 함께 AFC 챔피언스리그(아시아축구연맹에서 주관하는 아시아클럽대항전)에 K리그를 대표하는 팀으로 참가할 자격이 주어지며, 한국과 일본, 중국의 극동아시아 3개국 간의 최고 클럽을 가리는 A3 챔피언스컵에도 참가할 수 있는 자격이 주어진다.⁴ ● 수퍼리그

K리그 위기론 K리그가 위기에 처했다는 우려의 목소리가 높다. 『중앙일보』 2009년 6월 2일자는 "프로농구가 2008~2009시즌 최다 관중 기록을 세우고, 프로야구가 지난해 올림픽 금메달과 월드베이스볼클래식 WBC 선전에 힘입어 550만 관중을 목표로 흥행 가도를 질주하고 있는 동안 K리그는 찬 서리를 맞고 있다. 관중 급감 속에 TV 중계와 스폰서에서도 외면받고 있다. 스타가 해외로 떠나간 경기장에서는 승부에 집착한 선수들이 거칠고 지루한 경기를 벌이고 있고, 일본 J리그와 격차가 점점 벌어지고 있는 K리그 팀들은 중국 팀에도 위협을 받는 신세가 됐다"며 다음과 같이 말했다. "K리그의 관중 감소 현상이 심각하다. 지난달 30일까지 열린 103경기(컵대회 포함)에 경기당 1만 214명의 팬이 모였다. 지난해 같은 기간 평균 1만 3,132명에 비해 22퍼센트포인트나 줄었다.……프로야구의 인기에 밀리면서 TV 중계 횟수도 대폭 줄었다. 방송사별로 지난해 동기 대비

20~70퍼센트포인트 감소했으니 TV로도 프로축구를 보기 어려운 실정이다.……시청률에서도 확연히 차이가 난다. 케이블방송의 경우 프로축구가 0.4~0.5퍼센트인 반면 야구는 0.7~0.8퍼센트에 이른다.……K리그는 올 시즌 타이틀 스폰서 유치에 실패했다. 지난 6년간 프로축구를 후원해온 삼성전자는 지난해를 끝으로 손을 뗐다. 새로운 스폰서 섭외에 나섰으나 K리그란 브랜드로는 시장에서 환영을 받지 못했다.……경기력은 답보 상태다. K리그는 올 시즌 아시아축구연맹AFC 챔피언스리그에서 일본 J리그 팀들과 여덟 차례 경기를 치러 3승 1무 4패를 기록했다. 맞대결이 없었던 지난해를 빼고 2007년(2무 5패)에 이어 2년 연속 일본에 밀렸다."[5] 최원창은 "단 1분도 제대로 된 패스가 이어지지 않는 K리그 현실은 암울하다"며 이렇게 지적한다. "크로스와 슈팅은 부정확하고 경기 템포는 느리다. 팬들은 숨 막힐 듯 치고받는 격렬함을 바라지만 대부분의 경기는 무미건조한 볼 뺏기 싸움에 불과하다. 올 시즌 프리미어리그에서 무작위로 고른 40경기의 파울 수는 926개로 경기당 23.15개에 불과했다. 하지만 5월 한 달 동안 K리그 31경기에서 나온 파울 수는 1,142개로 경기당 38.84개에 이른다. 한 번 넘어진 선수들은 좀처럼 일어날 생각을 하지 않는다. 경기가 자주 끊기다 보니 경기에 몰입하기 어렵다."[6] 이수한은 "전문가들은 K리그가 재도약하려면 경기력 향상을 통해 콘텐트 자체의 경쟁력을 확보해야 한다고 입을 모은다. 중·장기적으로 리그의 승강제 도입이 필요하고, 지역에 기반을 둔 구단이 유소년 클럽을 활성화해야 한다고 충고한다"며 이렇게 말한다. "강등제를 도입한 잉글랜드 프리미어리그나 일본 J리그는 1부에 '살아남을' 팀을 가리느라 우승팀이 정해지더라도 시즌이 끝날 때까지 리그에 생명력이 살아 있다. 신연호 단국대 감독은 '순위가 하위권에 머물러도 여유를 부리는 팀도 있다. 만약 강등제가 있다면 팀들이 돈벌이를 위해 선수

를 방출하거나 하위권 성적에서도 여유를 부릴 수 있을까 의문'이라고 지적했다."⁷ 이와 관련, 한국프로축구연맹 곽정환 회장은 K리그가 위기라는 사실을 인정하며 책임을 통감한다고 했다. 곽 회장은 "현재의 위기는 정치적인 결정으로 1983년 프로축구가 출범한 태생적 한계와 취약점이 표출된 것이다. 각고의 노력으로 K리그 재도약의 토대를 마련하겠다"며 다음과 같이 말했다. "스타 선수들이 잇따라 해외로 빠져나갔고, 수원·서울 등 빅 클럽이 초반에 부진했다. 관중 집계에서 '허수'가 빠지면서 관중 수가 줄어든 면도 있다. 올해부터 프로축구연맹은 각 구단에 근거 자료를 첨부해 관중 수를 보고하도록 했다. 그동안 관중 집계에 거품이 좀 있었던 게 사실이다. 가장 중요한 것은 경기력과 서비스의 질이다. 매끄러운 경기, 팬들이 즐거워하는 축구를 해야 한다. K리그 평균 실제 경기 시간이 47분(90분 기준)이라고 한다. 프리미어리그는 54분이다. 시간 지연, 쓸데없는 파울과 판정 항의 등을 엄격히 다스려 올해 실제 경기 시간을 50분까지 늘리도록 하겠다."⁸

쿠퍼테스트 cooper test for referee 심판들의 체력을 측정하기 위해 실시하는 테스트다. 50미터를 7.5초 만에 뛰고 잠시 휴식을 취한 후 200미터를 32초 안에 주파해야 한다. 그러고 난 다음 재차 50미터와 200미터를 같은 시간 내에 통과해야 한다. 여기서 합격하면 2,700미터를 12분 안에 주파해야 최종 합격한다.

크로스바 crossbar 두 개의 골포스트 상단을 수평으로 연결한 길이 7.32미터의 가로 기둥을 말한다. 폭과 두께는 골포스트와 같되 12센티미터를 초과할 수 없다. 목재, 금속 또는 승인된 재료로만 만들어야 하며 모양은 정사각형, 직사각형, 원형, 타원형 등으로 선수의 안전을 확보할 수 있어야 한다. 경기 도중 크로스바가 부러지거나 위치가 바뀌었을 경우에는 수리를 마치거나 제 위치에 놓일 때까지 주심은 플레이를 중지시킨다. 수리가 완료되었을 경우에는 크로스바에 문제가 생긴 것을 발견했을 때 공이 있던 위치에서 드롭볼dropped ball로 경기를 재개하며, 수리가 불가능할 경우에는 경기를 포기해야 한다. 원시 축구의 '골대'에는 골포스트만 있고 크로스바가 없었다. 아무리 공이 높이 치솟아도 포스트 사이만 통과하면 골인이었던 것이다. 축구 최초의 '성문법'인 1863년 잉글랜드축구협회FA 규칙도 "공이 골포스트 사이의 공간을 통과하면 득점으로 인정한다"고 규정했다. 크로스바가 도입된 것은 12년이 지난 뒤인 1875년이다. 국제축구연맹과 영국의 4개 축구협회로 이루어진 규칙개정위원회에서 골의 높이에 제한을 두기로 결정하면서 크로스바가 생겨났다. 처음엔 노끈 등으로 만든 줄(크로스코드cross cord)을 썼다가 1890년대에 들어서면서 줄이 점차 사라지고 크로스바가 자리를 잡았다.[9]

크리스마스 축구 1914년 12월 24일 제1차 세계대전이 벌어지던 서부 전선에서 적국 병사들이 휴전 중 중립지대에서 만나 참호 사이에 즐비하게 놓인 시신들을 묻었다. 그들은 서로 대화를 나누고 선물을 교환했다. 그 와중에 짧은 휴전을 연장하고 다시 중립지대에서 만나 공을 차자는 아이디어를 냈다. 그리하여 크리스마스 축구가 실제로 벌어졌는데, 그것은 한두 군데가 아니라 전방의 여러 곳에서 벌어졌다. 피켈하우베(모자의 정수리 위에 창끝 모양 장식이 돌출된 독일군 전투모)를 골포스트로 사용했고 대개 영국인들이 공을 가져왔으며 공이 없으면 그 자리에서 공 비슷한 물건을 만들어냈다. 어니 윌리엄스는 뷜베르장에서의 한 경기에 대해 이야기했다. "우리는 어떤 식으로든 골대를 만들었고 두 팀 젊은이들이 모두 들어와 공을 찼다. 선수는 몇백 명에 달했다. 심판도 없었다. 어디서 심판을 데려오겠는가. 득점 상황이라는 것도 없었다. 군화 때문에라도 제대로 된 경기는 불가능했다. 오물이 잔뜩 붙어서 무거웠기 때문이다." 전쟁 한가운데서 적들 사이에서 어느 곳에서는 영국인과 독일인 사이에서, 다른 곳에서는 독일인과 프랑스인 사이에서, 축구는 민족 친선의 표현이 되었다.[10]

크로스 패스 cross pass　　경기장을 가로질러 반대쪽 자기편에게 공을 보내는 중장거리 패스를 말한다. 상대팀의 빈 공간을 이용해 공격 방향을 바꾸거나 속공을 노릴 때 사용하는 전술이다.

크리스티아누 호날두　　맨체스터 유나이티드의 간판스타로 '반항아' 기질이 강해 '모범생' 박지성과 자주 비교되는 선수다. 2009년 5월 11일 호날두는 맨체스터 시티와의 경기 후반 14분 돌연 교체된 데 대해 감독에게 노골적으로 불만을 나타내 화제가 되었다.[11] 많은 축구 스타가 그렇긴 하지만, 호날두의 성공 신화는 더욱 이채롭다. 신진우는 "1985년 포르투갈 마데이라 섬의 푼샬이라는 작은 항구 도시에서 2남 2녀 중 막내로 태어난 아이의 집은 가난에 쪼들렸다. 아버지는 알코올 의존증 환자였다. 형은 마약에 찌들어 정상적인 생활을 못했다. 집안 사정은 날로 어려워졌다"며 다음과 같이 말한다. "말수가 적고 내성적이던 아이의 주변엔 친구가 별로 없었다. 어려운 형편에 학교도 제대로 못 다녔다. 유일한 친구는 축구공. 밥을 먹으면서도 축구공을 발밑에 뒀다. 세 살 때부터 공을 차기 시작한 그는 축구를 하면서 슬픔과 분노를 털어냈다. 아이는 여덟 살 때 마데이라 지역의 아마추어 유소년 팀 안도리냐에서 선수생활을 시작했다. 여기서 두

각을 나타낸 뒤 나시오날로 팀을 옮겼고, 열한 살 나이에 포르투갈의 명문 스포르팅 리스본의 유소년 팀으로 이적했다. 처음 팀에 합류했을 때 동료 선수들은 그를 시큰둥하게 바라봤다. '촌뜨기'라고 놀렸고 시골 말투를 흉내내며 비웃었다. 비웃음은 오래가지 않았다. 청년이 된 아이는 열여섯 살에 리스본 성인팀 데뷔전을 치렀다. 열일곱 살엔 본격적으로 성인팀에 합류했다. 뛰어난 신체 조건, 화려한 개인기, 어린 선수라고 믿기 힘들 정도의 침착함을 갖춘 그는 포르투갈 청소년대표, 국가대표에 잇따라 뽑혔다. 어느새 세계 스카우트들이 그의 발끝을 주목했다. 그리고 2003년 여름. 그는 잉글랜드 프리미어리그 맨체스터 유나이티드와의 친선경기에 나섰다. 현란한 발재간으로 수비진을 농락했다. 맨유 수비수들은 경기가 끝난 뒤 '우리는 산소마스크가 필요했다'며 혀를 내둘렀다. 맨유 알렉스 퍼거슨 감독은 꼭 일주일 뒤 10대 선수 중 프리미어리그 사상 최대의 이적료인 1,225만 파운드(약 228억 원)를 주고 그를 영입했다. 초콜릿도 먹기 힘들 정도로 가난했던 아이는 이제 15만 파운드(약 3억 원)가 넘는 주급을 받는 세계 최고의 선수가 됐다. 가끔 지나칠 정도의 승부욕과 여성 스캔들로 손가락질도 받지만 축구에 대한 사랑만큼은 여전하다. 가족에 대한 사랑도 변함이 없다.……아이의 아버지는 할리우드 스타이자 40대 미국 대통령인 로널드 레이건Ronald Reagan의 열렬한 팬이었다. 그래서 아이 이름을 크리스티아누 호날두Ronaldo라 지었다." 2009년 6월 호날두는 역대 최고 이적료인 8,000만 파운드(1,640억 원)를 받고 레알 마드리드로 이적했다. 주요 프로필은 다음과 같다. ▲국적=포르투갈 ▲생년월일=1985년 2월 5일 ▲체격 조건=1m84, 75kg ▲소속=레알 마드리드 ▲프로 데뷔=1999년 스포르팅 리스본(포르투갈) ▲프로 경력=스포르팅 리스본(1999~2003)→맨체스터 유나이티드(2003~2009)→레알 마드리드(2009~) ▲프로 통산기록=221

경기 87골 ▲수상 내역=2007년 포르투갈 올해의 선수상, 2007~2008 프리미어리그 득점왕, 2007~2008 UEFA 챔피언스리그 득점왕, 2008년 FIFA 올해의 선수상 ▲주요 대표경력=포르투갈 U-21 청소년대표(2001~2002), 포르투갈 국가대표(2003~현재) ▲A매치 데뷔=2003년 8월 20일 카자흐스탄전 ▲A매치 성적=64경기 22골.[12]

킥 앤드 러시kick and rush   수비수가 상대팀의 빈 공간으로 공을 길게 차주면 공격수가 쫓아가 속공速攻을 전개하는 방법이다. 체력적으로 강한 팀이 주로 사용하는 공격 전술이다. 한동안 잉글랜드 축구의 전형적인 방식이었다. 이와 대비되는 패싱 게임passing game은 축구 자체의 급격한 대중화에 의해 가능하게 되었다. 패싱 게임이 널리 퍼지면서 축구는 팀워크·기술·경기 결과라는 전술적·미학적 삼위일체를 확립했다고 볼 수 있다.[13]

킥오프kick off   경기 개시나 후반전 개시 또는 득점 후의 경기 재개는 킥오프에서 시작된다. 경기장의 센터 스폿center spot에 놓은 공을 상대진영으로 차는 것을 말한다.

킥오프 마크kick off mark   센터 스폿center spot과 같은 말이다.

**FUNNY FOOTBALL
DICTIONARY**

E

타깃맨target man　　○ 스트라이커, 섀도 스트라이커

태권 축구　　1986년 5월 31일부터 6월 29일까지 멕시코에서 열린 제13회 월드컵축구대회에서 한국팀이 보인 플레이에 대해 외국 언론이 붙인 별명이다. 24개국이 출전한 가운데 한국은 6개 그룹 중 아르헨티나, 이탈리아, 불가리아와 함께 A그룹에 속했다. 운이 없었다. 아르헨티나는 제11회 대회 우승국, 이탈리아는 제12회 대회 우승국, 불가리아는 동유럽의 강호였기 때문이다. 한국은 6월 2일 첫 경기인 아르헨티나전에서 1:3으로 패배했으나, 박창선이 월드컵 첫 골을 기록했다. 이 경기에선 "마라도나를 묶어라"라는 특명에 따라, 마라도나가 볼을 잡으면 한국 선수 3~4명이 달려들었다. 마라도나는 한국 선수들이 자신을 "태권도로 수비했다"며 경기 중 한국팀 벤치를 향해 스페인어로 욕설을 퍼붓기도 했다. 영국 『더 타임스』

는 "한국팀은 축구라기보다는 태권도를 했다. 한국은 절차상으로는 아시아 대표이긴 하지만 기량면에서는 본선 무대에 나올 자격이 없다는 주장도 전혀 틀린 것만은 아니다"고 혹평했다. 그래서 '태권 축구'라는 말까지 나왔다. '태권 축구' 때문에 마라도나는 직접 골을 넣진 못하고 3골을 모두 어시스트함으로써 '도움 해트트릭'을 기록했다.[1] 6월 5일 한국은 불가리아와 1:1 무승부를 기록했다. 월드컵 사상 최초의 승점(1점) 기록으로 김종부의 작품이었다. 6월 10일 한국은 이탈리아에 2:3으로 패배함으로써 1무 2패 전적으로 탈락하고 말았다. 이 대회 결승전은 다시 1982년 월드컵 우승팀 아르헨티나와 준우승팀 서독의 대결장이 되었다. 똑같은 결과가 반복되었다. 아르헨티나의 3:2 승이었다. 마라도나는 대회를 통틀어 5골 5도움으로 '최우수선수'로 선정되었는데, "1986 월드컵은 순전히 마라도나를 위한, 또 마라도나에 의한, 그리고 마라도나의 '원맨쇼' 무대였다고 해도 허언이 아니다."[2] ● 로봇 축구, 학벌축구

태권도 골   유로 2004년 이탈리아 대회에서 이탈리아는 코리아Korea의 악령에 시달려야 했다. 스웨덴과의 조별 리그 예선 2차전에서 반드시 이겨야 하는 경기였다. 이탈리아 승리가 확실시되던 인저리타임에 스웨덴의 영웅 주라탄 이브라히모비치가 곡예에 가까운 환상적인 슈팅으로 동점골을 성공시키면서 아주리 군단의 예선 탈락이라는 결정적인 빌미를 제공했다. 그 슛은 골대를 등진 채 반원을 그리며 발 뒤꿈치로 공을 가격하는 신기한 동작이었다. 이브라히모비치는 기자회견에서 어릴 적부터 태권도를 배운 유단자였는데, 그는 한국어로 이 신비한 기술을 "돌려차기"라고 친절하게 설명했다. 이후 이 슛은 축구 역사에서 태권도 골이라는 이름으로 기록되었다.[3]

테헤란의 치욕　1974년 9월 1일 제7회 아시아대회가 15개국이 출전한 가운데 이란의 테헤란에서 열렸는데, 이 대회에서 한국팀이 연출한 '치욕'을 말한다. 이 대회엔 그간 출전하지 않았던 북한이 돌연 출전했다. 북한의 '4·25'팀은 1974년 봄 일본을 방문해 네 차례 친선경기를 모두 이겼고 이어 동남아시아 순회경기에서도 8전 전승을 올린 바 있어, 한국은 바짝 긴장했다.[4] 한국은 첫 경기에서 태국에 1:0으로 승리한 뒤 쿠웨이트와 예선 리그 1,2위를 결정짓게 되었다. 9월 6일 오후 6시 경기를 앞두고 그날 아침 한국 선수단에는 이상한 소문이 나돌았다. 북한과의 격돌을 피하기 위해 "쿠웨이트와의 경기에서는 일부러라도 져야 한다"는 지시가 내려졌다는 소문이다. 실제로 한국은 쿠웨이트에 0:4로 패배했다. 한국은 2차 리그에서는 이라크와 1:1 무승부, 이란에 0:2로 패배했다. 마지막 남은 건 말레이시아와의 경기였다. 이 경기에서 승리하면 3,4위전에 진출할 수 있었다. 그런데 여기서 이기면 또다시 북한과 붙게 되어 있었다. 한국은 말레이시아를 상대로 다시 한 번 지는 경기를 했다. 9월 13일의 경기에서 말레이시아는 3:2로 한국을 이기고, 3,4위전에 진출해 북한을 2:1로 이겼다. 북한 축구가 그렇게 겁먹을 만큼의 실력이 아니었는데도 행여 북한에 질까봐 한국이 '쇼'를 한 꼴이 되고 말았다.[5] ◐ 런던의 치욕, 취리히의 치욕, 도쿄의 치욕

토털 축구　네덜란드 축구를 상징하는 말로 "전원 수비, 전원 공격"을 말한다. 상대를 압박하는 축구로 민족성이나 기질보다는 수학 혹은 과학의 성격을 입힌 것으로 1970년대에 아약스가 처음 선보이며, 세계 곳곳으로 전파되었다. 토털 풋볼은 기술보다는 머리를 쓰는 축구다. 공수 전환이 자유자재로 이루어져 선수와 선수 간 공간이 비지 않도록 전원이 유기적으로 뛰어야 한다. 한 선수의 단점을 옆에 있는 선수가 보완해야 한다. 그

냥 보면 선수들이 우왕좌왕하는 것 같지만 톱니바퀴처럼 조직적으로 움직이기 때문에 훨씬 막강한 공격력을 발휘할 수 있다. 물론 체력도 중요하다. 그러나 무엇보다도 상상력에 바탕을 둔 두뇌 플레이가 중요하다. 핵심은 선수 사이의 공간을 촘촘하게 유지하는 것이다. 이 공간이 촘촘하면 우리 선수는 공을 잡기 위해 10을 뛰지만 상대 선수는 30을 뛰어야 한다. 우리 선수의 체력을 유지하면서 상대 체력을 소진시키는 전략이다. 1974년 뮌헨월드컵에서 네덜란드가 첫선을 보인 토털 축구는 2002년 한일월드컵에서 한국팀이 제대로 구사하면서 4강의 기적을 일구어냈다. 네덜란드인들은 진취적인 민족성답게 그 중요한 토털 축구의 비밀 설계도를 전 세계에 닥치는 대로 유출시켰다. 그러나 그것을 소화할 수 있는 팀은 그리 많지 않다는 것이다. 이는 세계적으로 널리 파급되었지만 권위주의적인 내부문화를 갖고 있는 팀에선 성공적으로 이용하기가 어렵다. 그러나 토털 축구의 기술 중심적인 철학은 이전의 효율적인 공격 위주의 시스템을 발전시킨 브라질의 4-2-4 시스템에 가려지는 운명을 맞이했다.[6]

투 스코어 클럽two score club　　score 20 곱하기 2는 40을 뜻한다. 즉, A매치에서 40골 이상을 넣은 선수를 일컫는다. 조만간 FIFA에서 공식화할 것으로 보인다.

트래킹 시스템tracking system　　선수의 모든 움직임을 카메라로 포착해 수치화하는 컴퓨터 시스템이다. 유럽축구연맹의 트래킹 시스템은 16개의 카메라로 잡아낸 선수들의 움직임을 컴퓨터로 전송해 3차원의 실제 경기를 2차원 영상으로 구현한다. 선수는 등번호가 적힌 점으로 표시되며 각종 데이터는 수치화되어 시청자들에게 제공된다. 이 시스템에 의해 박지성은

2009년 5월 6일 아스널과의 UEFA 챔피언스리그 4강 2차전에서 10,687킬로미터를 달린 것으로 확인되었다. 가로 105미터 규격의 축구장을 50번 이상 왕복한 셈이다. 이는 마이클 캐릭(10,803킬로미터)에 이어 팀 내 두 번째로 긴 동선이었다. 2008년 바르셀로나와의 챔피언스리그 4강 2차전에선 무려 11,962킬로미터를 달리며 28명의 출전선수 중 최고를 기록했다.[7]

○ FDAS

티키타카　　티키타카(스페인어 fútbol tiqui-taca)는 스페인어로 탁구공이 왔다 갔다 한다는 뜻으로 축구에서 짧은 패스로 경기를 풀어나가는 전술을 말한다. 전통적으로 브라질팀이 애용하는 전술이며 프로팀 중에서는 스페인의 프리메라리가인 FC 바르셀로나가 티키타카를 애용하는 것으로 유명하다. 상대팀에 비해 일방적으로 높은 볼 점유율을 바탕으로 하여 드리블을 최소화한 채 골키퍼 이외의 10명의 선수가 각자 패스를 받을 위치를 잡고 끊임없이 많은 패스로 경기를 풀어나가는 방식이다. 문제점이 있다면 압박축구에 대해 취약점이 노출된다는 점이다. 스페인 축구 국가대표팀은 철저하게 티키타카로 무장하여 2010년 FIFA 월드컵에서 첫 우승을 차지했다.

FUNNY FOOTBALL
DICTIONARY

II

★

파넨카 킥   UEFA 1976에서 체코슬로바키아는 서독과 결승전에서 만났다. 경기는 연장전까지 갔으나 2:2로 승부를 가리지 못하고 UEFA 유럽 축구 선수권 대회 결승전 역사상 처음으로 승부차기에 돌입했다. 양팀 모두 세 번째 선수까지는 성공했으나, 서독의 네 번째 선수 울리 회네스가 공을 골대 위로 차서 실축했다. 4:3의 상황에서, 안토닌 파넨카는 체코슬로바키아의 다섯 번째 선수로 등장했다. 서독 골키퍼 제프 마이어는 왼쪽으로 몸을 날렸지만, 파넨카는 공을 가볍게 차서 정면으로 날려 보냈고 공은 그대로 들어갔다. 이후 이러한 형식의 페널티킥은 파넨카의 이름을 따서 '파넨카 킥'이라고 명명되었다. 또한 파넨카는 페널티킥에서 힘을 빼고 숯을 가운데로 차는 이른바 '파넨카 킥'의 창시자로 알려져 있다. 파넨카는 그가 보헤미안스 1905 훈련장에서 파넨카 킥에 대한 영감을 얻었다고 다음과 같이 말했다. "그 어느 누구도 이러한 형식으로 페널티킥을 시도한

적이 없었습니다. 저는 보헤미안스 1905에서 골키퍼 즈데네크 흐루시카와 페널티킥 연습을 하곤 했고, 그러한 페널티킥 시도에 대한 영감을 얻게 됐습니다. 재미있게도, 우리는 페널티킥에 초콜릿 바 또는 맥주를 걸고 내기를 하곤 했습니다. 불행하게도 그는 좋은 골키퍼였고, 제 득점보다 더 많은 선방을 해냈기 때문에 제가 결국 돈을 잃곤 했습니다. 그러한 이유로 저는 어떻게 페널티킥을 성공할 수 있을까에 대해 생각하느라 잠을 설치기도 했습니다. 저는 마침내 골키퍼는 항상 킥을 시도하기 전의 순간까지 기다리고, 공이 어디로 갈지 예상한 뒤 선수가 킥을 하기 직전에 몸을 날려 제시간에 공에 도달해서 막는다는 사실을 깨달았습니다. 저는 슛을 하는 척하면서 가볍게 가운데로 차는 것이 득점하기에 더 쉬운 방법이라고 결정했습니다. 이러한 방법에서 골키퍼는 항상 킥하는 순간 몸을 날리기 때문에, 가운데로 오는 슛을 막기 위해서 제시간에 되돌아올 수 있는 기회가 없습니다. 저는 이 방법을 훈련장에서 시도했고, 보기 좋게 성공했습니다. 단지 유일한 문제라면, 제가 더 많은 맥주와 초콜릿을 먹게 돼 살이 찌기 시작했다는 것이었습니다."[1]

파벨라 축구 브라질 축구를 상징적으로 일컫는 말이다. 파벨라는 빈민가라는 뜻이다. 브라질의 리우데자네이루는 삼바와 카니발의 도시다. 대서양을 끼고 있는 이 도시는 아름다운 해변과 바다에는 별장용 개인 섬과 요트가 있으며, 해변을 따라 값비싼 호텔과 고층 아파트가 즐비하다. 하지만 리우데자네이루에는 또 다른 모습의 공간이 있다. 바로 빈민들이 거주하는 산동네 파벨라다. 리우데자네이루는 물론 상파울루 같은 브라질의 대도시에는 벽돌과 나무로 얼기설기 지은 오두막들이 빼곡히 들어찬 빈민가가 산자락부터 산등성이를 타고 산 전체를 둘러싸고 밀집해 있다. 파벨라에는 대낮에도 총격전이 벌어져, 아이들은 어머니의 자장가가 아닌 총성과 비명 소리를 들으며 자란다. 파벨라에 사는 사람들은 파벨라를 "이라크나 보스니아보다 더한 전쟁터"라고 말한다. 실제로 파벨라에서 한 해 동안 총격전으로 희생되는 사람이 수천 명에 이른다. 이러한 환경에서도 축구의 열정을 가진 흑인 소년들은 해안가 모래밭이나 길거리 축구를 통해 자신의 기량을 연마하여 프로팀 스카우트의 눈에 띄어 유소년팀에 입단한다. 체계적인 훈련을 통하여 프로선수가 되고 국가대표가 되는 영광과 부를 동시에 거머쥐게 된다. 그들은 아프리카 출신 선수들처럼 집안의 장래를 책임지는 실질적인 가장이 된다. 대부분의 브라질 대표팀 선수들은 빈민가 출신이며 이들은 어릴 적부터 생존 차원에서 축구를 한다. 타고난 유연성과 노력으로 만들어진 개인기와 생존 차원의 독기毒氣, 이 삼박자가 브라질 축구를 세계 강호의 반열에 올려놓은 원동력이다.[2]

파울러 사건   골 세리머니의 정치적 표현 금지와 관련된 대표적 사건이다. 1997년 3월 영국 축구 스타 로비에 파울러Robbie Fowler는 노르웨이 팀 브란 베르겐Brann Bergen을 맞아 두 번째 골을 기록한 뒤 관중들에게 돌아서서 공식 유니폼을 들어올리고 빨간 정치 문구가 새겨진 티셔츠를 내보였는데, 거기엔 "1995년 이래로 500명의 리버풀 부두 노동자들이 해고되었다"라고 쓰여 있었다. 리버풀 출신인 파울러는 리버풀 부두 노동자들이 해고에 저항해 5년째 파업을 벌이고 있는 것을 그런 세리머니를 통해 전 세계에 알리고자 했던 것이다. 그는 "나는 그저 단순한 문장으로 받아들여질 것이라고 생각했다"고 말했지만, 그건 착각이었다. 리버풀 축구 클럽Liverpool Football Club은 즉각 "우리는 축구 외의 문제에 대해 발언하는 선수들은 경기를 할 수 없음을 분명히 할 것이다"라는 성명을 발표했으며,

유럽축구연맹은 파울러에게 2,000스위스프랑의 벌금을 부과했다.³

Pass-Pass RelayPPR　　시즌권 판매 활성화를 위한 성남FC만의 캠페인으로 시즌권 구매자가 다음 구매 예정자를 지정하여 구매를 권유함으로써 팬층 확대를 위해 시작된 릴레이다. 2015년 처음 시작하여 3번째 시즌을 맞는 PPR 캠페인은 경기도 성남 지역 각계 각층의 다양한 시민과 팬들의 참여를 유도해 구단 홍보와 시즌권 판매 증대에 크게 기여해왔다. 2016년 개인과 기업 시즌권을 포함해 약 6,700매를 판매한 것도 PPR 캠페인이 큰 역할을 했다.⁴

페널티 에어리어penalty area　　양쪽 골포스트에서 코너 쪽으로 16.5미터 길이의 선을 긋고 그 양쪽을 잇는 지역이다. 이 구역에서 반칙을 하면 페널티킥이 주어진다.

페널티킥penalty kick　　수비 선수가 페널티 지역 안에서 직접프리킥에 해당하는 반칙을 범했을 때 또는 승부차기를 할 때 골키퍼 11미터 앞에 지정된 곳(페널티 마크)에서 공을 차는 것이다. 이때 골키퍼 말고 다른 사람이 공을 막으면 안 된다. 골키퍼는 키커가 공을 차기 전까지 골라인 앞으로 나올 수 없고 좌우로만 움직일 수 있다(과거에는 킥 이전 좌우의 움직임도 불허했으나 현재는 좌우로 이동을 허용하고 있다). 골키퍼와 키커를 제외한 다른 선수들은 킥 이전에는 9.15미터 떨어져 있어야 한다. 이를 위해 페널티 구역 외곽에 반원이 그려져 있다. 키커는 반드시 주심의 휘슬 이후에 공을 차야 한다. 킥을 한 경기자는 다른 경기자가 공을 접촉한 후에야 다시 공을 찰 수 있다. 킥한 공이 앞쪽으로 움직이면 인플레이 상황이 된다. 페널티킥

시 직접 슛이 아닌 패스도 가능하다. 실제로 요한 크루이프가 이러한 시도로 페널티킥 패스를 통한 골을 선보인 바 있고, 아스널 시절 앙리가 이를 시도했으나 실패한 적이 있다. 페널티킥을 실축하면 졸지에 '역적'으로 전락하기 때문에 스타 선수들은 많은 부담을 느낀다. 그래서 베컴과 피구는 "국가대표 경기에서 더이상 페널티킥을 차지 않겠다"고 선언하기도 했다.[5] ○ 골든골, 골키퍼, 승부차기, 야신

페인트feint 　상대 선수가 판단을 잘못하게끔 속이는 동작을 말하며, 킥하는 척하다가 드리블로 공을 몰고 나간다.

펠레 　세계 축구사에 큰 족적을 남긴 축구 황제 펠레가 세계 무대에 처음 등장한 것은 그의 나이 17세 때인 1958년 스웨덴 스톡홀름에서 열린 제6회 월드컵 대회 때였다. 브라질은 이 대회 전까지 축구 강호가 아니었지만, 펠레의 활약 덕분에 새로운 축구 강호로 떠올랐다. 브라질과 스웨덴의 결승은 결국 2골을 기록한 펠레의 활약에 힘입어 5:2로 브라질이 승리했다. 브라질의 첫 월드컵 제패였고 '축구 황제' 펠레가 탄생하는 순간이었다. 언론은 "브라질과 함께 17세 소년 펠레가 세계 축구 챔피언이 되었다"고 찬사를 보냈다.[6] 이후, 1962년 칠레월드컵과 1966년 영국월드컵, 1970년 멕시코월드컵에 출전한 펠레는 칠레와 멕시코월드컵 때 브라질에 우승컵을 안겨주었고 브라질은 세 차례 우승으로 줄리메컵을 영구히 갖게 되었다. 펠레는 1971년 브라질 국가대표를 그만두었고 1974년에는 산토스팀에서 물러나 현역에서 은퇴했다가, 1975년 축구의 불모지인 미국으로 날아가 뉴욕 코스모스팀에 입단하여 2년 동안 더 활동했다. 그리고 1977년 10월 1일 뉴욕 자이언트 구장에서 은퇴경기를 끝으로 화려했던 축구 인생

을 마감했다. 생애 통산 1,363경기 출장과 1,281골을 기록한 '축구 황제' 펠레가 역사 속으로 사라지는 순간이었다. 해트트릭은 92번, 한 경기 4골은 30번, 5골은 6번이나 되었다.[7] 펠레는 은퇴 후 뛰어난 사업 수완으로 수억 달러를 벌어들인 부호가 되었다. 1980년대부터 대통령 선거에 출마하라는 권유를 받았던 펠레는 1994년 대통령 선거 때 페르난두 엔히크 카르도주의 선거운동에 뛰어들었다. 때마침 1994년 미국월드컵에서 브라질이 우승하자 이에 힘입어 카르도주가 당선되었고,[8] 펠레는 1994년 12월 21일 체육부 장관에 임명되었다. 펠레는 1998년 4월 1일로 체육부 장관직을 그만두었는데, 이유는 1998년 프랑스월드컵 중계방송의 해설을 맡기 위해서였다. 펠레는 늘 권력과 친밀한 관계를 유지해왔다는 주장도 있다. 군부독재 시절 정권이 그의 이미지를 선거에 이용할 때에 불평하지 않았으며, 군 장성들이 선거를 치르지 않겠다며 그의 의견을 묻자 "선거를 하기에는 브라질 국민들이 너무 우매하다"고 대답한 적이 있다는 것이다.[9] 브라질 산토스의 마라카낭 경기장에서는 지금도 펠레의 1,000번째 골을 기념해 해마다 11월 19일을 '펠레의 날'로 정해놓고 축제를 열고 있다.[10] 또한 그는 2016년 6월 1일 60년 축구 인생이 담긴 애장품을 경매 시장에 내놓기도 했다. 가장 눈에 띄는 건 1970년 멕시코월드컵에서 통산 세 번째 월드컵 우승을 달성한 뒤 자신을 위해 특별 제작된 모형 줄리메컵이다. 오랜 세월을 짐작이라도 하듯 트로피 구석구석에 흠집이 나 있고, 때가 묻어 있다. 하지만 그럴수록 펠레와 역사를 함께한 흔적이 느껴진다. 당시 입은 국가대표팀 유니폼은 물론 1971년 펠레의 1,000번째 출전경기 기념볼 등도 있다. 그가 당시 사용한 여권과 시계, 운동화 등 일상에서 쓰던 물건까지 무려 1,500여 점에 달한다. 펠레가 갑작스럽게 귀중한 물건을 경매에 내놓은 이유가 무엇일까? 그는 영국 『BBC』 등과 인터뷰에서 "애장품을 보관하는

데 비용도 많이 들고, 전 세계와 나누는 게 더 유익하다고 생각했다"고 말했다. 브라질 현지에선 펠레가 1년 동안 갑상선 수술 등 병원에서 오랜 시간을 보내면서 환자를 돕기 위한 자선 활동의 목적으로 해석하고 있다. 실제 펠레 역시 경매 수익 모두 브라질 내 병원 등에 기부할 뜻을 밝혔다. '줄리앙 옥션'에 따르면 펠레의 유니폼은 최대 42만 파운드(약 7억 2,450만 원), 월드컵 우승 메달은 14만 1,000만 파운드(약 2억 4,322만 원) 등에 거래될 것으로 예상했다. 경매 예상 총액은 최대 350만 파운드(약 61억 1,000만 원)에 이른다.[11]

펠레 스코어 공식적인 용어는 아니나 일반적으로 축구에서 3:2의 스코어를 가리킬 때 사용된다. 축구 황제 펠레가 "축구 경기는 한 골 차이의 승부가 가장 재미있고, 그중에서도 3:2 스코어가 가장 이상적"이라고 한 데에서 유래했다. 4:3이나 5:4의 스코어 등 많은 골이 터지는 경기의 한 골 차 승부도 흥미롭지만, 약 20분 간격으로 한 골씩 터지는 경기가 가장 박진감 있고 흥미진진하다는 뜻에서 이런 이름이 붙었다. 펠레 같은 선수만이 만들어낼 수 있는 스코어가 3:2라는 데에서 유래했다는 설도 있지만 설득력이 없는 것으로 받아들여지고 있다. 이와 반대로 가장 재미없는 경기는 0:0으로 끝나는 경기로, 전후반 내내 한 골도 터지지 않는 경기를 말한다. 1994년 미국월드컵에서 한국이 독일에 2:3으로 패했을 때 독일 기자들까지 '최고의 명승부'라는 평을 내렸는데, 이는 그만큼 펠레 스코어 경기가 재미있기 때문이다.[12]

펠레의 저주 FIFA 월드컵과 같은 대규모 대회에서 브라질 축구 선수 출신인 펠레가 한 예측은 정반대로 실현된다는 징크스다. 펠레는 1966년 잉글랜드월드컵에서 당시 자신이 소속되어 있던 브라질이 우승한다고 예측했지만, 브라질은 1승 2패라는 사상 최악의 성적으로 조별 리그에서 탈락했다. 이것이 '펠레의 저주'의 시작이었다. 1974년 서독월드컵에서는 아르헨티나의 결승 진출을 예상했지만, 아르헨티나는 8강 결선 리그에서 네덜란드에 0:4로 크게 져 1무 2패로 탈락했다. 이후 1986년 멕시코월드컵 당시 프랑스, 잉글랜드, 이탈리아 가운데 우승팀이 나올 것이라 예측했지만, 역시 빗나갔다. 펠레의 저주는 계속되었고, 1998년 프랑스월드컵은 브라질이 2연패할 것으로 예측했으나 준우승에 머물렀다. 2002년 한일월드컵의 승자는 프랑스일 것이라고 예측했으나 예선 탈락했다. 2010년 남아공월드컵에서도 펠레는 브라질과 아르헨티나, 독일을 강력한 우승 후보로 예상했으나 브라질과 아르헨티나가 나란히 8강에서 탈락했다. 또한 펠레가 선전할 것이라던 아프리카 6팀 가운데 가나만이 16강에 진출했고, 결승 진출도 가능할 것이라던 나이지리아는 조별 리그에서 1승도 거두지 못한 채 탈락했다. 그 이후로도 펠레의 예측은 계속해서 어긋나기 일쑤였다. 사실 펠레의 저주는 그가 유명인이기 때문에 뒤집어쓴 오명이기도 하다. 게다가 펠레는 순박한 구석이 있어서인지 너무 단순한 기준으로 예상하는 경향이 있다. 예를 들어 전 대회 우승팀은 이번에도 당연히 잘할 것이라는 식이다. 그 결과 이기는 팀으로 지목되는 팀은 오히려 펠레의 저주로 질까 봐 전전긍긍하는 모습이 역력했다.[13]

포백 시스템four back system　　4-2-4 전술을 말한다. 축구 포메이션을 구분하는 가장 뚜렷한 기준은 수비수의 숫자인데, 수비수 4명을 일렬로 배치하는 '포백 시스템four back system'과 수비수가 3명인 '스리백 시스템three back system'이 가장 대표적 포메이션이다. 장민석은 "산술적으론 수비수가 한 명 더 많은 포백이 스리백보다 수비적인 진용처럼 보이지만 이는 '숫자의 함정'에 불과하다"며 이렇게 말한다. "포백의 수비진 4명 중 중앙의 2명은 고정적으로 수비를 맡는 대신 좌우의 수비수 2명은 오버래핑 overlapping(수비수의 공격 가담)을 노리는 것이 포백의 기본 공식이다. 이 때문에 포백이 스리백보다 공격적인 것이다.……북한이 즐겨 쓰는 스리백은 3명의 수비수를 고정적으로 배치하고 미드필더들이 수시로 수비에 가담해 안정적인 경기를 끌어가는 포메이션이다. 한국은 2002년 한일월드컵에서 김태영·홍명보·최진철의 스리백으로 4강 신화를 일궈냈다. 박문성 SBS 해설위원은 '어떤 포메이션이 우월하다고 말할 순 없지만 포백이 공·수의 빠른 전환을 강조하는 현대 축구의 흐름에 적합하다'고 말했다. 포백을 기본으로 하되, 미드필더와 공격수의 배치에 따라 포메이션은 세부적으로 나뉜다. 최근엔 중앙 돌파 능력이 뛰어난 리오넬 메시 등을 전방라인 측면에 배치해 중앙과 측면을 동시에 강화하는 FC 바르셀로나의 '4-3-3(중앙과 좌우 측면에 1명씩의 공격수를 놓는 포메이션)', 리버풀의 '4-2-3-1(2명의 수비형 미드필더 앞에 스티븐 제라드 같은 공격형 미드필더의 역할을 극대화)'을 모델로 삼는 팀이 많다. 하지만 경기의 흐름에 따라 포메이션은 얼마든지 바뀌기도 한다. 박문성 해설위원은 '리버풀의 베니테즈 감독은 2005년 챔피언스리그 결승에서 0:3으로 뒤진 후반전에 4번이나 포메이션을 바꾸며 3:3 동점을 이끌어냈다'며 '한국 대표팀도 다양한 포메이션을 소화할 수 있는 능력을 갖춰야 할 것'이라고 말했다."[14] ● 스리백 시스템

포스트플레이 post play 장신 선수를 상대팀 골밑 지역에 배치해 공격을 이끌게 하는 방법이다. 장신 선수 1명을 투입하는 싱글 포스트플레이 single post play, 2명을 투입하는 더블 포스트플레이 double post play 등을 이

용해 다양한 전술을 펼칠 수 있다.

포워드forward ○ 스트라이커

포지션position 축구에서 포지션은 각 팀 11명의 선수가 팀의 전술을 수행하기 위해 배치받은 경기 위치를 말한다. 각 팀은 1명의 골키퍼와 10명의 아웃필드 선수로 구성되는데, 이 선수들은 포메이션에 따라 수비수, 미드필더, 공격수로 나뉜다. 포지션으로 각 선수들이 배정받은 위치와 역할을 알 수 있다. 경기의 수준이 높아짐에 따라, 수많은 전술과 포메이션이 개발되었고, 그에 사용되는 포지션의 이름과 역할 또한 늘어나게 되었다. 매우 유동적인 현대 축구에서 포지션은 럭비나 미식축구처럼 절대적인 것이 아니다. 하지만 포지션에 따라 필요한 능력이 다르기 때문에, 축구 선수들은 경력의 대부분을 특정 포지션을 전담하며 보내는 경우가 많다. 이러한 가운데 여러 포지션을 능숙하게 소화할 수 있는 선수를 '멀티 플레이어', 또는 '유틸리티 플레이어'라고 한다. 그러나 '토털 축구' 전술에서 포지션은 큰 의미를 가지지 않는다. 이 전술은 공격과 수비의 제한을 크게 두지 않으므로, 골키퍼를 제외한 모든 포지션을 수행할 수 있었던 요한 크루이프와 같은 다재다능한 선수를 필요로 하기 때문이다.[15] ○ 골키퍼, 미드필더, 백, 섀도 스트라이커, 센터백, 스위퍼, 스트라이커, 윙, 윙백, 풀백

포지션 파괴 포지션을 유동화하는 것으로 현대 축구의 새로운 특징이다. 『한국일보』 2009년 5월 21일자는 "전술이 세분화되고 '압박'으로 요약되는 강력한 수비가 대두되자 기존 개념으로 설명하기 어려운 새로운 유형의 선수들이 출현하고 있다. '포지션 파괴'와 '멀티 플레이어'의 바람

을 타고 스트라이커의 유형도 바뀌고 있다. 이른바 '멀티 킬러'의 전성시대다"며 다음과 같이 전한다. "리오넬 메시(바르셀로나)와 함께 '세계 최고 논쟁'의 중심에 있는 크리스티아누 호날두(맨체스터 유나이티드), 오는 여름 유럽축구 이적시장의 최대어로 떠오르고 있는 다비드 실바(발렌시아), 지난해 유로 2008이 탄생시킨 최고 스타 안드레이 아르샤빈(아스널) 등은 전통적인 개념의 스트라이커로 볼 수 없지만 현재 가장 위협적인 공격수로 꼽힌다. 좌우 측면이나 최전방 공격수의 아래쪽에 위치하는 이들은 포지션에 구애받지 않고 자유롭게 상대 수비진을 휘젓는다. 이 같은 '멀티 킬러'들의 출현은 '프리 롤free-role'이라는 신조어를 만들어내기도 했다. 현대 축구의 전술적 특성은 메시, 호날두 같은 새로운 유형의 공격수들이 각광받는 계기를 만들었다. 메시와 호날두, 아르샤빈은 포지션상 측면에 위치하지만 경기에서 실제 움직임은 중앙 스트라이커에 가깝다. 포백 수비라인을 기초로 한 4-3-3, 4-4-2 포메이션을 주로 사용하는 현대 축구의 전술적 특징 탓이다.……한국 축구에서 '멀티 킬러'에 가장 가까운 선수는 이근호(이와타)와 박주영(AS 모나코)을 꼽을 수 있다. 두 사람 모두 올림픽 대표팀과 A대표팀에서 측면과 중앙공격수로 활약했고 박주영은 세트피스 전담 키커로도 좋은 활약을 보였다. 측면과 중앙을 휘젓고 다니며 공격의 숨통을 틔는 역할을 할 수 있는 이들이다."[16]

풀백FB/RB/LB 풀백full-back 또는 측면수비수側面守備手는 경기장 측면에서 활동하는 수비수이며, 주로 상대편 선수의 크로스나 돌파를 저지하는 역할을 맡는다. 여러 전술에서 풀백은 상대편의 특정 선수(윙어 등)를 마크하게 된다. 풀백은 또한 공격에서도 윙어에게 공격 루트를 제공하거나 기회를 보아 직접 크로스를 올리는 등 공격적인 플레이를 하는 경우도 많다.

'오버랩overlap'이라는 용어는 본디 자신의 포지션보다 위로 올라가 플레이하는 것을 이르는데, (주로 수비에 있는) 풀백이 윙어나 미드필더처럼 상대편 진영으로 치고 올라가는 경우에 자주 사용된다. 전통적으로 풀백은 오늘날 중앙수비수의 역할을 맡아왔다. 축구가 발전함에 따라 과거의 센터 하프가 현재의 중앙수비수의 역할을 맡게 되었고, 풀백은 측면으로 이동하여 과거와는 다른 플레이를 하게 되었다. 현대 축구의 풀백은 일반적으로 빠르고, 태클에 능하며 경기 내내 측면을 오르내릴 수 있는 체력을 가지고 있다. 측면에서 특정 발을 자주 쓰는 풀백들은 프리킥이나 페널티킥에도 능한 경우가 많다. 현대 풀백의 포지션은 엘레니오 에레라 감독과 지아친토 파케티에 의해 만들어졌다. 원래 공격수였던 파케티는 좋은 윙어였지만, 감독 에레라는 체격적 요건으로 파케티를 레프트백으로 이동 기용했다. 파케티는 수비 능력을 익힘과 동시에 빠른 발을 이용한 공격적 플레이를 구사하여 성공적인 보직 변경이 되었고, 풀백이라는 포지션은 점차 각광받기 시작했다.[17] ● 백, 센터백, 윙백

풋살Futsal　　실내에서 행해지는 5인제 미니 축구 경기를 말한다. 전 세계적으로 널리 행해지고 있으며 배구 코트 크기의 경기장에서 행한다. 1930년 후안 카를로스 세리아니에 의해 창안되어 1930년 우루과이의 몬테비데오에서 YMCA의 청소년 대회 시 5인제 축구의 형태로 실시되었다. 풋살이란 용어는 국제 경기를 위해 만들어진 국제 용어로, 스페인어 또는 포르투갈어로 '축구'를 의미하는 'FUTbol' 또는 'FUTebol'과 '실내'를 의미하는 프랑스어의 'SALon' 또는 포르투갈어의 'SALa'를 합성하여 만들어졌다. 펠레, 지코, 소크라테스, 베베토를 비롯한 수많은 브라질의 슈퍼스타가 풋살 경기를 통해 기술을 연마한 것으로 알려져 있다. 제1회 국제풋살대회는

1965년에 개최된 남미컵으로 파라과이가 우승했다. 그 후 1979년까지 6회에 걸쳐 남미컵이 개최되었는데, 그때마다 브라질이 우승했다. 브라질은 1980년에 개최된 판아메리칸컵 1회 대회와 1984년 2회 대회에서도 우승을 따내 입지를 더욱 굳혔다. FIFA에서는 1987년에 풋살 대회를 채택하여, 1989년 네덜란드에서 제1회 세계선수권대회를 개최하고, 1992년에는 홍콩에서, 1996년에는 스페인에서 2회, 3회 대회를 개최했다. 3번 개최된 FIFA 풋살 선수권 대회에서 브라질이 모두 우승컵을 거머쥐었다.[18]

프라이라우펜freilaufen 　 독일어로 자유롭게 달린다는 뜻이다. 상대의 마크에서 벗어나 자유롭게 패스 받을 수 있는 위치로 뛰는 동작을 말한다.

프리메라리가Primera Liga 　 4부로 구성된 스페인 프로축구리그 가운데 1부리그를 가리키며, 정식 명칭은 프리메라 디비전Primera Division이다. 영국의 프리미어리그, 이탈리아의 세리에A와 함께 세계 3대 프로축구리그로 꼽힌다. 20개 소속 클럽이 홈앤드어웨이 방식으로 클럽당 38경기를 치르며, 승리하면 3점, 비기면 1점, 지면 0점을 주어 총점이 가장 높은 클럽이 우승하게 된다. 승점이 같은 경우, 어웨이 경기에서 많이 승리한 클럽에 가산점을 주는 규칙이 있다. 정규 시즌이 끝나면 1부리그 하위 3개 클럽은 2부리그로 떨어지고 2부리그 상위 3개 클럽은 자동으로 1부리그로 승격하게 된다. 1928년 10개 클럽으로 창설된 이후, 1933년 12개, 1941년 14개, 1950년 16개, 1971년 18개, 1987년 20개, 1995년 22개로 늘어났으며 1997년에는 20개로 줄여 현재에 이르고 있다. 최다 우승 클럽인 레알 마드리드와 최근 뛰어난 전적을 올리고 있는 바르셀로나, 발렌시아, 데포르티보 라코르나를 4강으로 꼽는다. 스페인은 특히 모든 국민이 축구를 열광적으로 즐기는 것으로 유명하다. 1부리그에서는 뛰어난 외국 선수들을 많이 기용하나, 나머지 클럽들은 자국自國의 유망 선수를 육성하기 위하여 스페인 출신 선수만 기용한다. 스페인 프로축구리그는 크게 1부리그인 프리메라리가, 2부리그인 세군다 디비전ASegunda Division A, 3부리그인 세군다 디비전BSegunda Division B, 4부리그인 테르세라 디비전Tercera Division으로 구성되어 있다. 1부리그에 20개 클럽, 2부리그에 22개 클럽, 지역리그로 4개 그룹으로 나누어진 3부리그에 80개 클럽, 17개 지역리그로 구성된 4부리그에 340개 클럽이 소속되어 있으며, 총 등록 클럽 수가 세계에서 가장 많다. 그러나 스페인은 국제경기에선 비교적 약하다. 프리메라리가는 각 지방 간의 치열한 대리전쟁인바, 국가대표팀을 구성해도 팀워크가 살지 않기 때문이다.[19] ○ 프리미어리그, 세리에A

프리미어리그Premier League　　4부로 구성된 잉글랜드의 프로축구리그 가운데 1부리그를 가리키며, 이탈리아의 세리에A, 스페인의 프리메라리가와 함께 세계 3대 프로축구리그로 꼽힌다. 잉글랜드의 프리미어리그는 20개 소속 클럽이 홈앤드어웨이 방식으로 클럽당 38경기를 치르며, 승리하면 3점, 비기면 1점, 지면 0점을 주어 총점이 가장 높은 클럽이 우승하게 된다. 보통 8월에 시작해서 이듬해 5월까지 열린다. 정규 시즌이 끝난 후 1부리그 하위 3개 클럽이 2부리그(챔피언십리그)로 떨어지고 2부리그의 상위 2개 클럽이 1부리그로 오른다. 2부리그의 3~6위 4개 클럽은 플레이오프를 거쳐 승리한 클럽이 1부리그에 오르게 된다. 1888년 애스턴 빌라 FC 등 12개 클럽이 시작한 풋볼리그The Football League가 모체다. 당시 12개 창설 멤버는 랭커셔 지역클럽 6개, 미들랜즈 지역클럽 6개로 대부분 지금까지 활약하고 있다. 이후 소속 클럽 수는 1891년 14개, 1892년 16개,

1898년 18개, 1905년 20개, 1919년 22개로 늘어났다. 제1차 세계대전으로 인해 1914~1915년 시즌부터 열리지 못하다가 1919년에 재개했으며, 1939~1940년 시즌에도 제2차 세계대전으로 열리지 못하다가 1946년 8월 재개했다. 소속 클럽 수가 증가하면서 축구 수준이 저하되고, 1982년 스페인월드컵 이후 세계적인 축구 스타들이 거액을 지급하는 이탈리아나 스페인으로 이동하면서 축구 종주국의 자리를 위협받게 되자 여러 가지 변혁을 시도했다. 원래 승점제는 이기면 2점, 지면 0점, 비기면 1점을 주는 것이었으나, 1981~1982년 시즌에 현재의 3-1-0 승점제를 채택하여 공격축구를 유도했다. 1986~1987년 시즌에는 소속 클럽 수를 20개로 줄였으며, 1992년 수익성을 높이기 위하여 1부리그로 프리미어리그를 구성했다. 지금까지 1부리그 최다 우승 클럽은 18회의 우승을 차지한 리버풀 FC이며, 맨체스터 유나이티드 FC, 아스널 FC가 그 뒤를 잇고 있다. 최근에는 맨체스터 유나이티드 FC가 가장 뛰어난 전적을 올리고 있다. 잉글랜드의 축구 리그는 크게 프로리그, 세미프로리그, 아마추어리그로 나뉘며, 프로리그는 1부에서 4부까지 각각 24개 클럽이 소속되어 총 92개 팀으로 이루어져 있다. 한편, 영국의 프로축구는 잉글랜드리그, 스코틀랜드리그, 웨일스리그, 북아일랜드리그로 나뉘며 4개 리그 모두 프리미어리그라는 명칭을 사용한다. 프리미어리그에서 2부리그인 챔피언십리그로 강등될 경우 팀의 명예는 곤두박질친다. 광고 수익과 방송 중계권료 등 1,200억 원이 넘는 금전적인 손실 역시 감수해야 한다. 관중 감소, 선수 이적 등도 팀이 각오해야 할 부분이다. 선수들 역시 강등에 대한 연대 책임으로 연봉 삭감은 물론 선수 가치마저 평가절하된다. 서형욱 MBC 해설위원은 "프리미어리그 구단에 강등은 '사형선고'와 비슷하다"면서 "강등에서 극적으로 벗어나면 '위대한 탈출'이라고 평가하는 것도 비슷한 이유"라고 말했다. 반면

팬들은 강등권 팀들의 막바지 생존경쟁을 더욱 흥미롭게 즐긴다.[20] ○ 세리에A, 프리메라리가

프리스타일　흔히 축구에서 프리스타일하면 발등으로 공을 무릎 높이 또는 상체까지 올리는 행위, 즉 리프팅을 응용해 발-머리-가슴-무릎-발 순으로 묘기를 보이는 것을 말한다. 원래는 축구 선수들이 훈련이나 경기 전에 컨디션을 점검하고 워밍업을 하기 위해 공을 갖고 몸을 푸는 데서 유래했는데, 이것이 본격적으로 하나의 스포츠 장르로 개발되었다. 2009년 현재 축구 프리스타일 세계챔피언은 한국인 우희용이다. 『주간동아』는 우씨에 대해 다음과 같이 소개한다. "고3 때 무릎 부상으로 축구 선수 생활을 중단한 우씨가 세계적인 원조 축구 프리스타일 챔피언으로 거듭나는 과정은 한 편의 드라마와도 같다. 축구를 포기하고 고교 졸업 후 용역회사에 입사해 근무하며 4년간 남몰래 피나는 연습으로 기술을 익힌 우씨는 1989년 5시간 6분 30초 동안 쉬지 않고 헤딩을 해 기네스북에 등재되면서 이름을 알리기 시작했다. 프리스타일을 세계적인 문화 코드로 만들어보자고 마음먹게 된 계기는 1990년 이탈리아월드컵. 우여곡절을 겪은 끝에 축구 프리스타일에 대한 현지인들의 관심과 열정을 확인할 수 있었던 것.……이후 주변의 권유로 독일행에 오른 우씨는 여러 공연을 통해 갈채를 받았고, 현지 언론에 소개되며 알아보는 이들이 늘었다. 이후 하와이와 미국에 이어 2002년 한일월드컵 직후엔 축구 종주국인 잉글랜드까지 건너가 프리스타일의 진수를 선보였다. 덕분에 잉글랜드에선 세계적 스타 호나우디뉴와 함께 나이키 광고를 촬영하게 되면서 명성을 얻었다. 2003년 네덜란드에서 열린 첫 프리스타일 세계대회에서 우승하며 이 부문 세계 지존으로 인정받은 우씨는 이듬해 '세계프리스타일축구연맹WFFF'을 창설해 축구 종

주국인 잉글랜드의 위상에 도전장을 던졌다."[21]

프리킥 free kick   축구 경기에서 주심의 견해로 경기자가 반칙을 했을 때 상대팀에게 주어지는 규칙으로 간접프리킥indirect free kick과 직접프리킥 direct free kick이 있다. 간접프리킥이 주어지는 경우는 ① 골키퍼가 공을 들고 6초 이상 지났을 때, ② 공과 떨어진 상대 선수에게 차징charging했을 때, ③ 공과 관계없이 상대방을 방해하는 옵스트럭션obstruction 반칙을 저질렀을 때, ④ 오프사이드를 했을 때, ⑤ 행동을 시작하지 않은 골키퍼에 대해 차징했을 때, ⑥ 상대 선수의 진로를 방해했을 때, ⑦ 위험스러운 플레이를 했을 때 등이다. 위치는 주심이 지정하며 공이 다른 선수에게 닿지 않은 상태의 간접프리킥에 의한 골은 골로 인정되지 않는다. 즉, 공이 반드시 다른 선수에게 맞고 들어가야만 골로 인정된다. 이때 주심은 킥을 할 때까지 한쪽 손을 위로 들어 올려 간접프리킥임을 표시한다. 직접프리킥은 간접프리킥과 마찬가지로 킥이 이루어질 때까지 공은 정지되어 있어야 하고, 키커는 다른 경기자가 공을 터치할 때까지 다시 터치하지 못한다. 득점으로 연결시킬 수 있는 좋은 기회로 여겨지며, 반칙이 발생한 지점에서 이루어진다. 직접프리킥은 경기자가 조심성 없이 무모하게 또는 과도한 힘을 사용하여 다음 6가지의 중대한 반칙 가운데 하나를 범했을 경우 상대팀에 주어진다. ① 상대를 차거나 차려고 했을 때, ② 상대를 걸었거나 걸어 넘어뜨리려고 했을 때, ③ 상대에게 뛰어 덤벼들었을 때, ④ 상대를 차지charges 했을 때, ⑤ 상대를 때리거나 때리려고 했을 때, ⑥ 상대를 밀었을 때다. 또한, 경기자가 다음의 4가지 반칙 중 하나를 범했을 때에도 상대팀에 직접프리킥을 부여한다. ① 공을 소유하고자 상대에게 태클했으나 볼에 터치하기 전에 상대의 신체에 먼저 접촉되는 경우, ② 상대를 잡았을 때, ③ 상대에게 침을 뱉었을 때, ④ 고의적으로 볼에 손을 댔을 때다. 그러나 자신의 페널티에어리어 안에 있는 골키퍼는 제외된다. 직접프리킥은 킥한 공이 상대의 골에 직접 들어가도 득점이 되며, 자기팀의 골에 직접 들어가면 상대팀에 코너킥이 주어진다. 페널티에어리어 안에서 수비팀이 프리킥을 할 때 모든 공격팀 선수는 공에서 최소한 9.15미터 거리에 떨어져 있어야 하며, 또한 공이 인플레이될 때까지 페널티에어리어 밖에 머물러 있어야 한다. 킥한 볼이 직접 페널티에어리어를 벗어나면 인플레이다. 골에어리어 안에서의 프리킥은 골에어리어 어느 지점에서나 할 수 있다. 직접프리킥을 잘 차는 선수로는 데이비드 베컴, 크리스티아누 호날두 등이 있다. 반시계방향으로 원을 그리듯 감아올리는 베컴의 프리킥에는 초당 10회가 넘는 회전이 가해진다. 호날두의 프리킥은 무회전킥으로 불린다. 호날두는 골문과 일직선으로 선 상태에서 달려와 오른발 발등 전체로 공 한가운데를 찌르듯이 찬다. 발에 공이 정확히 걸리면 공은 회전이 걸리지 않은 상태로 흔들리며 날아가다 뚝 떨어진다. 공의 흔들림 때문에 골키퍼가 방향을 잃기 십상이다. 오른발잡이인 박주영은 페널티에어리어 외곽 왼쪽에서의 프리킥이 일품이다. 오른발 인프런트(엄지발가락 안쪽에서 복사뼈 사이의 3분의 1 앞부분)로 감아올리는 박주영의 프리킥은 속도는 빠르지 않지만 수비벽을 타고 넘듯 큰 곡선을 그리며 골문을 파고든다. 기성용의 프리킥은 좀 더 거리가 있는 곳에서 효과를 발휘한다. 주로 수비벽 사이를 뚫거나 수비벽 옆의 빈 공간으로 휘어들어가는 기성용의 프리킥은 박주영보다 회전이 덜하지만 낮고 빠르다. 2009년 4월 북한전에서 프리킥 결승골을 뽑아낸 김치우도 대표적인 프리키커다. 대표팀의 왼발 자원인 김치우는 박주영과 유사한 스핀킥을 구사하지만, 주로 측면에서 동료의 머리를 향해 공을 띄우는 역할을 많이 한다. 한국 축구가 월드컵에서 기록한 22골 중 5골이 프

리킥에서 나왔다.[22] ○ 바나나킥

플레이 메이커play maker   경기 운영 능력이 뛰어나 팀의 중추적인 역할을 담당하는 선수를 일컫는 말이다. 중앙에 있으면서 동료에게서 볼을 많이 받고 적재적소에 배급하며, 공격수와 수비수의 움직임을 조율할 수 있어야 한다. 컨트롤 타워 링크맨control tower linkman이라고도 한다. 예컨대, 한국 국가대표팀의 플레이 메이커로 통하는 기성용에 관한 한 묘사를 보자. "국가대표팀의 허리를 책임지고 있는 기성용은 한국 축구가 모처럼 발굴해낸 걸출한 플레이 메이커다. 경기의 흐름을 조율하는 선수로서 탁월한 패싱 감각과 정확도 높은 프리킥을 겸비했을 뿐만 아니라 체격 조건(186cm, 75kg)도 우수해 활용도 높은 자원으로 평가받는다. 유일한 단점으로 지적받던 경험 부족 또한 K리그와 A매치서 꾸준히 선발 출장하며 빠른 속도로 보완하고 있다. 때문에 기성용의 등장과 급성장은 무척 반가운 뉴스다. 전방지역에 포진한 동료 선수들에게 적절한 타이밍에 볼을 배급해 결정적인 기회를 만드는 중앙미드필더의 등장은 '공격 루트의 다양화'라는 측면에서 대표팀에 큰 호재다."[23] ○ 게임메이커

플립플랩Flip Flap   발재간이 뛰어난 브라질의 호나우디뉴가 사용한 기술을 말한다. 그의 전매특허는 일명 플립플랩 혹은 엘라시코Elasico라고 불리는 속임수인데, 발목을 연속적으로 꺾어 공의 방향을 자유자재로 바꾸며 상대를 속이는 기술을 말한다. 1970년대 브라질 스타 히벨리노가 원조로 독일의 베켄바워는 그를 마크하다가 엉덩방아를 찧는 망신을 당하기도 했다. 프랑스의 스포츠신문 『레큅』은 다음과 같이 말했다. "호나우디뉴는 훌륭하다. 연령에 관계없이, 누구에게도 꿈을 키워주는 존재이기 때문이다.

호나우디뉴는 발명가이다. 다른 선수가 흉내낼 수 없는 재주를 지니고 있다. 수비수는 자신을 농락한 호나우디뉴의 플레이를 이해하려면 비디오 재생 버튼을 반복해서 눌러야만 한다."[24]

피벗 킥pivot kick　　몸을 회전시켜 공을 차는 행위다. 디딤발에 중심을 두고 축으로 몸 전체를 돌리면서 차는 것을 말한다.

피스킹fisting　　골키퍼가 상대의 슛을 막으려고 공을 주먹으로 치는 기술이다.

피파FIFA　　○ 국제축구연맹

피파 월드랭킹FIFA world ranking　　정식 명칭은 FIFA-코카콜라 세계랭킹이다. FIFA가 국제적으로 활동하는 각국 남자축구 대표팀의 실력을 가늠하기 위해, 코카콜라와 합동으로 1993년 8월 도입했으며 이후 공신력 있는 기준으로 공인받아왔다. 순위 산출은 매달 이루어지며, FIFA 회원국의 성인 남자 대표팀(A팀) 경기를 대상으로 승·패·무승부, 득·실점, 홈·원정경기 여부, 경기의 중요도, 상대팀 실력, 대륙별 실력차 등을 안배하여 점수를 매긴다. 구체적으로는 먼저 승·패·무승부에 따른 점수를 주고 해당 경기의 득점에 대한 점수를 더하며 실점에 해당하는 점수를 뺀다. 여기에 원정경기에 대한 보너스 점수를 더하고 경기의 중요도에 따른 가중치를 곱한 뒤, 마지막으로 대륙별 실력에 따른 가중치를 곱한다. 이때 점수가 마이너스로 나오면 0점으로 처리한다. 이 규정에 따라, 이전에는 경기에서 승리하면 1~3점을 얻었으나 지금은 최저 10점, 최고 30점까지

점수를 얻으며 득점에 따른 점수는 실점으로 인한 감점보다 크다. 단 승부차기로 결말을 낸 경우는, 이긴 팀이 승자에게 주는 점수를 다 받고 패한 팀은 비긴 점수를 받는다. 또 약한 팀은 강한 팀과의 경기에서 패했더라도 선전을 펼쳤다면 점수를 얻을 수 있으며, 원정경기 여부는 월드컵축구대회 본선이나 제3국에서의 경기는 제외한다. 대회 중요도를 따질 때는 친선평가전을 1로 기준할 때 각 대륙 챔피언컵 예선, 대륙간컵 예선, 월드컵축구대회 지역예선에는 1.5배, 대륙간컵 본선은 1.75배, 월드컵축구대회 본선에는 2배의 가중치를 준다. 대륙간 전력은 각 대륙의 가장 강한 팀들이 치른 대륙간 직접 경기만 계산하며 유럽·라틴아메리카팀을 상대로 얻은 점수가 1이라면 아시아·아프리카팀을 상대로 얻은 점수는 0.9와 0.84점을 적용한다. 경기는 과거 실적의 중요성을 줄이기 위해 최근 8년간 이루어진 것으로 한정하는데, 최근 12개월 동안의 결과에 가장 중점을 두며 직전 연도의 성적도 비중이 크다. 금년의 총점은 지난 7년간의 점수와 평균치를 내고 현재부터 먼 연도일수록 평점은 점차 감소한다. 경기 수는 일부 지역의 경우 1년 동안 충분한 경기를 치르기 어려운 점을 감안하여 전체 경기 중 가장 결과가 좋은 7개 경기를 기본으로 하며, 나머지 경기는 정해진 규칙에 따라 가산점을 준다. 2006년 랭킹 산정 방식이 새로 정해졌는데, 승점에 경기 중요도와 상대팀 기량, 대륙별 가중치, 100을 곱해 나온 점수 등을 합산한 뒤 A매치 경기 수로 나누는 것이다. 최종 점수를 결정짓는 요인을 구체적으로 살펴보면, 경기 결과에 따른 승점은 승리 3점, 무승부 1점, 패배 0점이고 경기 중요도는 A매치 1점, 월드컵 예선과 대륙별 선수권 예선 2.5점, 대륙별 선수권 본선 3점, 월드컵 본선 4점이다. 상대팀 기량 측정은 FIFA 랭킹 최하위 등급인 '200−상대팀 랭킹÷100'이라는 공식을 적용하고 대륙별 가중치는 이전 세 차례 월드컵 결과를 바탕으로 결정되는데,

유럽 1.0, 남미 0.98, 아시아·아프리카·북중미·오세아니아 0.85점으로 책정되었다. 랭킹 산정 기간은 4년이며 최근 1년간 결과는 100퍼센트, 2년 전은 50퍼센트, 3년 전은 30퍼센트, 4년 전은 20퍼센트가 반영된다.[25] 다음은 2016년 12월 22일에 발표된 순위다.

순위	팀	점수
1	아르헨티나	1634
2	브라질	1544
3	독일	1433
4	칠레	1404
5	벨기에	1368
6	콜롬비아	1345
7	프랑스	1305
8	포르투갈	1229
9	우루과이	1187
10	스페인	1166
11	스위스	1129
12	웨일스	1121
13	잉글랜드	1114
14	크로아티아	1103
15	폴란드	1087
16	이탈리아	1083
17	코스타리카	1041
18	멕시코	1012
19	페루	965
20	에콰도르	890

피파 월드랭킹 꼴찌 결승전 2002년 6월 30일 오후 8시 일본 요코하마에서 브라질과 독일이 월드컵 패권을 다투기 2시간 앞서 히말라야 산맥에 자리 잡은 부탄의 수도 팀부(해발 2,550미터)에서 열린 '또 다른 결승전'이 화제가 되었다. FIFA 랭킹 최하위권인 부탄(202위)과 몬트세랫(203위)이 '세계 꼴찌'에서 벗어나기 위한 자존심 대결을 벌인 것이다. FIFA 회원국은 모두 204개국이지만 탈레반 정부가 전복되기 전까지 국제 축구 무대에 등장하지 않은 아프가니스탄은 랭킹 자체를 매길 수 없어 빠져 있었다. 네덜란드의 통신업체인 케셀스 크라머사가 후원한 이 경기는 FIFA에서 정식 A매치로 인정받았다. 2000년 FIFA에 가입한 인구 60여만 명의 소국小國 부탄에선 축구가 국민스포츠인 양궁의 인기를 바짝 추격하고 있다. 국교인 불교의 정신이 훼손될까봐 금지되어 있던 텔레비전 시청이 자유로워진 계기가 바로 1998년 프랑스월드컵이었다. 영국령 몬트세랫은 면적(102제곱킬로미터)이 한국의 충남 안면도(118.7제곱킬로미터)보다 작으며, 인구 6,000여 명에 불과한 동카리브해의 작은 섬이다. FIFA 가입(1996년)은 부탄보다 먼저였지만, 1995년 일어난 화산 폭발 때문에 유일한 국제 규모 축구장이 현재까지 잿더미에 뒤덮여 있는 축구 불모지다. 예술가와 국회의원이 포함된 '대표팀'은 부탄으로 날아가기 일주일 전에야 정식 경기장에서 발을 맞출 수 있었다고 한다. 30만 달러(약 3억 6,000만 원)를 들여 '빅 매치'를 성사시킨 크라머사 측은 "승패를 떠나 서로 다른 문화를 배우고 축구에 대한 사랑을 확인하는 축제"라고 의미를 부여했다.[26] 게임 결과는 부탄이 4:0으로 승리했다.

피파 컨페더레이션스컵 FIFA Confederations Cup 대륙간컵대회, 혹은 줄여서 컨페드컵이라고 하며 1992년 사우디아라비아에서 처음 시작되었고, 1997년 FIFA에서 공인한 대회가 되었으며 현재 FIFA에서 직접 관장한다. FIFA 측에서는 1997년 FIFA가 직접 관장한 경기를 1회로 보고 있다. 1997년 이전까지는 킹파드컵King Fahd Cup이라고 불렸다. 2005년까지 2년마다 개최되어왔으나 그 후로는 4년마다 차기 FIFA 월드컵 개최국에서 개최되며, 참여팀은 총 8개 팀으로 개최국과 FIFA 월드컵 우승팀, 대륙별 축구대회인 코파아메리카·AFC 아시안컵·아프리카네이션스컵·UEFA 유럽축구선수권대회·CONCACAF 골드컵·OFC 네이션스컵의 우승국 6개 팀 등 총 8개 팀이 경기에 참여한다. 경기 방식은 8개 팀을 2개 조로 나눠 리그전으로 진행한 뒤, 상위 2개 팀이 토너먼트 형식의 준결승전과 결승전 혹은 3·4위전을 치르게 된다. 이 대회는 월드컵 개최 1년 전에 해당 개최 국가에서 프레월드컵 대회 형식으로 치러진다. 거의 대부분의 경기를, 약 1년 뒤에 실제 월드컵 경기가 열릴 구장에서 치르는 것이 관례처럼 되어 있다. 해당 월드컵 개최 국가는 이 대회를 통해 경기장 시설과 숙박, 교통, 행정, 통신 등의 분야에 대한 대회 준비의 이상 유무를 점검하고 있다. 최근 대회는 2013년 브라질에서 이루어졌고 다음 경기는 2017년에 러시아에서 개최되기로 예정되어 있다.[27] 역대 전적을 살펴보면 다음과 같다.

연도	개최국	1·2위전	3·4위전
1992년	사우디아라비아	아르헨티나 3:1 사우디아라비아	미국 5:2 코트디부아르
1995년	사우디아라비아	덴마크 2:0 아르헨티나	멕시코 5:1 나이지리아
1997년	사우디아라비아	브라질 6:0 오스트레일리아	체코 1:0 우루과이
1999년	멕시코	멕시코 4:3 브라질	미국 2:0 사우디아라비아
2001년	대한민국·일본	프랑스 1:0 일본	오스트레일리아 1:0 브라질
2003년	프랑스	프랑스 1:0 카메룬	터키 2:1 콜롬비아

2005년	독일	브라질 4:1 아르헨티나	독일 4:3 멕시코
2009년	남아프리카공화국	브라질 3:2 미국	스페인 3:2 남아프리카공화국
2013년	브라질	브라질 3:0 스페인	이탈리아 3:2 우루과이

피파 푸슈카시상 FIFA Puskás Award 국제축구연맹이 지난 한 해 동안 가장 뛰어난 골을 기록한 선수에게 수여하는 상이다. 2009년 10월 20일에 제정되었으며, 상 이름은 1950년대 헝가리를 대표하는 축구 선수인 푸슈카시 페렌츠에서 유래된 이름이다. 역대 수상자는 다음과 같다.

연도	수상자(국가)
2009년	크리스티아누 호날두(포르투갈)
2010년	하밋 알튼톱(터키)
2011년	네이마르(브라질)
2012년	미로슬라프 스토흐(슬로바키아)
2013년	즐라탄 이브라히모비치(스웨덴)
2014년	하메스 로드리게스(콜롬비아)
2015년	웬데우 리라(브라질)
2016년	모흐드 파이즈 수브리(말레이시아)

FUNNY FOOTBALL
DICTIONARY

ㅎ
★

학벌축구 학벌 중심으로 움직이는 한국 축구의 고질병을 꼬집은 말이다. 스포츠 저널리스트 이의재는 『월간중앙』1990년 8월호에 기고한 「한국 축구, 학벌싸움에 시달린다」라는 글에서 언제 어느 대회에서나 한국 선수단의 주축은 고려대학교 출신과 연세대학교 출신으로 이루어졌으며, 이들이 서로 돕고 화합할 때는 우승을 차지했고 그렇지 못할 때는 예선 탈락의 결과를 가져왔다고 말했다. 한때 박지성을 지도했던 명지대학교 감독 김희태는 "특정 대학 출신이 아니고는 월드컵 대표가 될 수 없는 것이 당시(2000년 5월) 현실이었다"고 회고했다.[1] 그 문제를 제대로 인식하고 있었는지는 알 수 없지만, 2000년 12월 대한축구협회는 1998년 프랑스월드컵에서 네덜란드를 4강으로 이끈 거스 히딩크를 새로운 감독으로 영입했다. 히딩크가 가장 먼저 한 일은 과감한 '연고인맥 부수기'와 그에 따른 '위계질서' 극복이었다. 히딩크는 홍명보나 황선홍 같은 선배 선수가 들어오면 후배 선수들이 군대 내무반에서 병장이 들어올 때처럼 모두 일어나는 그런 문화에 충격을 받았다. 그는 선수들간 평등한 상호 소통을 위해 애를 썼고, 이는 한국의 월드컵 4강 진출 후 '히딩크 신화'의 주요 아이템이 되었다.

○ 태권 축구, 로봇 축구

한·일 정기전   2009년 5월 대한축구협회는 일본축구협회 측과 18년 만에 한·일 정기전을 부활하기로 합의했다. 『중앙일보』 2009년 5월 15일 자에 따르면, "흥행 보증수표인 한·일전 양측 모두에 축구 열기를 높일 수 있는 최고의 호재다. 우선 10월 일본에서 경기를 치르고 내년 중으로 한국에서 리턴 매치를 열 계획이다. 일본 측도 적극적이다. 일본은 유럽파를 모두 소집할 수 있도록 FIFA가 정한 A매치 데이에 경기를 열 준비를 하고 있다. 한국 역시 내년 2월에 한·일이 맞붙을 동아시아연맹선수권대회 이후 일정을 잡고 있다. 동아시아연맹선수권대회는 A매치 데이와 관계없는 일정이라 양국 모두 국내파 위주로 경기를 치른다. 축구협회는 내년 3월 이후 한·일전을 마련해 박지성·박주영(모나코) 등 정예로 일본과 맞설 계획이다. 최근 국내에서 열린 A매치 중 최고의 카드로 손색이 없다. 축구 열기가 예전만 못하지만 월드컵 본선이 다가오면 사정은 달라진다. 초청되는 팀들의 수준도 높아진다. 경기 타이틀 스폰서 확보와 중계권료 인상을 위한 절호의 기회다."[2]

해킹 Hacking   해킹의 뜻은 정강이 차기다. 럭비 스쿨 졸업생들이 1858년 창설한 블랙히스 클럽 대표 프랜시스 캠벨은 프로해킹위원회 주창자였다. 축구가 완전하게 여성화되는 것을 두려워한 캠벨은 해킹이 금지된다면 자기 클럽은 협회에서 탈퇴할 것이라고 위협했다. 캠벨은 발로 차기를 허용하지 않는다면 축구를 하는 데 용기와 담력이 전혀 필요 없어진다고 반론을 제기했다. 캠벨은 신체적 위험으로 뛰어드는 용기를 잉글랜드의 잰틀맨 덕목에서 가장 본질적인 요소라고 생각했다. 영국의 FA는 투표를 하여 13:4로 해킹에 반대했다. 그러자 캠벨과 그의 친구들은 축구협회에서 탈퇴했다.[3] 해킹이 없어지자 경기는 폭력이 없어지고 이해가 쉽고 많은 준비가 없어도 되었고 럭비처럼 부드러운 잔디가 필요 없어지고 선수들에게 극단적인 신체적 조건들이 필요하지 않았다. 럭비보다는 덜 남성적이지만 "그 본성 자체가 거칠고 여성화될 수 없는" 경기가 나타나게 된 것이다.[4]

해트트릭 hat trick   해트트릭은 한 선수가 한 경기에서 3골(이상)을 득점하는 것을 말한다. 해트트릭이라는 용어는 크리켓에서 유래했는데, 영국에서 크리켓 선수들 사이에서는 공 3개로 세 타자(배트맨)를 연속 아웃시킨 투수(볼러)에게 모자hat를 선물하는 전통에서 유래되었다.

헤이젤 참사   1985년 벨기에 브뤼셀 헤이젤스타디움에서 열린 리버풀과 유벤투스의 유러피언컵 결승전에서 훌리건들의 난동으로 39명이 사망한 사건이다. 관중석 중립 지역에서 리버풀 서포터스가 유벤투스 서포터스를 무차별 공격하면서 촉발되었는데, 4억여 텔레비전 시청자들이 지켜보는 앞에서 흉기를 휘둘러 전 세계의 '공적'이 된 잉글랜드 훌리건은 이후 된서리를 맞았다. 잉글랜드 경찰은 대대적인 소탕 작전을 벌였고 당국은 관리 대상을 작성해 출국과 경기장 출입을 봉쇄했다. 그러나 4년 후인 1989년 96명이 사망한 힐스보로 참사가 또 일어났다. 이후 더욱 대대적인 훌리건 단속 조치가 취해졌다.[5] ○ 훌리건, 힐스보로 참사

현해탄 사건   1954년 스위스월드컵 진출을 위한 한·일 예선전 때 이승만 대통령이 "일본에게 지면 현해탄에 모두 빠져 죽으라"고 말했다는 사건을 말한다. 스위스월드컵의 극동 예선에는 애초 한국, 일본, 중국이 편성되었으나 중국이 기권함으로써 한국, 일본 두 나라 중 하나가 나가게 되어 있었다. 국제축구연맹 규정에 따르면 양국에서 한 번씩 경기를 하는 '홈앤드어웨이'가 원칙이었지만, 절대 일본팀의 입국을 허용할 수 없다는 이승만의 반대 때문에 두 경기를 모두 도쿄에서 치러야 했다. '현해탄' 이야기는 대표팀 감독 이유형이 이승만에게 "만약 일본을 이기지 못하면 현해탄에 몸을 던지겠다"고 한 약속에서 나온 말이었다는 설도 있다. 또 당시 축구협회장 장택상도 선수들을 자신의 집으로 불러 "지면 현해탄을 넘어오지 말고 고기밥이 되라"고 말했다고 한다. 1954년 3월 7일 눈비가 내리는 악천후 속에 진행된 1차전에서 한국은 5:1로 대승을 거두었으며, 3월 14일 2차전에서 한국은 1:1 무승부로 끝마쳤으나 결국 1:0으로 일본을 누르고 스위스월드컵에 출전하게 되었다. 전국이 열광의 도가니로 변했음은 두말할 나위가 없다.[6]

홈그라운드 이점   홈그라운드에서 경기하는 것이 유리하다는 속설엔 그럴 만한 근거가 있는 것일까? 영국 뉴캐슬대학 진화생물학자인 닉 니브 교수팀은 축구 선수들이 홈경기에 강한 이유는 테스토스테론이란 남성 호르몬이 더 많이 분비되기 때문이라고 밝혔다. 니브 교수는 "자기 영역을 수호하려는 동물과 마찬가지로 축구 선수들도 자신의 영역인 홈그라운드에서는 이를 지키기 위해 더욱 정력적이고 능동적으로 변한다"고 말했다. 반면 히딩크는 "홈그라운드 이점이 있지만 유럽팀과 같은 영리한 팀과 상대할 때 관중의 열화 같은 응원에 통제력과 냉정함을 잃는다면 홈그라운

드가 꼭 이로운 것만은 아니다"고 말한 바 있다.[7]

효창구장 사건   1960년 10월 14일 서울 효창구장에서 개막된 제2회 아시아축구선수권대회에서 일어난 대혼란 사건을 말한다. 한국-월남전 시 한국 최초의 축구 구장에 대한 기대감으로 효창구장 주변은 그야말로 인산인해人山人海를 이루었다. 효창구장의 관중 수용 능력은 1만 6,000명이 었는데도, 효창구장 일대에 10만 이상의 인파가 몰려들자 대회본부 측은 입석을 감안해 3만 장의 표를 팔았다. 그러자 대혼란이 일어났다.[8] 경기가 끝난 뒤에 밝혀진 바에 따르면, '공짜 관중'이 1만 명 이상인 것으로 추정되었다. 절대 발행하지 않겠다던 초대권이 3,000매가량 회수되었고, 할인을 받은 등록 축구 선수들이 2,000명, 기타 공짜 관중이 2,000~3,000명, 담을 넘어 들어온 관중이 400명에 가까웠다. 공짜 관객들은 경기장이 내려다보이는 효창공원 북서北西 양쪽의 언덕에도 흘러넘쳐 그 수가 10만에 가까웠다.[9] 10월 17일 이스라엘과의 두 번째 경기는 대형 사고로 이어지고 말았다. 이 날엔 14일보다 많은 인파가 밀려들었는데, 물밀듯이 밀려드는 인파의 힘을 이기지 못해 후문 쪽 블록 담이 무너지면서 27명의 중경상자가 발생했다. 그 무너진 곳으로 쏟아져 들어온 인파로 인해 스탠드에 앉아 있던 사람들이 스탠드 밑으로 떨어지는 등 효창구장은 순식간에 아비규환을 이루고 말았다. 그 와중에서도 경기는 진행되어 한국은 3:0으로 승리했지만, 경기가 끝난 뒤 이스라엘 단장 조비 브램은 "우리는 한국 선수들에게 패한 것이 아니고 무질서하고 난잡한 관중들의 기세에 졌다"고 불평했다.[10] 한국은 대만전에서도 1:0으로 승리해 3연승으로 2연패에 성공했지만, 대외적으로는 망신거리였다.

훌리건hooligan　　집단적인 폭력을 일삼는 축구 팬을 말한다. 훌리건에 의한 폭력 현상은 훌리거니즘Hooligan-ism이라고 한다. 영국의 훌리건이 가장 악명이 높다. 훌리건이란 말은 19세기 말 영국 런던 남동부로 이주한 아일랜드인 패트릭 훌리헌Patrick Houlihan의 이름에서 나왔다. 자신이 경비원으로 일했던 주점에서 싸움꾼이자 깡패로 이름을 날렸던 것 같다. 초기(1920년대)의 훌리거니즘은 대개 심판을 죽이려는 형태를 취했으며, 1930년대부터 경기장으로 난입하여 선수와 경찰을 공격했다. 팬들끼리 싸우는 일들도 벌어졌다. 악명 높은 글래스고 셀틱(가톨릭)과 레인저스(개신교) 훌리건들의 패싸움은 사실상의 끝나지 않은 종교전쟁이다. 북런던의 아스널 팬들과 토튼햄 핫스퍼 사이에 벌어지는 싸움은 반유대주의와 관련이 있다. 토튼햄 핫스퍼는 전통적으로 유대인이 소유해온 구단이기 때문이다. 영국 정부는 1985년 모든 경기장에서 술 판매를 금지했으며, 1986년 공공질서 위배로 유죄판결을 받았던 사람들을 경기장에서 축출할 수 있는 공공질서법 규정을 만드는 등 훌리건에 강력히 대응했다. 그러자 훌리건들은 영국 밖으로 가서 난동을 부리기 시작했다.[11] 구단에 의한 변화도 있다. 첼시는 1980년대에 신나치 보수주의 훌리거니즘을 대표했던 구단에서 1990년대에 세계주의를 대표하는 구단이 되었다. 이탈리아와 네덜란드의 유명 감독을 영입했으며, 2003년에는 러시아 제2의 갑부이자 유대계 석유 재벌인 로만 아브라모비치에 의해 인수되었다. 아마도 훌리거니즘에 가장 강한 영향을 미친 건 구단들이 여성과 어린이, 즉 가족 중심의 관중을 끌어들이는 방식으로 경기장을 개조하고 마케팅 전략을 편 게 아닌가 싶다. 그 덕분에 훌리거니즘은 크게 줄었지만, 노동자 계급의 놀이터가 변질되었다고 불평하는 사람도 많았다.[12]

훌리건 문학   훌리건을 소재로 다뤄 큰 성공을 거둔 영국의 독특한 문학 장르를 말한다. 미국 저널리스트 프랭클린 포어Franklin Foer는 "존 킹이라는 소설가는 특히 첼시의 훌리건들을 소재로 수많은 소설을 발표했으며, 그 밖에 훌리건의 패션과 훌리건의 비밀스런 돈벌이를 다룬 책들을 비롯해, 훌리건이라는 자극적인 소재를 이용해 돈을 벌려는 학자들이 쓴 대작들도 서가를 채우고 있다"며 이렇게 말한다. "훌리건 산업은 영국 축구의 고급화가 한창 진행되던 1990년대 후반, 즉 훌리거니즘이 전통적인 형태로 번창하던 것을 멈춘 무렵부터 시작되었다. 물론 훌리건들이 아직도 싸움을 일삼고 있지만 경기장 안에서는 아니다.……훌리건들은 전형적으로 자신을 선량한 폭력을 행사하는 인물로 내세운다. 예컨대, 그들은 무고한 구경꾼들을 결코 공격하지 않고, 무기를 절대로 사용하지 않은 인물로 그려진다. 이들의 이야기는 종종, 자기 자신을 스스로 해명하려는 욕구와 극적인 효과를 위해 어쩔 수 없이 과장된 이야기를 꾸며내면서 코믹한 책이 되어버리기도 한다."[13]

훌리건 사회학   훌리건을 연구하는 사회학을 말한다. 사람들은 저마다 훌리거니즘의 이유에 대한 상식적 답을 갖고 있지만, 학자들 사이에선 여러 학파를 형성할 정도로 그 원인에 대한 해석이 분분하다. 비교적 긍정적으로 보는 시각은 원래 축구의 주요 소비자였음에도 축구의 상업화로 인해 소외된 젊은 노동계급의 저항이 훌리거니즘이며, 이는 그들 내의 '참여민주주의의 장'이라는 주장이다. 그러나 일부 훌리거니즘이 신나치주의적 성향을 띠면서 이민자들에 대해 적대적인 태도를 보이고 있어 그런 긍정적 시각은 설득력을 잃고 있다. 훌리건은 알려진 것과는 달리 극빈층은 드물며 어느 정도의 경제적·문화적 자본을 갖고 있는 동시에 주류사회와 연결되어 있다는 주장도 있다. 훌리건들은 반대편 훌리건들을 만나 싸울 때 경험할 수 있는 강력한 감정적 흥분을 즐기기 때문에, 훌리거니즘을 스쿠버다이빙·행글라이딩·번지점프 등과 같은 모험스포츠의 한 형태로 보아야 한다는 이론도 있다.[14] 한국 사회학자 정준영은 다음과 같이 주장한다. "훌리건 스스로는 폭력 행위에 참여하는 것에 대해 구단에 대한 지배력의 확인이나 사회적 위신 획득, 남성적 힘 과시 등과 같은 다양한 의미를 부여할 수 있지만 주류 집단(들)이 장악하고 있는 매스컴에 의해 그들의 행위는 의미 없는 폭력과 일탈 행위로 규정되는 경우가 대부분이다."[15] 정준영이 말한 '사회적 위신'은 '훌리건 집단 내 위신'이라고 하는 게 정확하겠다. 훌리건이 거친 폭력에 앞장설수록 집단 내에선 존경을 받으며, 그런 무용담을 과장되게 말하는 게 훌리건 문학의 주요 소재이기도 하다.

훌리건 컨설턴트   자신의 훌리거니즘 노하우를 젊은 훌리건들에게 조언해주는 나이 먹은 훌리건들을 말한다. 오늘날엔 주로 라이벌 훌리건들끼리 전화로 미리 약속을 정해 경기장 밖에서 패싸움을 벌이기 때문에 이러한 조언이 필요해진 것이다. 프랭클린 포어에 따르면, "중년이 된 훌리건들이 젊은이들의 작전에 관여하는 이유는, 싸움의 모든 즐거움을 포기한다는 것이 선뜻 내키지 않거니와 아직도 젊은 시절에 대한 향수가 남아 있기 때문이다. 또 여기에 오랜 시간 자신을 받아주고 가르쳐온 단체에 대한 책임감 같은 것도 작용한다.……마치 대학 동창회처럼, 퇴직한 훌리건들도 모임을 지속시키기 위한 구심점이 있다. 그것은 인터넷 게시판으로, 이들은 게시판을 통해 연락을 취한다."[16]

훌리건 한국   영국과 비교하여 비교적 매우 점잖은 편인 한국의 거친 축구 팬들에게 훌리건이라는 말을 쓸 수 있느냐는 반론이 있을 수 있으나, 훌리건 개념을 넓은 의미로 보기로 하자. 한국의 훌리건을 심층 연구한 국민대학교 사회학과 교수 이장영은 한국의 훌리건은 다른 나라와 달리 경기를 이겼을 때는 거의 발생하지 않으며, 응원단끼리 부딪치며 싸우는 경우는 거의 없다고 분석했다. 한마디로 요약하자면, 한국 축구 훌리거니즘의 특징은 '심판 판정에 대한 불만과 패배한 팀의 폭력'이다.[17] 그러나 예외적인 사건도 있었다. 유럽과는 달리 아직 국내에는 경기장 폭력으로 인한 사망 사건까지는 일어나지 않았지만, K리그 폭력 사태가 본격적으로 문제가 된 것은 2001년이다. 그 해 7월 대전과 수원 팬들 사이에 쇠파이프가 등장하면서 경기장 폭력의 위험 수위가 급격히 올라가기 시작했다. 2005년 5월 대구월드컵경기장에서 열린 대구와 수원의 경기 후에는 수원 팬들에게서 공격을 받은 대구 서포터스가 부상을 당했다. 그 해 8월 포항과 인천의 경기 직후에는 심판 판정에 불만을 품은 포항 서포터스가 경기장에 빈 병과 오물을 던지며 10여 분간 난동을 부리기도 했다. 이 경기 주심을 맡았던 김모씨는 사태를 진정시키기 위해 그라운드로 내려온 포항시 공무원을 서포터스로 오인해 폭력을 휘둘러 입건되기도 했다. 2006년 8월에는 수원과 FC 서울의 K리그 경기 도중 한 수원팬이 서울의 현수막에 불을 지르는 볼썽사나운 일까지 있었다. FC 서울은 고의적인 방화로 규정짓고 경찰에 수사를 의뢰하기도 했다.[18]

훌리밴hoolivan   영국에서 1980년대 초 축구장에 등장한 차량으로, 검게 칠해진 창문과 군중 촬영용 카메라 장치가 달렸다. 훌리건을 단속하기 위한 목적으로 도입되었다. 서치라이트는 물론 비디오카메라까지 달린 헬리콥터도 훌리건 단속에 동원되었다. 이런 일련의 조치 이후 훌리거니즘

은 경기장 밖에서 많이 일어나게 되었다.[19]

히딩크 대통령론   한국을 2002년 한일월드컵 4강으로 이끈 주인공 거스 히딩크가 한국에서 누린 폭발적 인기를 말해주는 에피소드다. 2002년 7월 2일 오후 6시 30분부터 서울 광화문에서 국민대축제의 한마당이 펼쳐졌다. 히딩크와 정몽준을 비롯한 코칭스태프, 23명의 태극전사들은 그날 오후 6시 서울 강남구 삼성동 코엑스몰 광장을 출발해 강남역, 서울시청 광장을 거쳐 광화문에 도착하는 카퍼레이드를 펼친 뒤 축제에 참가했다. 이 축제에서 히딩크는 대한민국 사상 최초로 대통령 김대중에게서 '명예국민증'을 받았다. '히딩크 대통령'이라는 플래카드까지 나오고, 서점엔 '히딩크 리더십' 책들이 쌓이고, 대학마다 '히딩크 강좌'가 줄을 이을 정도로 폭발적인 인기를 누렸던 히딩크는 월드컵 후 한국을 떠났지만, 이후로도 한국과 계속 깊은 관계를 유지했다.[20]

히혼의 불가침 조약   1982년 6월 25일 스페인월드컵 2조 예선 마지막 경기에서 서독 대 오스트리아는 스페인 히혼의 엘 몰리논에서 열린 경기에서 암묵적 합의로 경기를 진행했다. 독일어로는 히혼의 불가침 조약(독일어: Nichtangriffspakt von Gijón) 혹은 히혼의 수치(독일어: Schande von Gijón)로 알려진 경기다. 경기는 알제리와 칠레가 하루 전에 경기를 치른 상태에서 열린 2조의 1차 조별 리그 최종전이었다. 다른 두 팀의 결과가 이미 나오면서, 서독의 1골이나 2골차 승리는 오스트리아와 함께 서독을 이겼던 알제리를 제치고 다음 라운드에 진출할 수 있었다. 경기 10분 후, 서독이 선제골을 득점했다. 그 후로, 몇 차례 득점 기회가 나왔으나, 어느 쪽도 득점하지 못했다. 이 경기의 목격자들에게는 두 팀이 서독이 1:0으로 승리하는 쪽으로 경기 결과에 이미 만족한 것처럼 경기했다고 주장되었다. 전 대회인 1978년 FIFA 월드컵 2차 조별 리그에서는, 오스트리아가 탈락이 확정된 상황에서 서독과의 경기에 공을 들여 3:2로 이기며 코르도바의 기적을 일으켜 서독이 3위 결정전 진출을 막았다. 두 팀은 끈끈한 라이벌 관계를 지니는 것으로 보였다. 그러나 1982년 경기에서는 이러한 기대에 미치지 못했고, 목격자들은 이 두 팀의 경기력을 질책했고, 조작된 것으로 의심되었다. 또한 앞서 1978년 대회의 코르도바의 기적이 일어난 경기와 같은 라운드에서 홈팀이자 우승팀인 아르헨티나는 브라질과 같은 조에 편성되었고, 브라질이 몇 시간 전에 폴란드에 승리를 거둔 정보를 입수한 채 페루와의 최종전에 임했다. 아르헨티나는 6:0으로 승리하며, 골득실 차로 브라질을 제치고 결승전에 진출했다. 이 두 경기에서 일어난 여파로 인해, FIFA는 향후에 있을 대회의 조별 리그 일정에 손질하는 데 이르렀고, 조별 리그 최종전 두 경기를 같은 시간에 진행되도록 했다.[21]

힐스보로 참사 1989년 4월 15일 영국 셰필드의 힐스보로Hillsborough 경기장에서 일어난 사고로 축구팬 96명이 사망했다. 이날 오후 3시 중립 지역인 셰필드의 힐스보로 경기장에서는 리버풀과 노팅엄 포레스트의 FA컵 준결승전이 열릴 예정이었다. 열광적이기로 소문난 리버풀의 팬들은 경기장으로 몰려들었으나 1명씩 통과해야 하는 철제문 때문에 입장이 원활치 않았다. 경기장 입구에는 병목 현상이 생겼고, 관중들은 오도 가도 못하는 상황이 되었다. 경기 시간이 다가와 경기장 안쪽에서 응원 소리가 높아지자 스타디움 바깥의 팬들은 경기 시작을 놓칠까봐 조바심을 내기 시작했다. 경기는 시작한 지 6분 만에 중단되었다. 그러나 몰려든 팬으로 철제 펜스가 무너졌고, 이 과정에서 수백 명의 사람이 깔려 96명이 사망했다.

힐스보로 참사는 '예고된 인재'였다. 엄청난 군중 앞에 경찰은 통제력을 잃었다. 훌리건의 경기장 난입을 막기 위해 설치된 철제 펜스는 관중을 깔아 죽인 흉기로 돌변했다. '테라스'라 불리는 입석 문화도 문제였다. 하층 계급 젊은이가 중심이 된 과열된 축구 응원문화도 참사의 한 요소였다. 이 사건을 계기로 잉글랜드의 축구장은 테라스를 없애고 좌석을 놓았다. 이 사고 이후 4년여에 걸쳐 전 경기장의 입석 좌석이 사라졌다. 영국 정부는 관객의 입장 시 신분제도 확인 방안까지 제시했지만, 이는 실행상의 난점으로 철회되었다.[22] ○ 헤이젤 참사, 훌리건

힐킥heel kick   백힐back heel이라고도 한다. 발뒤꿈치로 볼을 차는 동작으로 주로 상대 선수를 속이고자 할 때에 사용된다.

주

ㄱ

1 신중경, 「축구 상식: 가린샤 클럽」, 블로그 『신중경 그가 말하는 축구』, 2009년 6월 1일; 배진경, 「스테보, 골 넣고 퇴장…K리그판 '가린샤 클럽' 주인공」, 『스포탈코리아』, 2009년 3월 7일.
2 김성원, 『한국 축구 발전사』(살림출판사, 2006), 3쪽.
3 박진용, 「축구협, 韓·英 해군 구한말 축구 재현 행사」, 『한국일보』, 2004년 6월 18일, 43면.
4 윤경헌·최창신, 『국기(國技) 축구 그 찬란한 아침: 이야기 한국체육사 3』(국민체육진흥공단, 1997), 22쪽.
5 김성원, 『한국 축구 발전사』(살림출판사, 2006), 3쪽.
6 장원재, 「내가 만난 김화집: 뿌리가 되고, 거름이 되어」, 대한축구협회 엮음, 『한국 축구의 영웅들: 축구 명예의 전당 헌액 7인 열전』(랜덤하우스중앙, 2005), 243쪽.
7 김성원, 『한국 축구 발전사』(살림출판사, 2006), 3쪽.
8 안성암, 「금석한담 / 말씀한 분 김윤기씨 / 10년대엔 속공이 최고 테크닉: '뮌헨행' 길목에서 살펴본 초기의 '한국 축구'」, 『조선일보』, 1973년 5월 27일, 조간 4면.
9 리처드 줄리아노티, 복진선 옮김, 『축구의 사회학: 지구를 정복한 축구공, 지구를 말하다』(현실문화연구, 2004), 108~204쪽.
10 장혜수·이수한, 「"반칙으로 경기 흐름 끊는 축구 선수, 경고 등 불이익": '위기에 빠진 K-리그' 프로연맹·구단 워크숍」, 『중앙일보』, 2009년 6월 3일, 34면.
11 김영만, 「월드컵팀과 함께 뛰는 YS(청와대)」, 『서울신문』, 1994년 6월 25일, 2면.
12 박미영, 「'경장히' 길었던 한밤의 6분 코미디」, 『미디어오늘』, 1996년 4월 10일.
13 강준만, 『축구는 한국이다: 한국 축구 124년사, 1882-2006』(인물과사상사, 2006), 31~41쪽.
14 지정은, 「[작은논술/수리·과학] 축구 골네트는 왜 정육각형일까」, 『영남일보』, 2007년 4월 23일, E5면.
15 네이버백과사전(http://100.naver.com/100.nhn?docid=762751), 2009년 12월 21일.
16 엔싸이버사전(http://www.encyber.com/search_w/ctdetail.php?masterno=790371&contentno=

790371), 2009년 12월 21일; 진중언, 「北 감독 "비정상적 상황에서 경기 진행"」, 『조선일보』, 2009년 4월 2일, A24면.
17 엔싸이버사전(http://www.encyber.com/search_w/ctdetail.php?masterno=790374&contentno=790374), 2009년 12월 21일.
18 영웅시대, 「2008년 세계 최고의 골키퍼는 누구?!」, 블로그 『HERO』, 2009년 1월 11일; 김화성, 『한국은 축구다』(지식공작소, 2002), 127쪽; 신윤동욱, 『스포츠 키드의 추억』(개마고원, 2007), 187쪽.
19 네이버백과사전(http://100.naver.com/100.nhn?docid=790376), 2009년 12월 21일; 손진석, 「골키퍼? 골게터!」, 『조선일보』, 2006년 6월 1일.
20 엔싸이버사전(http://www.encyber.com/search_w/ctdetail.php?masterno=710361&contentno=710361), 2009년 12월 21일.
21 박지성, 「암살자 솔샤르 몰테 FK 감독 복귀 3년 6개월 계약」, 『인터풋볼』, 2015년 10월 21일.
22 장치혁, 「Special Knowledge 32 : '히트 상품' 축구대표팀」, 『중앙일보』, 2009년 5월 15일.
23 스테판 지만스키·앤드루 짐벌리스트, 김광우 옮김, 『왜? 세계는 축구에 열광하고 미국은 야구에 열광하나』(에디터, 2006), 86~87쪽; 알프레드 바알, 지현 옮김, 『축구의 역사』(시공사, 1999), 59~60쪽; 위키백과, 국제축구연맹(http://ko.wikipedia.org/wiki/%EA%B5%AD%EC%A0%9C%EC%B6%95%EA%B5%AC%EC%97%B0%EB%A7%B9), 2009년 12월 21일.
24 네이버지식iN, 군대 축구는 전술이 다른가요?(2002년 12월 8일)(http://kin.naver.com/detail/detail.php?d1id=10&dir_id=100817&docid=2619&qb=6rWw64yA7lqk66as6rCAlOuPheygkCDsiQTtj7DshJw=&enc=utf8&pid=fWmusloi5UZssbbhnNCsss─006739&sid=Stg4oys22EoAAHAoOZE), 2009년 12월 21일; 이방현, 「군대스리가」 5000명 참여하여 실력 맘껏 뽐내」, 『일간스포츠』, 2008년 9월 28일.
25 김병윤, 「[김병윤의 축구생각] 방법은 달라도 가치는 같은 2:1 패스와 2:1 월패스」, 『스포탈코리아』, 2016년 11월 1일.
26 정순민, 「"농구야 게 섰거라, 길거리 축구 납신다": 신세대 축구 '붐'」, 『TV저널』, 1996년 8월 28일, 86면.

ㄴ

1 박주성, 「노숙자 출신 베베, "맨유 제안? 농담인 줄…"」, 『인터풋볼』, 2016년 3월 5일; 강대호, 「맨유 '노숙자 축구왕' 베베에게 총 198억 썼다」, 『MK스포츠』, 2016년 2월 8일.

ㄷ

1 손영래 외, 『이것이 진짜 축구다』(살림, 2006), 357~366쪽.
2 위키백과, 대한축구협회(http://ko.wikipedia.org/wiki/%EB%8C%80%ED%95%9C%EC%B6%95%EA%B5%AC%ED%98%91%ED%9A%8C), 2009년 12월 21일.
3 진성호, 「월드컵 한국-스페인전 시청률 55% 사상 최고」, 『조선일보』, 1994년 6월 21일, 16면.
4 김성호·박천호, 「동점골 순간 전국 동시 "함성"」, 『한국일보』, 1994년 6월 19일, 23면.
5 엔싸이버사전(http://www.encyber.com/search_w/ctdetail.php?masterno=790367&contentno=790367), 2009년 12월 21일; 리처드 줄리아노티, 복진선 옮김, 『축구의 사회학』(현실문화연구, 2004), 253~254쪽.
6 윤경헌·최창신, 「국기(國技) 축구 그 찬란한 아침: 이야기 한국체육사 3」(국민체육진흥공단, 1997), 315~316쪽.
7 크리스토프 바우젠바인, 김태희 옮김, 『축구란 무엇인가』(민음인, 2010), 459~462쪽.
8 「축구 참패에 교포들 분노: 모국 망신시켰다고」, 『조선일보』, 1964년 10월 18일, 조간 5면.

9 엔싸이버사전(http://www.encyber.com/search_w/ctdetail.php?gs=ws&gd=&cd=&d=&k=&inqr=&indme=&p=1&q=dodging&masterno=790383&contentno=790383), 2009년 12월 21일.
10 〈월드컵 D-30 특집-투혼: 한국 축구 124년의 기록〉, 『MBC』, 2006년 5월 11일.
11 김성원, 『한국 축구 발전사』(살림출판사, 2006), 93쪽.
12 이해준, 「9년 전 '탄핵의 아픔' 허정무 "남아공 가서 한풀이하겠다"」, 『중앙일보』, 2009년 6월 8일, 36면.
13 황민국, 「슈틸리케 "잘리면 떠날 뿐" 할 말 많은 '패장'」, 『경향신문』, 2016년 10월 13일.
14 조미덥, 「"축구는 순간 판단…지식 많이 쌓아야 좋은 판단 나온다": 최순호 감독의 '축구 클리닉'」, 『경향신문』, 2009년 5월 15일, 26면.
15 윤경현·최창신, 『국기(國技) 축구 그 찬란한 아침: 이야기 한국체육사 3』(국민체육진흥공단, 1997), 38쪽.
16 정순일, 『한국 방송의 어제와 오늘』(나남, 1991), 232~233쪽.
17 엔싸이버사전(http://www.encyber.com/search_w/ctdetail.php?masterno=830548&contentno=830548), 2009년 12월 21일; Thomas Fensch, 『스포츠 기자 핸드북』(한국언론연구원, 1997), 290쪽.
18 엔싸이버사전(http://www.encyber.com/search_w/ctdetail.php?gs=ws&gd=&cd=&d=&k=&inqr=&indme=&p=1&q=%B5%E5%B7%D3%C5%B1&masterno=790384&contentno=790384), 2009년 12월 21일.
19 이만우, 「축구 관중의 정신분석」, 윤상철·안민석 엮음, 『월드컵, 신화와 현실』(한울아카데미, 2002), 45쪽.
20 서형욱, 「드로그바 "내 심장은 코트디부아르와 함께 뛴다"」, 『매거진S』, 2009년 12월 24일.

ㄹ

1 네이버 지식백과(라보나 킥[rabona kick], 『시사상식사전』, 박문각).
2 정태룡, 「김용식: 불꽃처럼 살다 간 '축구의 신'」, 대한축구협회 엮음, 『한국 축구의 영웅들』(랜덤하우스중앙, 2005), 38쪽.
3 박갑철, 「뮌헨으로 가는 길」, 『조선일보』, 1971년 9월 19일, 조간 6면.
4 류송아, 「홍덕영: 한국의 골대를 온몸으로 지킨 수문장」, 대한축구협회 엮음, 『한국 축구의 영웅들』(랜덤하우스중앙, 2005), 89쪽.
5 위키백과, 레드카드(http://ko.wikipedia.org/wiki/%EB%A0%88%EB%93%9C%EC%B9%B4%EB%93%9C), 2009년 12월 21일.
6 신덕상·김덕기, 『국기(國技) 축구 그 화려한 발자취: 이야기 한국체육사 10』(국민체육진흥공단, 1999), 383~384쪽.
7 김수병, 「한국 축구에 머리가 없다」, 『한겨레21』, 제165호(1997년 7월 10일), 46~48면.
8 김화성, 『한국은 축구다』(지식공작소, 2002), 47쪽.
9 네이버백과사전(http://100.naver.com/100.nhn?docid=771611), 2009년 12월 21일.

ㅁ

1 네이버백과사전(http://100.naver.com/100.nhn?docid=755612), 2009년 12월 21일.
2 네이버백과사전(http://100.naver.com/100.nhn?docid=750884), 2009년 12월 21일.
3 양종구, 「"관중 마음 향해 공 찬다" 세계 최고 축구기업」, 『동아일보』, 2009년 5월 18일, A24면.
4 오미현, 「맨유 부수입 1820억 '1위': 꼴찌 웨스트브롬의 3배…첼시·아스널 2, 3위」, 『한국일보』, 2009년 6월 3일, 23면.
5 엘리스 캐시모어, 정준영 옮김, 『스포츠, 그 열광의 사회학』(한울아카데미, 2001), 299~300쪽.
6 네이버백과사전(http://100.naver.com/100.nhn?docid=746830), 2009년 12월 21일.
7 손영래 외, 『이것이 진짜 축구다』(살림, 2006), 349쪽.

8 손영래 외, 『이것이 진짜 축구다』(살림, 2006), 149쪽.
9 손영래 외, 『이것이 진짜 축구다』(살림, 2006), 327쪽.
10 박현철, 「파시즘 나팔수 경연무대로」, 『한겨레』, 2006년 5월 25일, 22면; 김동훈, 「스포츠에서 뗄 수 없었던 그 이름, 정치」, 『한겨레21』, 제761호(2009년 5월 22일); Roger Eatwell, 『Fascism: A History』(New York: Penguin Books, 1995), pp.81~82; Daniel Guerin, 『Fascism and Big Business』(New York: Monad Press Book, 1974), p.72; 심재희, 「월드컵의 강국들」(살림출판사, 2006), 23~26쪽.
11 김형민, 「무회전보다 정확도, 호날두 프리킥 달라지나」, 『아시아경제』, 2016년 9월 23일.
12 손장훈, 「'브라질 월드컵 참패' 올 최고의 이변 로이터 선정」, 『조선일보』, 2014년 12월 22일.
13 위키백과, 미드필더(http://ko.wikipedia.org/wiki/%EB%AF%B8%EB%93%9C%ED%95%84%EB%8D%94), 2009년 12월 21일; 이예은, 「FTBL 「박지성, 아시아-오세아니아 지역 미드필더 '랭킹 3위'」, 『스포츠조선』, 2009년 6월 19일.
14 네이버백과사전(http://100.naver.com/100.nhn?docid=790394), 2009년 12월 21일.
15 사이먼 쿠퍼, 정병선 옮김, 『축구 전쟁의 역사』(이지북, 2002), 324~326쪽.

ㅂ

1 리처드 줄리아노티, 복진선 옮김, 『축구의 사회학』(현실문화연구, 2004), 265~266쪽.
2 뉴태권브이, 「축구공의 비밀을 밝혀라」, 『경인일보 스포레츠』, 2009년 9월 9일; 장민석·김상민, 「야구에 홈런이 있다면 축구엔」, 『조선일보』, 2009년 6월 5일, A24면.
3 김화성, 『한국은 축구다』(지식공작소, 2002), 119~120쪽.
4 진중언, 「변화하는 공의 비밀 '마그누스 효과'」, 『조선일보』, 2009년 6월 5일, A24면.
5 양종구, 「킥 오프: 카탈루냐의 자존심 바르셀로나」, 『동아일보』, 2009년 5월 29일, A22면.
6 프랭클린 포어, 안명희 옮김, 『축구는 어떻게 세계를 지배했는가』(말글빛냄, 2005), 294쪽.
7 정영재, 「초보 사냥꾼이 늙은 여우를 홀렸다: 바르샤, 스페인팀으론 처음 유럽 트레블 이끌어」, 『중앙일보』, 2009년 5월 29일, 32면.
8 온누리, 「UEFA 챔피언스리그」 2000억 원 '쩐의 전쟁'」, 『중앙일보』, 2009년 5월 27일, 36면.
9 손영래 외, 『이것이 진짜 축구다』(살림, 2006), 102쪽.
10 「높이 52.3cm의 순금제 '박대통령 컵'」, 『조선일보』, 1971년 4월 17일, 조간 8면.
11 『한국축구백년사』(대한축구협회, 1986); 네이버 지식백과, 코리아컵국제축구대회(한국민족문화대백과, 한국학중앙연구원).
12 홍의택, 「잉글리시 프리미어리그(EPL)가 겨울 휴식기 도입을 검토한다」, 『스포탈코리아』, 2016년 7월 26일.
13 크리스토프 바우젠바인, 김태희 옮김, 『축구란 무엇인가』(민음인, 2013), 550쪽.
14 「2008년 발롱도르의 주인공은 호날두」, 『사커라인』, 2008년 12월 2일.
15 이규태, 「축구 인류학」, 『조선일보』, 2002년 6월 15일, 7면.
16 손영래 외, 『이것이 진짜 축구다』(살림, 2006), 230쪽.
17 위키백과, 수비수(http://ko.wikipedia.org/wiki/%EC%88%98%EB%B9%84%EC%88%98), 2009년 12월 21일.
18 손영래 외, 『이것이 진짜 축구다』(살림, 2006), 184쪽.
19 이미숙, 「이 총선 압승 이끈 베를루스코니」, 『문화일보』, 1994년 3월 31일, 6면; 한기봉, 「이 총선 압승 베를루스코니 성공 비결」, 『한국일보』, 1994년 4월 5일, 6면; 방형남, 「2달만의 총선 승리 이 베를루스코니」, 『동아일보』, 1994년 4월 5일, 7면.
20 프랭클린 포어, 안명희 옮김, 『축구는 어떻게 세계를 지배했는가』(말글빛냄, 2005), 234~263쪽.
21 네이버백과사전(http://100.naver.com/100.nhn?docid=756972), 2009년 12월 21일; 김성원, 「"호나우

두는 현대판 노예다"…이적 놓고 이상 기류」, 『스포츠조선』, 2008년 7월 10일.
22 「축구대회는 무기연기」, 『조선일보』, 1923년 11월 25일, 석간 3면.
23 박경호·김덕기, 『한국 축구 100년 비사』(책읽는사람들, 2000), 162~163쪽.
24 고정애, 「고흥문 부인상 조문 간 조윤형…불쑥 "형님, 요즘 별일 없으시죠": 신경식 전 의원 회고록 펴내」, 『중앙일보』, 2008년 10월 28일, 8면.
25 오미현, 「1966년 첫 출전 8강 기적, 44년간 '암흑기' 터널 지나: 북한 축구 월드컵 도전사」, 『한국일보』, 2009년 6월 19일, 22면.
26 김홍진, 「[만물상] 북한 축구」, 『조선일보』, 2009년 6월 19일, A30면.
27 장민석, 「소수 정예·벌떼 수비·역습 능력…북한 축구 월드컵 본선행, 이유가 있었네」, 『조선일보』, 2009년 6월 19일, A22면.
28 오미현, 「1966년 첫 출전 8강 기적, 44년간 '암흑기' 터널 지나: 북한 축구 월드컵 도전사」, 『한국일보』, 2009년 6월 19일, 22면.
29 이영만, 「하룻밤의 분탕질로 주저앉은 북한 축구」, 『공 하나에 얽힌 10만 가지 사연』(자작나무, 1998), 174쪽.
30 장원재 외, 「"그때 우린 한국인이라 행복했다": 월드컵 1년 특별좌담」, 『조선일보』, 2003년 6월 2일, C3면.
31 신덕상·김덕기, 『국기(國技) 축구 그 화려한 발자취: 이야기 한국체육사 10』(국민체육진흥공단, 1999), 93~95쪽.
32 김홍진, 「[만물상] 북한 축구」, 『조선일보』, 2009년 6월 19일, A30면.
33 신덕상·김덕기, 『국기(國技) 축구 그 화려한 발자취: 이야기 한국체육사 10』(국민체육진흥공단, 1999), 378쪽.
34 신덕상·김덕기, 『국기(國技) 축구 그 화려한 발자취: 이야기 한국체육사 10』(국민체육진흥공단, 1999), 379~380쪽.
35 주강현, 『레드 신드롬과 히딩크 신화』(중앙M&B, 2002), 78쪽.
36 이종식·이재명, 「독일월드컵 D-17: 포백─스리백 줄줄…치마 입은 태극전사」, 『동아일보』, 2006년 5월 23일, A11면.
37 김욱, 「스포츠 제국주의, 어떻게 읽을 것인가」, 『월간 인물과사상』, 2006년 5월호, 144쪽.
38 김동훈, 「스포츠에서 뗄 수 없었던 그 이름, 정치」, 『한겨레21』, 제761호(2009년 5월 22일).
39 박상경, 「피치 뒤흔든 첫 비디오판독, 선수들은 '어리둥절'」, 『스포츠조선』, 2016년 12월 15일.
40 김현희, 「[묻지마 TOP 10] 한국 축구 불운의 선수들 TOP 10」, 『풋볼위클리』, 제36호(2007년 9월 8일); 조동진, 「신태용 성남일화 감독: 비운의 축구 스타, 감독 되어 돌아오다」, 『톱클래스』, 2009년 3월호.
41 손병하, 「[비운의 축구 스타: 1편] '라이언 긱스'」, 블로그 「손병하의 'Injury Time'」, 2005년 9월 6일.
42 김영환, 「'풍운아' 고종수 쓸쓸한 은퇴…"제2의 삶 살겠다"」, 『이데일리SPN』, 2009년 2월 6일.
43 김현희, 「[묻지마 TOP 10] 한국 축구 불운의 선수들 TOP 10」, 『풋볼위클리』, 제36호(2007년 9월 8일).
44 박경호·김덕기, 『한국 축구 100년 비사』(책읽는사람들, 2000), 110쪽.

ㅅ

1 네이버백과사전(http://100.naver.com/100.nhn?docid=790366), 2009년 12월 21일; 박린, 「박지성, 챔스 결승 선발 출장 '확정'」, 『OSEN』, 2009년 5월 28일.
2 네이버백과사전(http://100.naver.com/100.nhn?docid=790365), 2009년 12월 21일; 김삼우, 「박지성, '베르바토프 효과' 수혜자 되나…테베스와 대조적」, 『이데일리SPN』, 2008년 10월 20일.
3 네이버백과사전(http://100.naver.com/100.nhn?docid=148514), 2009년 12월 21일; 이은호, 『축구의 문화사』(살림출판사, 2004), 5쪽.

4 크리스토프 바우젠바인, 김태희 옮김, 『축구란 무엇인가』(민음인, 2013), 323~327쪽.
5 네이버백과사전(http://100.naver.com/100.nhn?docid=790404), 2009년 12월 21일.
6 민학수, 「월드컵 서울 개최 최종 확정: 상암동 주경기장 재원 조달 해결」, 『조선일보』, 1998년 1월 23일, 2면.
7 이동연, 「월드컵, 서포터, 쾌락의 소수문화」, 『리뷰』(1998년 여름), 252쪽.
8 김정산, 「정몽준: 한국 축구를 반석 위에 올려놓은 축구 행정가」, 대한축구협회 엮음, 『한국 축구의 영웅들』(랜덤하우스중앙, 2005), 339쪽.
9 위키백과, 공격수(http://ko.wikipedia.org/wiki/%EA%B3%B5%EA%B2%A9%EC%88%98), 2009년 12월 21일; 오미현, 「슈팅 위주 타깃·그림자역의 섀도형: 공격수의 다양한 유형」, 『한국일보』, 2009년 5월 21일, 24면.
10 손영래 외, 『이것이 진짜 축구다』(살림, 2006), 34쪽.
11 송지훈, 「안정환 골든골, '세계 축구 10대 이변'으로 선정」, 『이데일리SPN』, 2009년 6월 26일.
12 송기룡, 「'83년 세계 청소년 대회-한국 vs 우루과이: [1983년 멕시코 세계 청소년 대회: 8강전] 한국 2-1 우루과이」, 『축구가족』, 1998년 9월호.
13 「"성난 이리떼…속도위반…멈추지 않는 급행열차"」, 『조선일보』, 1983년 6월 14일, 조간 8면.
14 「축구에 미친 "철의 사나이" 세계 4강 길러낸 '대부' 박종환 감독」, 『조선일보』, 1983년 6월 14일, 조간 11면.
15 네이버백과사전(http://100.naver.com/100.nhn?docid=756758), 2009년 12월 21일; 기영노, 『스포츠, 그 불멸의 기록』(문학사상사, 20060, 189쪽.
16 김성원, 「[한국-이란전 현장 분석] 적지 않은 과제 남겨」, 『스포츠조선』, 2009년 6월 17일.
17 위키백과, 100경기 이상 출전한 선수 목록(http://ko.wikipedia.org/wiki/%EC%84%BC%EC%B6%94%EB%A6%AC_%ED%81%B4%EB%9F%BD), 2009년 12월 21일.
18 김화성, 『한국은 축구다』(지식공작소, 2002), 105쪽.
19 위키백과, 수비수(http://ko.wikipedia.org/wiki/%EC%88%98%EB%B9%84%EC%88%98), 2009년 12월 21일.
20 장재원, 『끝나지 않는 축구 이야기』(북마크, 2010), 109~110쪽.
21 신덕상·김덕기, 『국기(國技) 축구 그 화려한 발자취: 이야기 한국체육사 10』(국민체육진흥공단, 1999), 259~260쪽.
22 손영래 외, 『이것이 진짜 축구다』(살림, 2006), 122쪽.
23 장치혁, 「손으로 축구하는 '인간 투척기' 또 출현」, 『중앙일보』, 2009년 5월 14일, 37면.
24 위키백과, 수비수(http://ko.wikipedia.org/wiki/%EC%88%98%EB%B9%84%EC%88%98), 2009년 12월 21일; 네이버백과사전(http://100.naver.com/100.nhn?docid=790417), 2009년 12월 21일; 네이버백과사전(http://100.naver.com/100.nhn?docid=790388), 2009년 12월 21일; 김화성, 『한국은 축구다』(지식공작소, 2002), 99쪽; 이성욱, 「리베로를 꿈꾸는 비평」(문화과학사, 2000), 8쪽.
25 위키백과, 공격수(http://ko.wikipedia.org/wiki/%EA%B3%B5%EA%B2%A9%EC%88%98), 2009년 12월 21일; 네이버백과사전(http://100.naver.com/100.nhn?docid=790370), 2009년 12월 21일.
26 손영래 외, 『이것이 진짜 축구다』(살림, 2006), 243~244쪽.
27 네이버백과사전(http://100.naver.com/100.nhn?docid=790421), 2009년 12월 21일.
28 황민국, 「본머스 '125년 만의 1부 승격' 하위 감독 '올해의 감독상'」, 『경향신문』, 2015년 5월 27일.
29 김화성, 『한국은 축구다』(지식공작소, 2002), 133~134쪽.
30 크리스토프 바우젠바인, 김태희 옮김, 『축구란 무엇인가』(민음인, 2002), 189~200쪽.
31 손영래 외, 『이것이 진짜 축구다』(살림, 2006), 345~347쪽.
32 강석진, 『축구공 위의 수학자』(문학동네, 2002), 269~272쪽; 김창금, 「감독 마라도나 또 굴욕!: 메시·테

베스 내세우고도…아르헨티나, 에콰도르에 0-2패」, 『한겨레』, 2009년 6월 12일, 20면.
33 네이버백과사전(http://100.naver.com/100.nhn?docid=756971), 2009년 12월 21일.
34 리처드 줄리아노티, 복진선 옮김, 『축구의 사회학』(현실문화연구, 2004), 276~277쪽.

ㅇ

1 사이먼 쿠퍼, 정병선 옮김, 『축구 전쟁의 역사』(이지북, 2012), 313~316쪽.
2 손영래 외, 『이것이 진짜 축구다』(살림, 2006), 331~341쪽.
3 네이버백과사전(http://100.naver.com/100.nhn?docid=765253), 2009년 12월 21일.
4 손영래 외, 『이것이 진짜 축구다』(살림, 2006), 112~121쪽.
5 손영래 외, 『이것이 진짜 축구다』(살림, 2006), 439~441쪽.
6 사이먼 쿠퍼, 정병선 옮김, 『축구 전쟁의 역사』(이지북, 2002), 183~185쪽.
7 김세훈, 「68세 노익장 퍼거슨 감독의 장수 비결 '포기 모르는 열정의 화신'」, 『경향신문』, 2009년 5월 18일, 26면.
8 김경무, 「제자는 속 타는데 스승은 함박웃음」, 『한겨레』, 2009년 6월 1일, 20면.
9 최원창, 「'퍼거슨의 교만이 패배를 불렀다': 맨유, 챔스리그 결승 완패 후폭풍…영국 언론들 집중포화」, 『중앙일보』, 2009년 6월 3일, 34면.
10 「맨체스터 퍼거슨 감독, 다시 계약 연장 제의 받아」, 『오마이뉴스』, 2015년 11월 6일.
11 매일경제월드컵팀, 『사커 비즈니스』(매일경제신문사, 2002), 29~32쪽.
12 위키백과, 레프 야신(http://ko.wikipedia.org/wiki/%EB%A0%88%ED%94%84_%EC%95%BC%EC%8B%A0), 2009년 12월 21일; 박성민, 「이탈리아 부폰, 야신상 수상」, 『연합뉴스』, 2006년 7월 10일.
13 김성원, 『한국 축구 발전사』(살림출판사, 2006), 37~38쪽.
14 신덕상·김덕기, 『국기(國技) 축구 그 화려한 발자취: 이야기 한국체육사 10』(국민체육진흥공단, 1999), 193~194쪽.
15 김성원, 『한국 축구 발전사』(살림출판사, 2006), 42~43쪽; 김경세, 「이회택: 불세출의 스트라이커」, 대한축구협회 엮음, 『한국 축구의 영웅들』(랜덤하우스중앙, 2005), 115~116쪽.
16 이길우, 「영표형! 반칙하지 마」, 『한겨레』, 2006년 5월 21일.
17 「월드컵 축구 '어깨패스'로 공짜 구경: 서울운동장에 줄지 않는 암체들, 12만 관중에 5만 명이나」, 『조선일보』, 1969년 10월 23일, 조간 7면.
18 기영노, 『스포츠, 그 불멸의 기록』(문학사상사, 2006), 183~184쪽.
19 매일경제월드컵팀, 『사커 비즈니스』(매일경제신문사, 2002), 43~45쪽.
20 장민석, 「박지성이 한 경기 10km 뛰는지 어떻게 알까」, 『조선일보』, 2009년 5월 12일, A29면.
21 이성모, 「英 스포츠 경제학 교수가 말하는 '레스터 현상'과 빅클럽 부진」, 『네이버스포츠』, 2016년 4월 9일.
22 스테판 지만스키·앤드루 짐벌리스트, 김광우 옮김, 『왜? 세계는 축구에 열광하고 미국은 야구에 열광하나』(에디터, 2006), 104~105쪽.
23 네이버백과사전(http://100.naver.com/100.nhn?docid=741547), 2009년 12월 21일.
24 김성원, 『한국 축구 발전사』(살림출판사, 2006), 18쪽; 박경호·김덕기, 『한국 축구 100년 비사』(책읽는사람들, 2000), 252쪽; 신덕상·김덕기, 『국기(國技) 축구 그 화려한 발자취: 이야기 한국체육사 10』(국민체육진흥공단, 1999), 48~49쪽; 장원재, 「내가 만난 김화집: 뿌리가 되고, 거름이 되어」, 대한축구협회 엮음, 『한국 축구의 영웅들』(랜덤하우스중앙, 2005), 249쪽; 위키백과, 한국여자축구연맹(http://ko.wikipedia.org/wiki/%ED%95%9C%EA%B5%AD%EC%97%AC%EC%9E%90%EC%B6%95%EA%B5%AC%EC%97%B0%EB%A7%B9), 2009년 12월 21일.
25 김상민, 「'여자축구 만원관중 시대' 우리가 연다」, 『조선일보』, 2009년 5월 9일, A22면.

26 김창금, 「"한국 축구 생각보다 거치네요": 여자 외국인 선수 1호 쁘레치냐 11일 첫 실전 투입」, 『한겨레』, 2009년 5월 14일, 19면.
27 리처드 줄리아노티, 복진선 옮김, 『축구의 사회학』(현실문화연구, 2004), 166, 292~294쪽.
28 이현두, 「현역 스타 사조직 '열하나회'를 아시나요」, 『뉴스플러스』, 1997년 1월 2일, 83면.
29 이동현·김화성, 『CEO 히딩크』(바다출판사, 2002), 227쪽.
30 공병호 외, 『거스 히딩크, 열정으로 승부하라』(샘터, 2002), 78쪽.
31 손영래 외, 『이것이 진짜 축구다』(살림, 2006), 366쪽.
32 네이버백과사전(http://100.naver.com/100.nhn?docid=750882), 2009년 12월 21일; 정준영, 「축구와 노동계급」, 윤상철·안민석 엮음, 『월드컵, 신화와 현실』(한울아카데미, 2002), 159쪽.
33 네이버백과사전(http://100.naver.com/100.nhn?docid=790433), 2009년 12월 21일; 정준영, 「축구와 노동계급」, 윤상철·안민석 엮음, 『월드컵, 신화와 현실』(한울아카데미, 2002), 159쪽.
34 네이버백과사전(http://100.naver.com/100.nhn?docid=790435), 2009년 12월 21일.
35 네이버백과사전(http://100.naver.com/100.nhn?docid=790436), 2009년 12월 21일.
36 손영래 외, 『이것이 진짜 축구다』(살림, 2006), 243쪽.
37 크리스토프 바우젠바인, 김태희 옮김, 『축구란 무엇인가』(민음인, 2013), 18쪽.
38 리처드 줄리아노티, 복진선 옮김, 『축구의 사회학』(현실문화연구, 2004), 119~126쪽.
39 김화성, 『한국은 축구다』(지식공작소, 2002), 43쪽.
40 리처드 줄리아노티, 복진선 옮김, 『축구의 사회학』(현실문화연구, 2004), 258쪽.
41 김정훈, 『축구에 관한 모든 것』(사람들, 2013), 30~36쪽.
42 황대진, 「산부인과 때아닌 월드컵 특수?: 3·4월 월드컵 베이비 출산 절정」, 『매일경제』, 2003년 4월 7일, 39면.
43 서준형, 『월드컵의 위대한 전설들』(살림출판사, 2006), 92~94쪽.
44 김덕영, 「티셔츠가 된 태극기의 의미를 생각한다」, 『월간 인물과사상』, 2006년 6월호, 126쪽.
45 문갑식, 「"아! 코리아" 황홀한 밤」, 『조선일보』, 2002년 6월 5일, 3면.
46 「"48년 염원 풀었다" 밤새 환희의 축제」, 『한겨레』, 2002년 6월 15일, 15면.
47 민동기·이수강, 「언론 '붉은악마'보다 더 흥분했다": 월드컵 8강 진출과 한국 언론」, 『미디어오늘』, 2002년 6월 20일, 6면.
48 이천열 외, 「투지…저력…5천만이 이겼다」, 『대한매일』, 2002년 6월 19일, 31면.
49 최치봉 외, 「"브레이크 없는 한국" 세계가 열광」, 『대한매일』, 2002년 6월 23일, 15면.
50 양종구, 「한국, 월드컵 본선 7회 연속 진출…세계 6번째」, 『동아일보』, 2009년 6월 8일.
51 노염화, 『키취 소년, 문화의 바다에 빠지다』(토마토, 1997), 193쪽.
52 『한국일보』, 1996년 6월 1일, 1면.
53 위키백과, 축구의_포메이션(http://ko.wikipedia.org/wiki/%EC%B6%95%EA%B5%AC_EC%9D%98_%ED%8F%AC%EB%A9%94%EC%9D%B4%EC%85%98), 2009년 12월 21일; 위키백과, 축구의_포지션(http://ko.wikipedia.org/wiki/%EC%B6%95%EA%B5%AC%EC%9D%98_%ED%8F%AC%EC%A7%80%EC%85%98), 2009년 2월 21일; 장민석, 「박지성 골 찬스 두번, 아슬아슬 비켜가: UEFA 챔스리그 결승, 아시아선수 첫 출전…우승컵은 바르셀로나에」, 『조선일보』, 2009년 5월 29일, A20면.
54 위키백과, 축구의_포지션(http://ko.wikipedia.org/wiki/%EC%B6%95%EA%B5%AC%EC%9D%98_%ED%8F%AC%EC%A7%80%EC%85%98), 2009년 12월 21일; 김성원, 「대표팀 포지션별 베스트 플레이어를 꼽는다면」, 『스포츠조선』, 2009년 6월 18일.
55 크리스토프 바우젠바인, 김태희 옮김, 『축구란 무엇인가』(민음인, 2013), 474쪽.

56 박창식, 「영국식 해법 "권력을 나눈다"」, 『한겨레21』, 제320호(2000년 8월 10일), 35면.
57 조미덥, 「잉글랜드 '맨유 선발 11명 모두 외국인' 논란」, 『경향신문』, 2009년 5월 13일, 26면.
58 크리스토프 바우젠바인, 김태희 옮김, 『축구란 무엇인가』(민음인, 2013), 309~310쪽.
59 신윤동욱, 「스포츠 키드의 추억」(개마고원, 2007), 33~35쪽.

ㅈ

1 장원재, 『끝나지 않은 축구 이야기』(북마크, 2010), 192~194쪽.
2 윤경헌·최창신, 『국기(國技) 축구 그 찬란한 아침: 이야기 한국체육사 3』(국민체육진흥공단, 1997), 106, 121~122쪽.
3 「전조선도시대항축구대회 십구일부터 시작: 남북 열네 도시에서 참가했습니다」, 『조선일보』, 1940년 4월 21일, 호외 2면.
4 박경호·김덕기, 『한국 축구 100년 비사』(책읽는사람들, 2000), 225쪽.
5 박경호·김덕기, 『한국 축구 100년 비사』(책읽는사람들, 2000), 200~202쪽; 김성원, 『한국 축구 발전사』(살림출판사, 2006), 7~8쪽.
6 조너선 왓츠, 「일본 축구는 어떻게 부활할 수 있었나」, 돌로레스 마르티네즈 엮음, 김희정 옮김, 『왜 일본인들은 스모에 열광하는가』(바다출판사, 2000), 218~246쪽.
7 이수한, 「K-리그 회생 방안은: 리그 승강제 도입해 경기력 키워라」, 『중앙일보』, 2009년 6월 2일, 34면.
8 〈월드컵 D-30 특집/투혼: 한국 축구 124년의 기록〉, 『MBC』, 2006년 5월 11일.
9 황병주, 「박정희 시대 축구와 민족주의: 국가주의적 동원과 국민 형성」, 『당대비평』, 제19호(2002년 여름), 151~160쪽.
10 니시베 겐지, 이지호 옮김, 『좌익 축구 우익 축구』(한스미디어, 2016).
11 기영노, 『스포츠, 그 불멸의 기록』(문학사상사, 2006), 22쪽; 알프레드 바알, 지현 옮김, 『축구의 역사』(시공사, 1999), 60, 97쪽.
12 송지훈, 「돈으로 살 수 없는 상남자들…중국행 거절한 유럽 축구스타는?」, 『중앙일보』, 2016년 10월 6일.
13 손영래 외, 『이것이 진짜 축구다』(살림, 2006), 273쪽.

ㅊ

1 서정, 「'헤픈 언론'의 '영웅'·'역적' 폐맞추기」, 『시민의신문』, 1998년 8월 17일, 12면.
2 차범근, 「땀으로 뛰어온 '90분 인생'」, 동아일보사출판부, 『나의 길 나의 삶』(동아일보사, 1993), 292~293쪽.
3 박찬주, 「'아시아 축구 영웅'」, 『부산일보』, 1999년 12월 4일, 20면.
4 차범근, 「차범근: 한국 축구의 새로운 희망을 꿈꾸며」, 대한축구협회 엮음, 『한국 축구의 영웅들』(랜덤하우스중앙, 2005), 174~175쪽; 나성민, 「축구계의 마당발 '차붐'의 조련사」, 『전북일요시사』, 1997년 8월 17일, 25면.
5 배극인, 「계획? 없어요 당분간 쉬렵니다」, 『동아일보』, 1999년 12월 29일, C3면.
6 박찬주, 「'아시아 축구 영웅'」, 『부산일보』, 1999년 12월 4일, 20면.
7 손영래 외, 『이것이 진짜 축구다』(살림, 2006), 184쪽.
8 이규태, 「경평 대항 축구」, 『조선일보』, 1990년 9월 21일, 5면.
9 크리스토프 바우젠바인, 김태희 옮김, 『축구란 무엇인가』(민음인, 2013), 330~331쪽.
10 크리스토프 바우젠바인, 김태희 옮김, 『축구란 무엇인가』(민음인, 2013), 311~313쪽.
11 크리스토프 바우젠바인, 김태희 옮김, 『축구란 무엇인가』(민음인, 2013), 48~49쪽; 네이버 지식백과(『시사상식사전』, 박문각).

12 천정환, 『끝나지 않는 신드롬』(푸른역사, 2005), 103쪽에서 재인용.
13 천정환, 『끝나지 않는 신드롬』(푸른역사, 2005), 131쪽에서 재인용.
14 황병주, 「박정희 시대 축구와 민족주의: 국가주의적 동원과 국민 형성」, 『당대비평』, 제19호(2002년 여름), 158쪽에서 재인용.
15 손영래 외, 『이것이 진짜 축구다』(살림, 2006), 17쪽.
16 이만우, 「축구 관중의 정신분석」, 윤상철·안민석 엮음, 『월드컵, 신화와 현실』(한울아카데미, 2002), 44~45쪽.
17 장서윤, 「콩글리시 축구 용어 바꿔볼까?」, 『마이데일리』, 2006년 6월 7일.
18 대한축구협회 엮음, 『한국 축구의 영웅들』(랜덤하우스중앙, 2005), 5쪽.
19 김경세, 「이회택: 불세출의 스트라이커」, 대한축구협회 엮음, 『한국 축구의 영웅들』(랜덤하우스중앙, 2005), 135쪽에서 재인용.
20 크리스토프 바우젠바인, 김태희 옮김, 『축구란 무엇인가』(민음인, 2002), 531~535쪽.
21 박경호·김덕기, 『한국 축구 100년 비사』(책읽는사람들, 2000), 234쪽.
22 박경호·김덕기, 『한국 축구 100년 비사』(책읽는사람들, 2000), 232쪽.
23 박경호·김덕기, 『한국 축구 100년 비사』(책읽는사람들, 2000), 233쪽.
24 크리스토프 바우젠바인, 김태희 옮김, 『축구란 무엇인가』(민음인, 2013), 8쪽.
25 리처드 줄리아노티, 복진선 옮김, 『축구의 사회학』(현실문화연구, 2004), 170~172쪽.
26 리처드 줄리아노티, 복진선 옮김, 『축구의 사회학』(현실문화연구, 2004), 170쪽.
27 강준만, 『축구는 한국이다』(인물과사상사, 2006), 4쪽.
28 리처드 줄리아노티, 복진선 옮김, 『축구의 사회학』, 현실문화연구, 2004, 56쪽.
29 대한축구협회 홈페이지; 이규태, 「경평 대항 축구」, 『조선일보』, 1990년 9월 21일, 5면; 주강현, 『레드 신드롬과 히딩크 신화』, 중앙M&B, 2002, 159쪽.
30 크리스토프 바우젠바인, 김태희 옮김, 『축구란 무엇인가』(민음인, 2013), 614~620쪽.
31 강준만, 『축구는 한국이다』(인물과사상사, 2006), 78~80쪽.

ㅋ

1 김희선, 「'미네이랑의 비극' 브라질, 카나리아 군단 유니폼 갈아입나」, 『OSEN』, 2014년 7월 9일.
2 프랭클린 포어, 안명희 옮김, 『축구는 어떻게 세계를 지배했는가』(말글빛냄, 2005), 164~169쪽.
3 위키백과, 카테나치오(http://ko.wikipedia.org/wiki/%EC%B9%B4%ED%85%8C%EB%82%98%EC%B9%98%EC%98%A4), 2009년 12월 21일; 프랭클린 포어, 안명희 옮김, 『축구는 어떻게 세계를 지배했는가』(말글빛냄, 2005), 234쪽.
4 네이버백과사전(http://100.naver.com/100.nhn?docid=756757), 2009년 12월 21일.
5 장치혁·온누리, 「관중·중계·스폰서 없는 '썰렁 축구'…그들만의 리그?」, 『중앙일보』, 2009년 6월 2일, 34면.
6 최원창, 「K-리그 뭐가 문제인가」, 『중앙일보』, 2009년 6월 2일.
7 이수한, 「K-리그 회생 방안은 리그 승강제 도입해 경기력 키워라」, 『중앙일보』, 2009년 6월 2일, 34면.
8 정영재, 「"평균 실제 경기시간을 50분대로 늘리겠다": 곽정환 프로연맹회장 인터뷰」, 『중앙일보』, 2009년 6월 2일, 34면.
9 네이버백과사전(http://100.naver.com/100.nhn?docid=790464), 2009년 12월 21일; 정재윤, 「[월드컵 스펀지] 크로스바는 원래 ○○이었다」, 『동아일보』, 2006년 3월 16일, A28면.
10 크리스토프 바우젠바인, 김태희 옮김, 『축구란 무엇인가』(민음인, 2013), 483~484쪽.
11 김경무, 「반항아 호날두 vs 모범생 박지성」, 『한겨레』, 2009년 5월 14일, 19면.

12 신진우, 「초콜릿에 눈물짓던 소년, 축구의 별 되다: 잉글랜드 맨유의 세계적 공격수 크리스티아누 호날두」, 『동아일보』, 2009년 5월 27일, A24면; 이경헌, 「호날두도 레알 마드리드로」, 『조선일보』, 2009년 6월 12일, A23면; 김세훈, 「호날두 '몸값' 역사 새로 쓰고 레알로 이적」, 『경향신문』, 2009년 6월 12일, 26면.
13 리처드 줄리아노티, 복진선 옮김, 『축구의 사회학』(현실문화연구, 2004), 251쪽.

ㅌ

1 「한국 선수 기친 태클 "국제직 구실수"」, 『소선일보』, 1986년 6월 5일, 조간 8면; 서준형, 『월드컵의 위대한 전설들』(살림출판사, 2006), 30쪽.
2 서준형, 『월드컵의 위대한 전설들』(살림출판사, 2006), 72~73쪽.
3 손영래 외, 『이것이 진짜 축구다』(살림, 2006), 150~151쪽.
4 「테헤란 고지를 겨눈다: 축구」, 『조선일보』, 1974년 8월 6일, 조간 8면.
5 신덕상·김덕기, 『국기(國技) 축구 그 화려한 발자취: 이야기 한국체육사 10』(국민체육진흥공단, 1999), 135~138쪽.
6 손영래 외, 『이것이 진짜 축구다』(살림, 2006), 64쪽, 100쪽; 리처드 줄리아노티, 복진선 옮김, 『축구의 사회학』(현실문화연구, 2004), 257~262쪽.
7 장민석, 「박지성이 한 경기 10km 뛰는지 어떻게 알까」, 『조선일보』, 2009년 5월 13일, A29면.

ㅍ

1 김정민, 「"강심장의 대명사 파넨카 킥, 유로 1976 결승전 승부차기에서 유래"」, 『스포츠한국』, 2012년 6월 30일.
2 「브라질의 빈민촌, 파벨라」, 『살아있는 지리 교과서』(휴머니스트, 2011).
3 나오미 클라인, 정현경·김효명 옮김, 『NO LOGO: 브랜드 파워의 진실』(중앙M&B, 2002), 229~230쪽.
4 이현민, 「성남, 2017년 시즌권 판매…1호 구매자 이재명 구단주」, 『인터풋볼』, 2016년 12월 13일.
5 위키백과, 페널티킥(http://ko.wikipedia.org/wiki/%ED%8E %98%EB%84%90%ED%8B%B0%ED%82%A5), 2009년 12월 21일; 신윤동욱, 『스포츠 키드의 추억』(개마고원, 2007), 78쪽.
6 고두현, 「20C 스포츠 영웅 10인」, 『사건과 인물로 본 20세기 명장면 200선(월간중앙 송년호 특별부록)』(중앙일보J&P, 1999), 69쪽.
7 기영노, 『스포츠, 그 불멸의 기록』(문학사상사, 2006), 196쪽.
8 육성철, 「30년 만에 방한한 축구 황제 펠레」, 『일요신문』, 1998년 4월 19일, 62면.
9 프랭클린 포어, 안명희 옮김, 『축구는 어떻게 세계를 지배했는가』(말글빛냄, 2005), 184쪽.
10 기영노, 『스포츠, 그 불멸의 기록』(문학사상사, 2006), 196쪽.
11 김용일, 「'펠레의 인생을 사세요'…축구 황제 애장품 경매에 나온 이유」, 『스포츠서울』, 2016년 6월 1일.
12 네이버백과사전(http://100.naver.com/100.nhn?docid=765996), 2009년 12월 21일.
13 네이버 지식백과(펠레의 저주)「Pele's curse」, 『시사상식사전』, 박문각).
14 장민석, 「'포메이션'을 알면 축구가 보인다: 포백이 스리백보다 수비적이라고? 숫자가 함정일 뿐!」, 『조선일보』, 2009년 6월 16일, A27면.
15 위키백과, 축구의 포지션(http://ko.wikipedia.org/wiki/%EC%B6%95%EA%B5%AC%EC%9D%98_%ED%8F%AC%EC%A7%80%EC%85%98), 2009년 12월 21일.
16 김정민, 「키커보단 메이커로…골문 앞에 새바람 분다」, 『한국일보』, 2009년 5월 21일, 24면.
17 위키백과, 축구의 포지션(http://ko.wikipedia.org/wiki/%EC%B6%95%EA%B5%AC%EC%9D%98_%ED%8F%AC%EC%A7%80%EC%85%98), 2009년 12월 21일.
18 권아영, 「신나는 주말체육학교: 풋살은 추억이다」, 『KBS』, 2016년 12월 18일.

19 네이버백과사전(http://100.naver.com/100.nhn?docid=756761), 2009년 12월 21일; 이은호, 『축구의 문화사』(살림출판사, 2004), 35~36쪽.
20 네이버백과사전(http://100.naver.com/100.nhn?docid=756759), 2009년 12월 21일; 신진우, 「피 터지는 생존게임: 프리미어리그 하위 5개팀 "2부 강등만은 안돼!"」, 『동아일보』, 2009년 5월 13일, A24면; 김세훈, 「하위 3개팀 2부 강등…프리미어리그 서바이벌 전쟁」, 『경향신문』, 2009년 5월 15일, 26면.
21 유재영, 「축구 프리스타일 세계대회 한국서 연다」, 『주간동아』, 제669호(2009년 1월 13일).
22 엔싸이버사전(http://www.encyber.com/search_w/ctdetail.php?masterno=790368&contentno=790368), 2009년 12월 21일; 엔싸이버사전(http://www.encyber.com/search_w/ctdetail.php?masterno=702260&contentno=702260), 2009년 12월 21일; 장민석·김상민, 「야구에 홈런이 있다면 축구엔」, 『조선일보』, 2009년 6월 5일, A24면.
23 네이버백과사전(http://100.naver.com/100.nhn?docid=790369), 2009년 12월 21일; 송지훈, 「기성용의 진화를 도운 귀네슈와 허정무」, 『이데일리SPN』, 2009년 6월 9일.
24 손영래 외, 『이것이 진짜 축구다』(살림, 2006), 275쪽.
25 네이버백과사전(http://100.naver.com/100.nhn?docid=768025), 2009년 12월 21일; 김경무, 「11개월째 세계1위…스페인 축구 전성시대」, 『한겨레』, 2009년 6월 5일, 20면.
26 성진혁, 「FIFA 랭킹 202위 대 203위 오늘 꼴찌들도 '결승전'」, 『조선일보』, 2002년 6월 30일, 11면.
27 위키백과, FIFA 컨페더레이션스컵(http://ko.wikipedia.org/wiki/%EC%BB%A8%ED%8E%98%EB%8D%94%EB%A0%88%EC%9D%B4%EC%85%98%EC%8A%A4%EC%BB%B5), 2009년 12월 21일; 김정민, 「'무적 함대' 스페인이 뚫렸다: 우세한 공격 펼치고 미국에 완패…35경기 무패 행진 마감」, 『한국일보』, 2009년 6월 26일, 22면; 조미덥, 「브라질, 美에 대역전…컨페드컵 2연패」, 『경향신문』, 2009년 6월 30일, 30면.

흐

1 주진우, 「박지성을 보면 한국 축구가 보인다」, 『시사저널』, 661호(2002년 6월 27일); 공병호 외, 『거스 히딩크, 열정으로 승부하라』(샘터, 2002), 178쪽에서 재인용.
2 장치혁, 「Special Knowledge 32: '히트 상품' 축구대표팀」, 『중앙일보』, 2009년 5월 15일.
3 정준영, 「축구와 노동계급」, 윤상철·안민석 엮음, 『월드컵, 신화와 현실』(한울아카데미, 2002), 159쪽.
4 크리스토프 바우젠바인, 김태희 옮김, 『축구란 무엇인가』(민음인, 2013), 294~295쪽.
5 김정민, 「'광인의 편들기' 90분이 두렵다: 축구장의 시한폭탄 '훌리건' 집중 해부」, 『한국일보』, 2007년 2월 21일, 22면.
6 강준만, 『축구는 한국이다』(인물과사상사, 2006), 74~78쪽.
7 김화성, 『한국은 축구다』(지식공작소, 2002), 226~227쪽.
8 박경호·김덕기, 『한국 축구 100년 비사』(책읽는사람들, 2000), 117~118쪽.
9 「색연필」, 『조선일보』, 1960년 10월 15일, 석간 3면; 「경기장 안팎에 10만 인파: 표 사고도 되돌아간 사람 수두룩」, 『조선일보』, 1960년 10월 18일, 조간 3면.
10 「27명이나 중경상: '사람의 노도(怒濤)' 관람석에 덮쳐」, 『조선일보』, 1960년 10월 18일, 조간 3면; 박경호·김덕기, 『한국 축구 100년 비사』(책읽는사람들, 2000), 118~120쪽.
11 엘리스 캐시모어, 정준영 옮김, 『스포츠, 그 열광의 사회학』(한울아카데미, 2001), 302~305쪽; 프랭클린 포어, 안명희 옮김, 『축구는 어떻게 세계를 지배했는가』(말글빛냄, 2005), 54~56쪽.
12 프랭클린 포어, 안명희 옮김, 『축구는 어떻게 세계를 지배했는가』(말글빛냄, 2005), 134~136쪽.
13 프랭클린 포어, 안명희 옮김, 『축구는 어떻게 세계를 지배했는가』(말글빛냄, 2005), 142~145쪽.
14 리처드 줄리아노티, 복진선 옮김, 『축구의 사회학』(현실문화연구, 2004), 95~118쪽.

15 정준영, 『열광하는 스포츠 은폐된 이데올로기』(책세상, 2003), 202~203쪽.
16 프랭클린 포어, 안명희 옮김, 『축구는 어떻게 세계를 지배했는가』(말글빛냄, 2005), 154~155쪽.
17 이장영, 「축구 경기와 훌리건」, 윤상철·안민석 엮음, 『월드컵, 신화와 현실』(한울아카데미, 2002), 60~80쪽.
18 김기범, 「국내 서포터스 점점 배타적 K-리그도 안전지대 아니다」, 『한국일보』, 2007년 2월 21일, 22면.
19 리처드 줄리아노티, 복진선 옮김, 『축구의 사회학』(현실문화연구, 2004), 167~168쪽.
20 기영노, 『스포츠, 그 불멸의 기록』(문학사상사, 2006), 18~19쪽.
21 「"Austria shirt/kits World Cup 1978 and 1982"」, 『switchimageproject.com』, 2007년 11월 20일; Jon Spurling, 『Death or Glory The Dark History of the World Cup』(2010).
22 백승찬, 「[어제의 오늘] 1989년 힐스보로 참사」, 『경향신문』, 2009년 4월 15일, 24면; 리처드 줄리아노티, 복진선 옮김, 『축구의 사회학』(현실문화연구, 2004), 156~161쪽.

참고문헌

Daniel Guerin, 『Fascism and Big Business』, New York: Monad Press Book, 1974.
Roger Eatwell, 『Fascism: A History』, New York: Penguin Books, 1995.
Thomas Fensch, 『스포츠기자 핸드북』, 한국언론연구원, 1997.
강석진, 『축구공 위의 수학자』, 문학동네, 2002.
강준만, 『축구는 한국이다』, 인물과사상사, 2006.
고광헌, 『스포츠와 정치』, 푸른나무, 1988.
공병호 외, 『거스 히딩크, 열정으로 승부하라』, 샘터, 2002.
권혁범, 「월드컵 '국민 축제' 블랙홀에 빨려들어간 '대한민국': 독립적 지성은 어디에 있었는가?」, 『국민으로부터의 탈퇴: 국민국가, 진보, 개인』, 삼인, 2004.
기영노, 『스포츠, 그 불멸의 기록』, 문학사상사, 2006.
김덕영, 「티셔츠가 된 태극기의 의미를 생각한다」, 월간 『인물과사상』, 2006년 6월호.
김문겸, 「제9장 풋볼의 사회사와 근대스포츠의 의미」, 김문겸 편저, 『현대사회와 여가』, 부산대학교출판부, 1996.
김성원, 『한국 축구 발전사』, 살림출판사, 2006.
김욱, 「스포츠 제국주의, 어떻게 읽을 것인가」, 월간 『인물과사상』, 2006년 5월호.
김종엽 외, 「정담: 월드컵 이후 한국의 문화와 문화운동」, 『창작과비평』, 제117호, 2002년 가을.
김화성, 『한국은 축구다』, 지식공작소, 2002.
나오미 클라인, 정현경·김효명 옮김, 『NO LOGO: 브랜드 파워의 진실』, 중앙M&B, 2002.
노명우, 「새로운 군중의 출현」, 『문화과학』, 제31호, 2002년 가을.
노염화, 『키취 소년, 문화의 바다에 빠지다』, 토마토, 1997.
대한축구협회 엮음, 『한국 축구의 영웅들: 축구 명예의 전당 헌액 7인 열전』, 랜덤하우스중앙, 2005.
데이비드 앤드류스·스티븐 잭슨 엮음, 강현석·박노영 옮김, 『스포츠타』, 이소출판사, 2002.
레이몽 토마, 이규식 옮김, 『스포츠의 역사』, 한길사, 2000.
리처드 줄리아노티, 복진선 옮김, 『축구의 사회학』, 현실문화연구, 2004.

문상주, 『월드컵의 영광 코리안 서포터즈』, 청조사, 2003.
박경호·김덕기, 『한국축구 100년 비사』, 책읽는사람들, 2000.
박노자, 「6월의 '붉은 바다' 체험기: 나는 월드컵을 이렇게 본다」, 월간 『인물과사상』, 2002년 8월호.
박홍규·정홍익·임현진 공편, 『스포츠 사회학』, 나남, 1992.
서준형, 『월드컵의 위대한 전설들』, 살림출판사, 2006.
송해룡 편저, 『스포츠 커뮤니케이션론』, 전예원, 1993.
송해룡, 『스포츠광고와 기업커뮤니케이션』, 한울아카데미, 1997.
스테판 지만스키·앤드루 짐벌리스트, 김광우 옮김, 『왜? 세계는 축구에 열광하고 미국은 야구에 열광하나』, 에디터, 2006.
신덕상·김덕기, 『국가(國技) 축구 그 화려한 발자취: 이야기 한국체육사 10』, 국민체육진흥공단, 1999.
신윤동욱, 『스포츠 키드의 추억』, 개마고원, 2007.
심재희, 『월드컵의 강국들』, 살림출판사, 2006.
알프레드 바알, 지현 옮김, 『축구의 역사』, 시공사, 1999.
엘리스 캐시모어, 정준영 옮김, 『스포츠, 그 열광의 사회학』, 한울아카데미, 2001.
월간조선 엮음, 『한국현대사 119대 사건: 체험기와 특종사진』, 조선일보사, 1993.
월간중앙, 『사건과 인물로 본 20세기 명장면 200선(월간중앙 송년호 특별부록)』, 중앙일보J&P, 1999.
윤경헌·최창신, 『국가(國技) 축구 그 찬란한 아침: 이야기 한국체육사 3』, 국민체육진흥공단, 1997.
이동연, 「붉은 악마와 주체형성: 내셔널리즘인가 스타일의 취향인가」, 『문화과학』, 제31호, 2002년 가을.
이동연, 「스포츠, 스펙터클, 문화 효과: '박찬호'와 '붉은 악마'에 대하여」, 이동연 외, 『스포츠, 어떻게 읽을 것인가』, 삼인, 1998.
이동연, 「월드컵, 서포터, 쾌락의 소수문화」, 『리뷰』, 1998년 여름호.
이동현·김화성, 『CEO 히딩크』, 바다출판사, 2002.
이만우, 「축구 관중의 정신분석」, 윤상철·안민석 엮음, 『월드컵, 신화와 현실』, 한울아카데미, 2002.
이상철, 『스포츠저널리즘의 위기』, 이진출판사, 1999.
이성욱, 『리베로를 꿈꾸는 비평』, 문화과학사, 2000.
이영만, 『공 하나에 얽힌 10만 가지 사연』, 자작나무, 1998.
이오성, 「2002 월드컵이 '악몽' 같은 사람들」, 월간 『말』, 2002년 4월호.
이은호, 『축구의 문화사』, 살림출판사, 2004.
이장영, 「축구경기와 훌리건」, 윤상철·안민석 엮음, 『월드컵, 신화와 현실』, 한울아카데미, 2002.
장원준, 「우리 축구계 풍토는 정치판과 똑같다. 승부조작까지…」, 『월간조선』, 1998년 8월호.
정순일, 『한국방송의 어제와 오늘』, 나남, 1991.
정윤수, 『축구장을 보호하라』, 사회평론, 2002.
정준영, 「축구와 노동계급」, 윤상철·안민석 엮음, 『월드컵, 신화와 현실』, 한울아카데미, 2002.
정준영, 『열광하는 스포츠 은폐된 이데올로기』, 책세상, 2003.
정홍익·임현진 편역, 『현대자본주의와 스포츠』, 나남, 1988.
정희준, 『스포츠 코리아 판타지』, 개마고원, 2009.
조너선 왓츠, 「일본 축구는 어떻게 부활할 수 있었나」, 돌로레스 마르티네즈 엮음, 『왜 일본인들은 스모에 열광하는가』, 바다출판사, 2000, 218~246쪽.
주강현, 『레드 신드롬과 히딩크 신화』, 중앙M&B, 2002.
차범근, 「땀으로 뛰어던 '90분 인생'」, 동아일보사 출판부, 『나의 길 나의 삶: 집념의 외길 걸어온 명사 50인의 자전에세이』, 동아일보사, 1993.
천정환, 『끝나지 않는 신드롬』, 푸른역사, 2005.
프랭클린 포어, 안명희 옮김, 『축구는 어떻게 세계를 지배했는가』, 말글빛냄, 2005.
홍성태, 「월드컵의 문화적 영향」, 『현대 한국사회의 문화적 형성』, 현실문화연구, 2006.
황병주, 「박정희 시대 축구와 민족주의: 국가주의적 동원과 국민 형성」, 『당대비평』, 제19호, 2002년 여름.

재미있는
축구사전

ⓒ 강준만, 2017

초판 1쇄 2010년 3월 30일 펴냄
개정 1쇄 2017년 3월 20일 펴냄

지은이 | 강준만
펴낸이 | 이태준
기획·편집 | 박상문, 박효주, 김예진, 김환표
디자인 | 최진영, 최원영
마케팅 | 박상철
인쇄·제본 | 제일프린테크

펴낸곳 | 북카라반
출판등록 | 제17-332호 2002년 10월 18일
주소 | (121-839) 서울시 마포구 서교동 392-4 삼양E&R빌딩 2층
전화 | 02-486-0385
팩스 | 02-474-1413
www.inmul.co.kr | cntbooks@gmail.com

ISBN 979-11-6005-016-5 13690

값 13,500원

북카라반은 도서출판 문화유람의 브랜드입니다.
이 저작물의 내용을 쓰고자 할 때는 저작자와 문화유람의 허락을 받아야 합니다.
파손된 책은 바꾸어 드립니다.

이 도서의 국립중앙도서관 출판시도서목록(CIP)은 서지정보유통지원시스템 홈페이지(http://seoji.nl.go.kr)와
국가자료공동목록시스템(http://www.nl.go.kr/kolisnet)에서 이용하실 수 있습니다. (CIP제어번호 : CIP2017006217)